Würthwein · Der Text des Alten Testaments

ERNST WÜRTHWEIN

DER TEXT DES ALTEN TESTAMENTS

Eine Einführung in die Biblia Hebraica

Vierte, erweiterte Auflage

Württembergische Bibelanstalt Stuttgart

Meiner lieben Frau

1. Auflage 1952
2. Auflage 1963
3. Auflage 1966
4. Auflage 1973

ISBN 3 438 06006 x

Gesamtherstellung 1973 durch die Württembergische Bibelanstalt Stuttgart

Aus dem Vorwort zur ersten Auflage

Die vorliegende Veröffentlichung ist aus einem praktischen Bedürfnis heraus entstanden. Im akademischen Unterricht beobachtet man immer wieder, daß viele Studenten dem reichen Material, das in Text und Apparat der *Biblia Hebraica von Rudolf Kittel* dargeboten wird, gleichgültig oder unsicher gegenüberstehen und es nicht fruchtbar zu machen verstehen. Sie sind nicht genügend vertraut mit der Geschichte, der Eigenart und den Problemen der einzelnen Textzeugen und der Methode der Textkritik. Die Vorreden zu der Biblia Hebraica, so wertvoll sie sind, können keine umfassende Einführung geben, und auch von den Lehrbüchern der Einleitung in das Alte Testament kann man nicht erwarten, daß sie das gesamte Material berücksichtigen, das in der Biblia Hebraica herangezogen wird. So lag es nahe, der Württembergischen Bibelanstalt eine Ergänzung zur Biblia Hebraica vorzuschlagen, in der alles das geboten wird, was zur Ausschöpfung dieser Ausgabe zu wissen nötig ist.

Bei der Ausarbeitung erwies es sich als nötig, den ursprünglich vorgesehenen Umfang weit zu überschreiten. Auch so mußte sich der Verfasser oft kürzer fassen, als es ihm lieb war. Es wäre in vielen Teilen leichter gewesen, ein Handbuch von mehrfachem Umfang zu schreiben, in dem die Probleme allseitig entfaltet werden und die wissenschaftliche Diskussion ausführlich dargestellt wird. Ich habe mich bei der Niederschrift wenigstens darum bemüht, dem Leser nicht nur Tatsachenmaterial darzubieten, sondern ihn auch, soweit es der Raum gestattete, in die wichtigsten Probleme hineinsehen zu lassen. Denn nur so kann man die richtige – elastische und undoktrinäre, aber doch nicht subjektiv-willkürliche – Einstellung zu den konkreten Fragen der Textkritik gewinnen.

Die Beigabe des vierten Kapitels über die Textkritik erschien mir besonders wünschenswert im Hinblick auf die praktische Abzweckung dieses Buches. In ihrer notwendig skizzenhaften Gestalt können diese Ausführungen nicht den Anspruch machen, als das einst von P. Volz gewünschte Regelbuch zur Textkritik des Alten Testaments zu gelten. Ich hoffe aber, daß sie dazu dienen, dem Studenten in der textkritischen Arbeit zu einer gewissen Klarheit und methodischen Sicherheit zu verhelfen.

Besonders dankbar begrüße ich, daß sich die Privileg. Württ. Bibelanstalt zur Beigabe von 40 Abbildungen entschlossen und so die Darbietung eines reichhaltigen Anschauungsmaterials ermöglicht hat. Bei der Auswahl der Specimina habe ich weniger leicht zugängliche Handschriften bevorzugt. Manches, was in der textgeschichtlichen Darstellung nur kurz berührt werden konnte, wurde in den Erläuterungen zu den Abbildungen erweitert und vertieft.

Zum Schluß habe ich mancher freundlich gewährten Hilfe zu gedenken. Herr Professor D. Dr. Eißfeldt hatte die große Güte, eine Korrektur des Textteils zu lesen und manche Anregung zu geben. In Einzelfragen haben mich die Herren Professoren D. Alt,

D. Weiser und D. Elliger beraten. Bei der Beschaffung der Vorlagen für die Abbildungen haben mich die Herren Professoren D. Kahle-Oxford, Rowley D. D. Manchester und die Patres der Benediktinerabtei Beuron D. A. Dold und D. J. Schildenberger tatkräftig unterstützt. Nicht zuletzt hat das rege Interesse, das der Vorstand der Bibelanstalt, Herr Prälat D. Schlatter, und ihr Geschäftsführer, Herr Direktor Diehl, dieser Arbeit entgegengebracht haben, zu ihrer Förderung beigetragen. Es ist mir eine angenehme Pflicht, allen Genannten meinen herzlichen Dank auszusprechen.

Tübingen, Advent 1952 Ernst Würthwein

Vorwort zur vierten Auflage

Die 4. Auflage ist, wie die vorhergehenden, wiederum gründlich überarbeitet worden, da sowohl neue Textausgaben wie neue Forschungsergebnisse auf dem Gebiet der Textgeschichte zu berücksichtigen waren.

Seit 1968 erscheint in Einzelheften die *Biblia Hebraica Stuttgartensia*, herausgegeben von K. Elliger und W. Rudolph (BHS), die an Stelle der *Biblia Hebraica von Kittel-Kahle* (BHK) treten soll. Sie wird voraussichtlich 1976 vollständig vorliegen. Über die wichtigsten Veränderungen gibt das Vorwort zum *Liber Jesaiae*, 1968, Auskunft. Ich habe mich bemüht, auf die über BHK hinaus angeführten Textzeugen und auf sonstige Veränderungen einzugehen, damit dieses Buch als Einleitung sowohl in BHK wie in BHS dienen kann. Auf die «Liste der behandelten Sigla» (S. 223f.), die beide Ausgaben erschließt, sei besonders hingewiesen.

Den britischen Kollegen Prof. P. A. Ackroyd, Prof. B. J. Roberts und Dr. S. Brock habe ich aufrichtig dafür zu danken, daß sie in freundlichster Weise Anregungen und Literaturhinweise gaben. Ebenso gilt mein Dank all denen, die mich bei der Vorbereitung und Drucklegung dieser Neuauflage unterstützt haben.

Das Manuskript wurde im Dezember 1971 abgeschlossen. Spätere Veröffentlichungen konnten nur in vereinzelten Fällen berücksichtigt werden.

Marburg, Oktober 1972 Ernst Würthwein

Inhalt

Einleitung

Wer sich mit einem modernen Buch befaßt, das unter der Aufsicht seines Verfassers und in seiner Originalfassung gedruckt worden ist, darf bei der Interpretation von der Voraussetzung ausgehen, daß der ihm vorliegende Text in seinem gesamten Wortlaut einschließlich der Interpunktionszeichen dem Willen des Autors entspricht. Der Interpret befindet sich hinsichtlich des Textes auf sicherem Boden. Ganz anders derjenige, der sich mit Texten zu beschäftigen hat, die Jahrhunderte oder Jahrtausende vor der Erfindung der Buchdruckerei entstanden. Durchweg sind die Originale verloren, und die alten Texte liegen uns zumeist in Abschriften vor, die durch mehrere Jahrhunderte und eine unbekannte Zahl von Zwischengliedern von der Urschrift getrennt sind. Wir wissen, wie leicht beim Abschreiben sich Fehler einschleichen: man vergißt ein Wort, man schreibt ein anderes versehentlich zweimal, man stellt Worte um, man ersetzt unwillkürlich ein Wort durch ein anderes gleicher oder ähnlicher Bedeutung, und was dergleichen mehr ist. Vielleicht liest man – besonders bei schwierigen Handschriften – auch falsch oder ist gar aufs Raten angewiesen. So entstehen durch Unachtsamkeit viele Fehler, vollends wenn es sich bei dem Abschreiber um einen Mann handelt, der das Abschreiben als Gewerbe betreibt, schnell arbeitet und dadurch flüchtig wird, vielleicht auch geistig seinem Text nicht ganz gewachsen ist. Aber auch ein anderer, der seinem Text mit viel Interesse und Liebe gegenübersteht, kann ihm beim Abschreiben schaden. Er denkt vielleicht über den Text nach, er meint, nicht dieses, was er in seiner Vorlage vorfindet, wolle der Autor sagen, sondern jenes, was er, der Abschreiber, erwartet, und eilends verhilft er ihm zu seinem vermeintlichen Recht, so wie wir mit leichter Hand einen stehengebliebenen Druckfehler tilgen. Oft ist dabei noch ein Mißverstehen im Spiele. So können also nicht nur gedankenlose, flüchtige, sondern auch nachdenkende Abschreiber fehlerhafte Abschriften liefern. Man kann sich leicht vorstellen, was geschah, wenn es galt, eine fehlerhafte Handschrift – und fehlerlos ist keine – wieder abzuschreiben. Nachdenkend oder auf gut Glück sucht der neue Abschreiber mit den Fehlern seines Vorschreibers fertig zu werden, und oft kann dabei eine vermeintliche Verbesserung zu einer noch größeren Entfernung vom Urtext führen.

An den angedeuteten Mißgeschicken haben alle Schriften, die uns aus dem Altertum überliefert sind, teil – also auch die Schriften des Alten und Neuen Testaments[1]. Ihr Interpret darf nicht von Voraussetzungen ausgehen, die dem eines modernen Buches selbstverständlich sind. Der zu interpretierende Text liegt nicht unmittelbar bereit, sondern muß gleichsam erst gesucht werden: man muß die überlieferten Textzeugen abhören, um aus ihrem Zeugnis *den* Text zu rekonstruieren, von dem man nach wissenschaftlichen Grundsätzen annehmen darf, daß er dem Urtext möglichst nahe steht oder – das Ideal! – mit ihm identisch ist. Darum steht vor der Interpretation und verbindet sich mit ihr die in ihrer Bedeutung vielleicht eine Zeit lang überschätzte, heute eher unterschätzte, auf jeden Fall aber sachlich unentbehrliche Arbeit der Textkritik.

Ihr und damit letzten Endes dem sachlichen Verständnis des Textes zu dienen, ist das Anliegen unserer wissenschaftlichen Bibelausgaben. Sie stellen das weit zerstreute Material, das in allen Fällen sich zusammenzusuchen den einzelnen zu sehr belasten würde, bequem zusammen und bieten so die ersten Voraussetzungen für eine methodische Textkritik. Aber um mit diesem Material umgehen, es sachgemäß nützen zu können, muß man mit seiner Eigenart und seinem Wert im einzelnen vertraut sein. Es genügt nicht, in schwierigen Fällen die verschiedenen Lesarten zusammenzustellen und sich für die zu entscheiden, die einem die bequemste Lösung zu bieten scheint, wobei man einmal den hebräischen Text, dann die Septuaginta, dann wieder das Targum bevorzugt. Nicht alle Textzeugen sind gleich zuverlässig, ein jeder hat sein eigenes Gepräge und seine besondere Geschichte. Um sie muß wissen, wer nicht kurzschlüssigen Scheinlösungen verfallen will. Darum orientieren wir zunächst über die vorliegenden Textzeugen, wobei wir sie in drei Kapitel einteilen:

1. die Überlieferung in der Ursprache
2. die Übersetzungen aus der Ursprache
3. die übrigen Übersetzungen.

In einem vierten, abschließenden Kapitel sollen dann Ziel und Wege der *Textkritik* skizziert werden.

[1] Zwar war man, wie wir sehen werden, mit Erfolg bemüht, den hebräischen Text des Alten Testaments vor zufälligen und absichtlichen Veränderungen zu schützen. Das geschah aber erst von einem bestimmten Zeitpunkt an, während er in den vorhergehenden Jahrhunderten durchaus auch den oben geschilderten Schicksalen alter Texte unterworfen war.

A Die Überlieferung in der Ursprache

I Schrift und Schreibmaterial

1. Die Schrift. Die Ausgrabungen und Funde, die im Laufe der letzten 100 Jahre gemacht wurden, haben Palästina-Syrien als ein Land von überraschend reicher Schriftkultur erwiesen. Im 2. Jahrtausend vor Christus wurden dort mehrere Schriftsysteme erfunden, aber auch auswärtige Schriften wie die Keilschrift gebraucht. Und es war wahrscheinlich hier, wo der für die geistige Geschichte der Menschheit so bedeutungsvolle Schritt von komplizierten Schriftsystemen mit mehreren hundert Zeichen zum denkbar einfachsten, dem Alphabet mit einigen zwanzig Zeichen, gelang. Das alles war für die Entstehung des Alten Testaments gewiß nicht ohne Bedeutung und muß bei der Erörterung des Problems, welche Rolle die mündliche und schriftliche Tradition bei den Israeliten und Juden gespielt hat, in Rechnung gestellt werden. Wir können darauf nur im Vorübergehen hinweisen und müssen uns beschränken auf einige Bemerkungen über diejenigen Schriftsysteme, die für die Niederschrift und Tradierung des alttestamentlichen Bibeltextes von direkter Bedeutung waren.

Die uns erhaltenen Handschriften und Fragmente des hebräischen Alten Testaments sind, soweit sie auf Juden zurückgehen, von den ältesten, den Qumran-Texten (vgl. S. 34ff.) und dem Papyrus Nash, an alle – mit wenigen nachher zu nennenden Ausnahmen – in der noch heute gebräuchlichen *Quadratschrift*, כְּתָב מְרֻבָּע, nach der Herkunft auch כְּתָב אַשּׁוּרִי, assyrische Schrift, genannt, geschrieben. Daß diese zur Zeit Jesu allgemein gebraucht wurde, zeigt das Wort Matth 5,18, wenn es den Buchstaben *Jod* als kleinsten des Alphabets voraussetzt, was nur für die Quadratschrift zutrifft. Diese ist in allmählicher Entwicklung aus der weit verbreiteten aramäischen Schrift (Tafel 5) hervorgegangen und hat eine ihrer ersten Bezeugungen in einer ganz kurzen Inschrift von *Arak el-Emir* im Ostjordanland[1] aus dem 4. oder frühen 3. Jahrhundert vor Christus und in den ältesten Fragmenten aus Qumran aus der Zeit um 200 vor Christus (4 Q

[1] W. F. Albright, Archäologie in Palästina (1962), S. 148f.

Sam[b] und 4 Q Jer[a])[1]. Die Juden waren sich jedoch bewußt, daß diese Schrift nicht ihre altherkömmliche war. Eine jüdische Tradition berichtet, Esra, um 430 vor Christus, habe sie eingeführt. Sie gilt also als eine Neuerung der nachexilischen Zeit, was für spätere Rabbinen peinlich war. Sie erzählten deshalb, die Thora sei einst in Quadratschrift gegeben worden, später habe die Schrift ob der Sünde Israels gewechselt und zu Esras Zeiten sei der ursprüngliche Zustand wieder hergestellt worden. Es handelt sich hier um eine Verlegenheitsauskunft, der kein historischer Wert zukommt, die aber deutlich bezeugt, daß man um einen Schriftwechsel in nachexilischer Zeit wußte. Wahrscheinlich wurde mit der allmählichen Übernahme der aramäischen Sprache, der damaligen *lingua franca* des Alten Orients, die aramäische Schrift im Judentum gebräuchlich, so daß auch die heiligen Schriften in ihr und schließlich in der aus ihr entwickelten Quadratschrift geschrieben wurden[2].

Als die älteren Bestandteile des Alten Testaments in *vorexilischer* Zeit zum ersten Male aufgezeichnet wurden, war in Palästina-Syrien eine andere Schrift in Gebrauch, die *phönizisch-althebräische*, die Mutter aller Alphabete der Vergangenheit und Gegenwart. Sie ist uns in einer jüngeren, entwickelteren Form vom 11./10. Jahrhundert an bezeugt in einer Reihe von Dokumenten, deren bekannteste hier angeführt seien[3]: Achiram-Sarkophag von Byblos, um 1000 vor Christus; Bauernkalender von Gezer, um 950; Mescha-Stein (Tafel 2), um 840; Ostraka (Tonscherben, mit Tinte beschrieben) von Samarien (8. Jahrhundert); Papyrus-Palimpsest von Murabba'at (8. oder 7. Jahrhundert); Siloahinschrift (Tafel 3), um 700; Ostraka von Lachis (Tafel 4), um 588. Doch dürfte ihr Ursprung lange vor ihrer – bis jetzt! – ersten Bezeugung liegen. Schon in früherer Zeit bezeugte Buchstabenschriften sind die *Sinaischrift*, die in einer Reihe – nach Albright (BASOR 110, 1948, S. 6ff.) um 1500 anzusetzender – Inschriften bei

[1] F. M. Cross, The oldest Manuscripts from Qumran, JBL 74 (1955), S. 147ff. – Ders., The Development of the Jewish Scripts, The Bible and the Ancient Near East (1961), S. 133ff.

[2] Vgl. auch G. R. Driver, Semitic Writing (Schweich Lectures 1944, rev. ed. 1954), S. 231: «Die hebräische כתב אשורי oder einfach אשורית ‹assyrische Schrift› = כתב מרבע ‹(nachexilische) Quadratschrift› wurde so genannt, weil sie die (ursprünglich aramäische) Schrift war, die im Geschäftsleben in Assyrien und Babylonien seit dem 8. Jahrhundert v. Chr. in Gebrauch gekommen war und von Juden, die aus dem Exil zurückkehrten, mitgebracht wurde.»

[3] Die Texte sind zusammengestellt und kommentiert in H. Donner – W. Röllig, Kanaanäische und aramäische Inschriften, Bd. 1–3 (1962–64) und bei J. C. L. Gibson, Textbook of Syrian Semitic Inscriptions, Vol. I: Hebrew and Moabite Inscriptions (1971).

den Bergwerken von serabit el-chadem auf der Sinaihalbinsel erhalten ist, die (damit verwandten?) *protopalästinischen* Schriften auf Fundgegenständen aus Mittel- und Südpalästina aus der Zeit von etwa 1700 bis 1200 vor Christus (Gezer, Lachis, Sichem u. a., Tafel 1)[1] und das keilschriftliche Alphabet von Ugarit in Nordsyrien, um 1400 vor Christus. Auf den noch nicht restlos geklärten Zusammenhang dieser Schriften, deren Entzifferung – abgesehen von dem ugaritischen Alphabet – noch in den Anfängen steht, mit der phönizisch-althebräischen brauchen wir in unserem Zusammenhang um so weniger einzugehen, als für die erste Aufzeichnung und weitere schriftliche Tradierung der alttestamentlichen Texte doch nur die phönizisch-althebräische und später die Quadratschrift in Frage kamen. Es genügt hier festzuhalten, daß den Israeliten im Kulturland von früh an in dem phönizischen Alphabet eine – abgesehen von der Vokallosigkeit – kaum noch einer Verbesserung bedürftige, leicht erlernbare Schrift zur Verfügung stand und daß, wie auch mehr als 400 Hinweise im AT zeigen, die Schreibkunst in Israel weit verbreitet war[2].

Der Übergang von der althebräischen zur Quadratschrift vollzog sich vom 4.–2. Jahrhundert vor Christus, ohne daß wir einen genaueren Zeitpunkt angeben könnten. Gewiß ist, daß längere Zeit hindurch die althebräische Schrift auch neben der Quadratschrift bekannt blieb. Noch die Münzen aus der Zeit des aufständischen Bar Kochba, 132–135 nach Christus, tragen zum Beispiel althebräische Schriftzeichen. Und unter den Texten, die in den Höhlen am Toten Meer gefunden wurden, befinden sich auch solche, die in althebräischer Schrift (Tafel 14) geschrieben sind[3]. «Diese Schrift ... ist eine Weiterbildung der alten hebräischen Schrift aus der Zeit vor dem Exil. Anscheinend wurde sie als Buchschrift weiter verwendet und erlebte in der Zeit des Nationalismus und der Restauration unter den Makkabäern eine Renaissance. Jedenfalls erscheint sie in Qum-

[1] Die sogenannten Sinai-Inschriften sind neuerdings zusammengestellt und untersucht von W. F. Albright, The Proto-Sinaitic Inscriptions and their Decipherment, Harvard Theological Studies XXII (1966); zu den Proto-Palästinischen Inschriften vgl. auch F. M. Cross, The Evolution of the Proto-Canaanite Alphabet, BASOR 134 (1954), S. 15–24.

[2] Vgl. D. Diringer, CHB I (1970), S. 13.

[3] Nach den bisherigen Mitteilungen handelt es sich um fünf Pentateuch-Handschriften und einige Hiob-Fragmente (Cross, ALQ [[2]1961], S. 43 = ABQ [1967], S. 57). Vgl. Tafel 14, S. 146f. Von besonderem Interesse ist eine Exodus-Rolle mit Fragmenten von Ex 6,25 bis 37,15, die durchweg den samaritanischen Texttyp bietet, aber – da die Zufügung nach 20,17 fehlt – nicht samaritanischer Herkunft ist. Vgl. P. W. Skehan, JBL 74 (1955), S. 182ff. und JBL 78 (1959), S. 22f. und R. S. Hanson, Paleo-Hebrew Script in the Hasmonean Age, BASOR 175 (1964), S. 26–42.

ran auf Schriftstücken aus derselben Zeit wie die Quadratschrift.»[1] Aus jüdischen Nachrichten in Mischna und babylonischem Talmud geht hervor, daß es noch in den beiden ersten Jahrhunderten nach Christus Bibelhandschriften in althebräischer Schrift gab, denen allerdings nicht der höchste Grad der Heiligkeit, die levitische Verunreinigung der Hände durch Berührung, zuerkannt wurde wie den Rollen in der Quadratschrift. Doch muß die althebräische Schrift eine Zeit lang als besonders heilig gegolten haben. Wenigstens möchte man sich so eine auffallende Besonderheit in einigen der neugefundenen Texte erklären: im Habakuk-Kommentar (Tafel 13), in den Hodajot und in der Psalmenrolle aus Höhle 11 (11 Q Ps[a]) wird im allgemeinen die Quadratschrift gebraucht, der Gottesname Jahwe (bzw. אל und אלי) aber jeweils mit althebräischen Buchstaben geschrieben. Ebenso findet sich das Tetragramm in althebräischen Buchstaben in einer fragmentarisch erhaltenen Lederrolle mit dem griechischen Text der Zwölf Propheten, die im August 1952 Beduinen im Naḥal Ḥever in der Wüste Juda (s. S. 178) entdeckten. Sie wurde wahrscheinlich zwichen 50 vor Christus und 50 nach Christus geschrieben und bestätigt mit ihrer Behandlung des Gottesnamens die Angabe des Origenes, wonach man in korrekteren Abschriften des griechischen Alten Testaments für das Tetragramm althebräische Buchstaben verwendete[2]. Noch im 5. Jahrhundert nach Christus finden wir in einem griechischen Aquilafragment den Gottesnamen in althebräischen Buchstaben geschrieben.

Auch die *Samaritaner* (Tafel 27), die sich entgegen bisheriger Annahme wahrscheinlich erst in der hasmonäischen Periode endgültig von den Juden trennten (vgl. u. S. 46), haben ihr heiliges Buch, die Thora, in *althebräischer* Schrift tradiert, vielleicht deshalb, weil sie den Anspruch auf ältere und reinere Tradition erhoben und in der Einführung der neuen Schrift eine unbefugte Neuerung sehen mochten[3].

2. Das Schreibmaterial. Wir wissen von mancherlei Material, auf das in biblischen Zeiten geschrieben wurde. Hiob wünscht, daß seine Worte in *Fels* gemeißelt würden (Hi 19,24), und die glückliche Vollendung des Si-

[1] F. M. Cross, ALQ ([2]1961), S. 34 = ABQ (1967), S. 48.

[2] Ausgabe: D. Barthélemy, Les devanciers d'Aquila. Première publication intégrale du texte des fragments du dodécaprophéton trouvés dans le désert de Juda, précédée d'une étude sur les traductions et recensions grecques de la bible réalisées au premier siècle de notre ère sous l'influence du rabbinat palestinien, SVT X (1963). – Abbildung auf Tafel 30.

[3] Nach F. M. Cross, ALQ ([2]1961), S. 34 (=ABQ [1967] S. 48, Anm. 54) handelt es sich bei der samaritanischen Schrift um einen Abkömmling der (archaisierenden) althebräischen Schrift der hasmonäischen Periode.

loahtunnels (Tafel 3), Ende des 8. Jahrhunderts vor Christus, wurde in einer 1880 entdeckten Inschrift in der Felswand festgehalten. Von *Steintafeln*, auf die göttliche Gebote eingegraben waren, hören wir in Ex 34,1, von kalkgetünchten Steinen, auf die wahrscheinlich die Buchstaben aufgemalt wurden, in Dt 27,2ff. Um Tafeln aus *Holz*[1] für nicht umfangreiche Aufzeichnungen könnte es sich bei den Tafeln handeln, auf die die Propheten Jesaja und Habakuk ein prophetisches Wort schreiben sollen (Jes 30,8; Hab 2,2; vielleicht auch Jes 8,1). Die sonst im alten Orient so viel gebrauchten *Tontafeln* kamen des kursiven Duktus wegen für die hebräische Schrift nicht in Frage, da sie nur für eine geradlinige Schrift wie die Keilschrift geeignet waren. Dagegen wurden nach Ausweis der Funde in Palästina wie anderswo für Texte des Alltagslebens häufig gebrannte *Tonscherben, Ostraka,* (Tafel 4) verwendet, auf die man gewöhnlich mit Tinte schrieb. So stieß man unter anderem im Jahre 1935 bei Ausgrabungen in *Tell Duwēr*, dem alten Lachis, in einem Raum der Toranlage auf Ostraka, die sich als militärischer Briefwechsel aus der letzten Zeit Judas, um 588 vor Christus, entpuppten. Es ist schon die Vermutung geäußert worden, daß einzelne prophetische Worte, Weisheitssprüche usw. auf solche Tonscherben aufgezeichnet worden waren, bevor man sie in einem Buch zusammenfaßte. Das würde die zusammenhangslose Aneinanderreihung, die sich in manchen biblischen Büchern beobachten läßt, gut erklären, doch wissen wir darüber nichts Sicheres.

Eine Ausnahme besonderer Art bildet die *Kupferrolle*, die in Höhle I von Qumran gefunden wurde; sie enthält keinen biblischen Text.

Jedenfalls kamen die erwähnten Schreibstoffe nur für Aufzeichnungen von beschränktem Umfang und also höchstens für Vorstufen unserer biblischen Bücher in Betracht. Der für diese selber geeignete Schreibstoff war *Papyrus* und *Leder*, und an beides ist zu denken, wo immer das Alte Testament von einer Buchrolle, מְגִלַּת־סֵפֶר oder einfach מְגִלָּה, spricht (Jer 36,2ff.; Ez 2,9; 3,1–3; Sach 5,1f.; Ps 40,8), denn nur diese lassen sich aufrollen.

Papyrus[2] wurde schon im 3. Jahrtausend vor Christus in Ägypten gebraucht. Aus dem berühmten Reisebericht des Ägypters Wen Amon, um 1090 vor Christus, geht hervor, daß dieser bequeme Schreibstoff als Tauschobjekt gegen Holz von Ägypten nach Phönizien exportiert wurde.

[1] Wie Funde aus Ägypten und Mesopotamien zeigen, konnten diese eine Schreibfläche aus Stuck oder Wachs erhalten.

[2] Vgl. auch D. J. Wiseman, CHB I (1970), S. 30ff.; T. C. Skeat, CHB II (1969), S. 54ff.

Wenn Wen Amon 500 Rollen von feinem Papyrus (es gab verschiedene Güteklassen!) mit sich führt, läßt sich daraus schließen, daß schon damals die Herstellung fabrikmäßig geschah. Später hat Ägypten die ganze Mittelmeerwelt mit Papyrus versorgt. Zu seiner Herstellung dienten die Stengel der Papyrusstaude, die man in dünne Streifen schnitt. Eine senkrechte und waagrechte Schicht dieser Streifen wurden übereinandergelegt, gepreßt (der natürliche Klebstoff genügt zur Bindung), getrocknet und geglättet: das Blatt war nun schreibfertig. Mehrere Blätter, zu der gewünschten Länge zusammengeklebt, ergaben die Buchrolle, die man bei den Israeliten von rechts nach links kolumnenweise beschrieb. Im allgemeinen benützte man nur die Innenseite mit den waagrechten Streifen (recto), aber es gab auch auf Vorder- und Rückseite (verso) beschriebene Rollen (vgl. auch Ez 2,10). Aus Papyrus war vermutlich die Rolle, die Baruch nach dem Diktat des Propheten Jeremia beschrieb, und die von König Jojakim Stück um Stück in einem offenen Feuerbecken verbrannt wurde (Jer 36)[1]. Überhaupt dürfte Papyrus auch in Palästina viel gebraucht worden sein. Er war nicht teuer und dauerhafter, als man gewöhnlich annimmt, «mindestens so dauerhaft wie das beste, handgemachte Papier, wenn nicht mehr.»[2] Aber natürlich konnte er nur dort die Zeiten überdauern, wo Klima und Boden dafür günstig sind, wie besonders im Wüstensand Ägyptens.

So erklärt es sich, daß in Palästina bis jetzt nur einige Papyrusfragmente in den seit 1947 entdeckten, klimatisch günstig gelegenen Höhlen von Qumran und Murabba'at zum Vorschein kamen (vgl. S. 34ff.; 132ff.), darunter jedoch nur ganz wenige biblische Texte (Kön und Dan).

Als ältester hebräischer Papyrus verdient das Palimpsest von Murabba'at besondere Erwähnung, das aus dem 8. (Milik) oder 7. (Cross, Gibson, u. a.) Jahrhundert vor Christus stammt. Es enthält in seiner unteren, kaum entzifferbaren Schrift wahrscheinlich einen Brief, in der oberen wahrscheinlich eine Personenliste.[3]

Leder[4] hat sicherlich in Palästina wie auch sonst in Vorderasien eine wichtige Rolle als Schreibstoff gespielt. Es hat gegenüber Papyrus den

[1] Andere denken an *Leder*, da zur Abtrennung ein Messer benötigt wurde.

[2] T. C. Skeat, CHB II (1969), S. 59.

[3] Benoit-Milik-de Vaux, Les Grottes de Murabba'at, Discoveries in the Judaean Desert II (1961), Nr. 17. Text und Übersetzung bei J. C. L. Gibson, Ancient Syrian Inscriptions, Vol. I: Hebrew and Moabite Inscriptions, Oxford (1970), S. 31f., der das Papyrus-Fragment auf ca. 650 v. Chr. datiert.

[4] T. C. Skeat, CHB II (1969), S. 61ff.

Vorteil, daß es nicht so leicht abgenützt wird, und war deshalb für Niederschriften, denen man eine längere Dauer wünschte oder die viel benützt wurden, das geeignetere Material. Die jüdische Vorschrift verlangt bis zur Gegenwart, daß das Gesetz für den liturgischen Gebrauch auf Leder, das von zum Genuß erlaubten Tieren stammen muß, geschrieben wird, und folgt darin gewiß einem alten Brauch[1]. Der Aristeasbrief vom Ende des 2. Jahrhunderts vor Christus weiß von prächtigen, mit Goldschrift beschriebenen Thorarollen aus Leder (Pergament?), und nicht viel jünger als dieses literarische Zeugnis dürfte die 1947 gefundene Jesajarolle (Tafel 10. 11) sein, die uns ein anschauliches Bild einer antiken Bibelrolle vermittelt. Sie besteht aus 17 Blättern von sorgfältig behandeltem Leder (nicht Pergament, wie man oft liest). Diese wurden aneinandergenäht, so daß eine Rolle von 7,34 m Länge entstand (Höhe 26 cm). Sie enthält auf 54 Kolumnen, die durchschnittlich 29 etwa 12 cm breite Zeilen umfassen, alle 66 Kapitel des Jesajabuches. In das Leder sind mit einem halbscharfen Instrument Linien eingepreßt, auch dies jüdischer Vorschrift entsprechend. Diese Rolle und die mit ihr gefundenen befanden sich, in Leinen gewickelt, in verschlossenen Tonkrügen (Tafel 8) – eine Art der Aufbewahrung, die schon Jer 32,14 erwähnt ist und die auch in Ägypten üblich war.

Durch besondere Behandlung des Leders (schon in der Frühzeit mit Kalkbeize?) verstand man seit etwa 200 vor Christus das *Pergament*, nach dem kleinasiatischen Pergamon genannt, herzustellen, das vom 4. Jahrhundert nach Christus an das wichtigste Material für Bücher, der eigentliche Schreibstoff des Mittelalters wurde, während der Papyrus von da an seine Bedeutung verlor. Gegenüber den älteren Schreibstoffen bietet das Pergament große Vorzüge: es ist dauerhaft, glatt und darum bequem beschreibbar, gestattet die Beschriftung auf beiden Seiten und läßt durch seine helle Färbung die Tinte deutlich hervortreten. Auch war nach Abschaben eine mehrfache Beschriftung möglich, wovon vielfach in den Palimpsesten (das Wiederabgeschabte; lat.: codex rescriptus) (Tafel 34, 42) Gebrauch gemacht wurde. Auch das Material der später zu charakterisierenden wichtigen Fragmente aus der Geniza von Kairo ist Pergament, neben das seit dem 9. Jahrhundert das *Papier* tritt. Dieses war in China (im 1. Jahrhundert n. Chr. oder schon früher?) erfunden worden, und die Kenntnis seiner Herstellung gelangte Ende des 8. Jahrhunderts nach

[1] Der jerusalemische Talmud sagt über die Herstellung von Thora-Rollen: «Es ist eine an Moses vom Sinai her erteilte Halacha (Satzung): man schreibt auf Leder, man schreibt mit Tinte, man liniert mit dem Rohr» (Meg. I, 9).

Christus durch chinesische Kriegsgefangene in den Vorderen Orient und von dort nach Europa.

3. Rolle und Kodex. Die antike Form des Buches war die *Rolle* aus Papyrus oder Leder. Ihre Handhabung ist nicht gerade bequem. Man benötigt beide Hände. Die eine (bei hebräischen Rollen wegen der Linksläufigkeit der Schrift die linke) hält die Rolle, die andere zieht die beschriebenen Kolumnen allmählich am Auge vorüber und rollt das Gelesene nach der Gegenseite wieder ein (lateinisch *volvere*, daher *volumen* als Bezeichnung der Rolle). Will man sie wieder lesebereit machen, muß man sie ganz zurückrollen, damit der Anfang wieder nach außen kommt. – Wir sahen, daß man für die 66 Kapitel des Jesajabuches eine Rolle von fast 7,5 Metern benötigte. Rollen, die für den Gebrauch noch handlich sein sollten, konnten kaum viel umfangreicher sein[1]. Daraus ergibt sich, daß nur ausnahmsweise, bei großem Umfang und ganz kleiner Schrift, *eine* Rolle den Gesamtbestand oder auch nur mehrere der größeren Bücher unseres Alten Testaments enthalten konnte. Die meisten biblischen Bücher waren in separaten Rollen im Umlauf, ja die Teilung in Bücher scheint in einzelnen Fällen, zum Beispiel beim Pentateuch, nur mit Rücksicht auf den Normalumfang einer Rolle nachträglich vorgenommen worden zu sein[2].

Erst die Erfindung des *Kodex*, zunächst als Pergamentkodex, im 1. Jahrhundert nach Christus gab die Möglichkeit, mehrere Bücher der Bibel oder ihren ganzen Umfang zu vereinigen. Reste von *Papyrus*kodizes (Tafel 31. 32) mit alt- und neutestamentlichen Texten in griechischer Sprache reichen bis ins 2. und 3. Jahrhundert nach Christus zurück[3]. Im 4. Jahrhundert kam der Kodex allgemein in Gebrauch; die Rolle verschwand nicht ganz, trat aber mehr und mehr zurück. Interessant ist der

[1] Die längste erhaltene Papyrusrolle ist der nicht für den praktischen Gebrauch bestimmte Papyrus Harris im Britischen Museum in London mit einer Länge von 40 Metern. Sie liegt weit über Normalmaß. Für griechische Papyrusrollen betrug dieses etwa 6 bis 10 Meter. – In den Höhlen von Qumran wurden auch Rollen «sehr kleinen Formats mit winziger Schrift» gefunden (Bardtke II, S. 83).

[2] Umgekehrt erklärt sich die Vereinigung der beiden aus ganz verschiedenen Zeiten stammenden Teile des Jesajabuches (1–39 und 40–66) am besten durch die Annahme, daß zwei ursprünglich selbständige – allerdings in Wortschatz und Vorstellungen verwandte – Bücher auf einer Rolle Platz fanden und dann für *ein* Buch gehalten wurden.

[3] Wie absolut der Kodex in biblischen Handschriften – ganz im Gegensatz zur heidnischen Literatur – schon im 2./3. Jahrhundert dominierte, zeigt C. H. Roberts, Proceedings of the British Academy for the Promotion of historical, philosophical and philological Studies, 40 (1954), S. 169–204; ders., CHB I (1970), S. 48ff.; T. C. Skeat, CHB II (1969), S. 65ff.

Anteil des Christentums an dieser Entwicklung. «Erst der Sieg der Kirche hat dem Kodex, der von Anfang an den Christen vertraut war, zum Übergewicht über das Rollenbuch verholfen. Die Rolle wird auf Akten und Verträge zurückgedrängt, der Kodex wird Buch an sich» (Schubart). Seine Vorteile gegenüber der Buchrolle liegen auf der Hand: er ermöglicht bequemes Blättern und Nachschlagen sowie Beschriftung auf beiden Seiten des Schreibstoffes. Auch die Juden übernahmen den Kodex, behielten jedoch die Rolle aus Leder oder Pergament für die im Gottesdienst verwendeten Exemplare der Thora und des Buches Esther bei. Die Fragmente aus der Geniza von Kairo (vgl. S. 13, 37f.) stammen zum größeren Teile von Kodizes, zum geringeren von Rollen.

4. *Schreibgerät und Tinte.* Als Schreibgerät erwähnt das Alte Testament חֶרֶט (Jes 8,1) und עֵט (Jer 8,8; 17,1; Ps 45,2; Hi 19,24). חרט entspricht dem *Griffel*, mit dem man die Buchstaben in geeignetes Material einritzt (Stilus). Dasselbe Instrument ist wohl auch gemeint mit dem עֵט בַּרְזֶל, dem eisernen Griffel mit diamantener Spitze in Jer 17,1 und dem Griffel (עט) von Eisen in Hi 19,24 (vgl. zu dieser Stelle J. J. Stamm ZAW N. F. 24 [1953], S. 302). Dagegen ist unter dem עֵט סֹפְרִים Jer 8,8 bzw. dem עֵט סֹפֵר Ps 45,2 das *Schreibrohr* des Berufsschreibers zu verstehen, mit dem er die Tinte auf Leder, Papyrus und Ostraka auftrug. In Ägypten, von wo aus wir auf ähnliche Verhältnisse in Palästina schließen dürfen, verwendete man in älterer Zeit Binsen, deren Ende zerquetscht und leicht faserig war wie ein kleiner Pinsel oder (später) schräg gekappt wie ein Gänsekiel. Seit dem 3. Jahrhundert vor Christus ist das Schreibrohr (Kalamos) nachweisbar, das federförmig zugeschnitten wurde und dessen gespaltene Spitze sowohl flüssigeres wie kursiveres Schreiben ermöglichte. Es ist bis in die Neuzeit im Orient in Gebrauch geblieben.

Auf Ostraka, Leder und Papyrus wurde mit *Tinte* (hebräisch דְּיוֹ) geschrieben. Zum ersten und einzigen Male wird sie im Alten Testament in Jer 36,18 (605 vor Christus) erwähnt in einer Weise, die zeigt, daß es sich um etwas allgemein Bekanntes handelte. Es kommen zwei Tinten in Frage: die *nichtmetallische* aus Ruß (besonders von Olivenöl) mit Gummilösung (Harz) oder Öl und die *metallische*, am häufigsten eine Mischung von Galläpfeln und Vitriol[1]. Die Einführung der nicht immer

[1] Schon die in den Ostraka von Lachis verwendete Tinte soll nach einer Analyse metallisch gewesen sein (vgl. S. 126). – Nach G. R. Driver, Semitic Writing (rev. ed. 1954), S. 86 wurde nichtmetallische Tinte für Pergament, metallische für Papyrus verwendet. Nach T. C. Skeat, CHB II (1969), S. 61 war die Praxis der *griechischen* Schreiber fast umgekehrt.

dauerhaften, den Schreibstoff angreifenden metallischen Tinte stieß in den ersten Jahrhunderten nach Christus bei den Juden auf Widerstand, sie hat sich aber im Mittelalter trotz des talmudischen Verbotes durchgesetzt. Die in den Qumran-Handschriften verwendete Tinte ist nicht metallisch, sondern vegetabilisch oder kohlenhaltig[1]. Da aber auch solche Tinte neben der metallischen noch lange in Gebrauch war (übrigens heute für Thorarollen wieder ist), ergibt sich aus ihrer Verwendung kein eindeutiges Argument für die Datierung, wenn sie auch mehr für frühe als für mittelalterliche Herkunft spricht. – Die von den alten Schreibern verwendete Tinte drang nicht tief ein, sondern konnte mit einem Schwamm oder dergleichen abgewaschen werden. Blaßte sie ab, so wurde die Schrift aufgefrischt. Doch zeigen die Papyri aus Ägypten wie die Handschriften von Qumran, daß man im Altertum eine Tinte herzustellen verstand, die überraschend dauerhaft war und vielfach die spätere metallische Tinte an Widerstandsfähigkeit übertraf.

II Der Masoretische Text

1. Allgemeines. Der hebräische Text des Alten Testaments wird *masoretischer* Text genannt, weil er in seiner heutigen Gestalt auf der «Masora» (hebräisch מָסוֹרֶת)[2] genannten Überlieferungs-Tätigkeit jüdischer Gelehrter (Masoreten) beruht. Er wird in der Biblia Hebraica von Rudolf Kittel (BHK) und der Biblia Hebraica Stuttgartensia (BHS) mit 𝔐 bezeichnet.

a) In BHK ist von der 3. Auflage ab 𝔐 abgedruckt nach der im Jahre 1008 nach Christus geschriebenen Handschrift B 19^A der Öffentlichen Bibliothek von Leningrad (L, Leningradensis) (Tafel 24); sie liegt auch der im Erscheinen begriffenen, von K. Elliger und W. Rudolph herausgegebenen 4. Auflage der Biblia Hebraica, der Biblia Hebraica Stuttgartensia (BHS), zu Grunde. Die beiden ersten Auflagen folgten – wie andere Ausgaben, zum Beispiel die von Ginsburg (1908ff.) – der bei Daniel Bomberg in Venedig 1524/25 gedruckten Ausgabe des Jakob ben Chajim (𝔅), die

[1] Vgl. H. J. Plenderleith, in Barthélemy-Milik, Qumran Cave I (1955), S. 39.

[2] Dieser weite Gebrauch des Wortes Masora, wonach es die gesamte «Philologie der hebräischen Bibel», d. h. alle Tätigkeiten an der Textüberlieferung (Schreiben mit allen Besonderheiten; Punktieren; Masora im eigentlichen Sinne, s. S. 30) umfaßt, scheint auf den jüdischen Gelehrten Elias Levita (1469–1549) zurückzugehen, während es in der Blütezeit der «Masoreten» einen spezielleren Sinn hatte (s. S. 15; 30); vgl. dazu R. Edelmann, Soferim-Massoretes, «Massoretes»-Nakdanim, In Memoriam P. Kahle, BZAW 103 (1968), S. 116ff. – Eine komplizierte Entwicklung des Begriffes nimmt M. Gertner, The Masorah and the Levites, VT X (1960), S. 241ff. an.

auf spätmittelalterliche Handschriften zurückgeht. In BH haben wir also einen Text vor uns, der den aller bisher gedruckten Ausgaben an Alter um Jahrhunderte übertrifft. Aber auch die Handschrift, auf der er fußt, ist, gemessen am Alter des Alten Testaments und verglichen mit den bedeutenden Handschriften des griechischen Alten und Neuen Testaments aus dem 4. und 5. Jahrhundert, erstaunlich jung. Tatsächlich besitzen wir keine hebräische Handschrift des *ganzen* Alten Testaments, die vor dem 10. Jahrhundert geschrieben worden ist. Der älteste datierte Kodex (Tafel 20), der nur die Propheten enthält, stammt aus dem Jahre 895 nach Christus (Codex Cairensis, s. S. 38f.). Aus dem 6.–8. Jahrhundert gibt es zahlreiche Fragmente, die in der 2. Hälfte des 19. Jahrhunderts in der Synagoge von *Altkairo* (seit 882 Synagoge, vorher St. Michaelskirche) gefunden wurden. Sie befanden sich dort in der *Geniza*, das heißt in einer Art Rumpelkammer, in der man unbrauchbar gewordene oder unkorrekte Handschriften bis zu ihrer endgültigen Vernichtung verbarg (aramäisch גְּנַז = verbergen), um Mißbrauch oder Profanierung einer den heiligen Gottesnamen enthaltenden Handschrift auszuschließen. Die Schätze einer Geniza wurden von Zeit zu Zeit zeremoniell in die Erde vergraben. Nur ein Zufall bewahrte die Handschriften von Kairo vor diesem Schicksal: die Geniza wurde einmal zugemauert und geriet in Vergessenheit.

Noch zufälliger ist es, daß wesentlich ältere, zum Teil in vorchristliche Zeit zurückreichende hebräische Handschriften, die in verschiedenen Höhlen der Wüste Juda, vor allem in der Umgebung der (essenischen?) Siedlung von Chirbet Qumran (Tafel 7ff.) am Toten Meer, im 1./2. Jahrhundert nach Christus versteckt worden waren, etwa zwei Jahrtausende überdauerten und seit dem Jahre 1947 entdeckt wurden. Unter ihnen ist von biblischen Büchern nur Jesaja vollständig, Habakuk in seinen beiden ersten Kapiteln vertreten, alle anderen Bücher – mit Ausnahme des Buches Esther, das bis jetzt fehlt – nur in Fragmenten (vgl. S. 35f.). Es bleibt also auch nach diesen, für die Wissenschaft so bedeutenden Funden dabei, daß wir für das *ganze* Alte Testament auf Handschriften aus dem 10. Jahrhundert und später angewiesen sind. Normalerweise können wir gar nichts anderes erwarten, da nach jüdischer Vorschrift unbrauchbar gewordene und unkorrekte Handschriften vernichtet werden mußten. Vom Standpunkt der schließlich erreichten Textgestalt des 10. Jahrhunderts aus mußten aber alle älteren Handschriften, die den *Vorstufen* dieses Textes entsprachen, als nicht völlig korrekt gelten und daher im Laufe der Zeit verschwinden. Sicherlich sind auch im Verlauf der mittelalterlichen Judenverfolgungen alte Handschriften vernichtet worden, teils von Judengegnern, teils von Juden selber, die nicht wollten, daß ihre heiligen Bücher in die Hände Andersgläubiger fielen.

Wer die erhaltenen – in ihrer Mehrzahl also relativ jungen – Handschriften in ihrer Bedeutung für die textkritische Arbeit richtig würdigen will, muß bedenken, daß den Wert einer Handschrift nicht allein und nicht in erster Linie ihr Alter ausmacht. Als man für die griechischen Klassiker Papyrusfragmente entdeckte, die wesentlich älter sind als die bis dahin bekannten mittelalterlichen Handschriften, enttäuschten sie die besonders in Laienkreisen hochgespannten Erwartungen: sie erwiesen sich im allgemeinen als schlechter denn diese. Die mittelalterlichen Handschriften gehen eben zurück auf die sorgfältigen Studien der großen alexandrinischen Philologen, die Papyri stammen durchweg aus Privathandschriften, die in ägyptischen Provinzstädten im Umlauf waren, und zeigen jenen verwilderten Zustand der Überlieferung, der die kritische Arbeit der Alexandriner so dringend nötig machte. Entscheidender also als das Alter ist der *Traditionskreis*, dem eine Handschrift entstammt (G. Pasquali: «codices recentiores – non deteriores»). Das gilt auch für den hebräischen Text des Alten Testaments, dessen Überlieferungsgeschichte bei der Bildung eines Urteils berücksichtigt werden muß.

b) Bis in das Zeitalter des Humanismus und der Reformation ist die Beschäftigung mit dem hebräischen Text und seine Überlieferung im wesentlichen eine Sache des Judentums gewesen. Im ersten Jahrtausend nach Christus, in dem die entscheidende Arbeit getan wurde, finden wir sowohl palästinische Juden wie Angehörige der großen jüdischen Kolonie in Babylonien am Werk, und wir haben dementsprechend zwischen den
Occ *Masoreten des Westens* (Occidentales מַעַרְבָאֵי) und den *Masoreten des*
Or *Ostens* (Orientales מַדִינְחָאֵי) zu unterscheiden. Der Hauptort des Westens war Tiberias – bis zum Ende des 3. Jahrhunderts und dann wieder im 8.–10. Jahrhundert; die Zentren des Ostens bildeten die Lehrhäuser in Sura[1], Nehardea, zerstört 259 nach Christus, und später in Pumbeditha, die überhaupt in Dingen der jüdischen Wissenschaft Jahrhunderte hindurch maßgebend waren. Schließlich aber verloren die babylonischen Lehrhäuser ihre Bedeutung und gingen im 10. bzw. 11. Jahrhundert ganz ein. Der Westen übernahm wieder die geistige Führung des Judentums, und die Masoreten des Westens hatten alles Interesse daran, die Erinnerung an eine Textgestalt, die von der von ihnen vertretenen abwich, zu

Sor [1] Die Masoreten von Sura (Soraei) werden in BH mit dem Sigel Sor bezeichnet.

verwischen. So wurde die Auffassung der Schule von Tiberias für die Folgezeit allein maßgebend, während die östliche Überlieferung für ein Jahrtausend ganz in Vergessenheit versank.

c) Es ist bekannt, daß der hebräische Text des Alten Testaments viele Jahrhunderte lang nur als Konsonantentext in Umlauf war. Vokalzeichen wurden erst in einem späten Stadium zugesetzt, nachdem der Konsonantentext bereits eine lange Geschichte hinter sich hatte und zu einer ganz festen Gestalt gelangt war. Wir müssen deshalb die Geschichte des Konsonantentextes und die der Punktation in getrennten Abschnitten vorführen.

d) Die Männer, die sich der handschriftlichen Weitergabe des alttestamentlichen Textes widmeten, scheinen in der Blütezeit der masoretischen Arbeit je nach ihrer Tätigkeit besonders bezeichnet worden zu sein. Die *Sopherim*[1] schrieben den eigentlichen Konsonantentext, die *Nakdanim* (von nakad = punktieren) versahen das Manuskript mit Vokalzeichen und Akzenten, die *Masoreten* fügten die Masora marginalis und finalis (s. S. 30ff.) hinzu[2]. Natürlich konnte ein Mann auch in mehrfacher Weise an einer Handschrift tätig sein, insbesondere wurden aus naheliegenden Gründen Punktation und Masora oft von ein und demselben Gelehrten ausgeführt. So schrieb Schelomo ben Buja'a den Kodex von Aleppo, und Aaron ben Ascher versah ihn mit Punktation und Masora (s. S. 160); derselbe Schelomo ben Buja'a schrieb 930 n. Chr. eine Thora-Handschrift (s. S. 164), die von Ephraim, Sohn des Rabbi Buja'a, punktiert und mit Masora versehen wurde. Der Kodex Leningradensis ist nach dem Kolophon aus einer Hand hervorgegangen: Samuel ben Jakob hat ihn sowohl geschrieben als auch punktiert und mit Masora versehen.

2. *Der Konsonantentext.* Der Konsonantentext, wie er in den mittelalterlichen Handschriften überliefert ist und den heutigen Ausgaben zu Grunde liegt, geht auf die Zeit um 100 nach Christus zurück: Im Zusammenhang mit der großen jüdischen Restauration, die die Jahrzehnte nach der Katastrophe des Jahres 70 nach Christus kennzeichnet, wurde, nachdem auf der sogenannten Synode von Jamnia (Ende des 1. Jahrhunderts nach Christus) über die Kanonisierung einzelner noch umstrittener Bücher des Alten Testaments entschieden worden war, auch ein autoritativer

[1] Zur Geschichte des Wortes Sopher vgl. J. Jeremias, ThWNT I (1933), S. 740f. In der israelitischen Königszeit bezeichnet Sopher den Inhaber eines hohen politischen Amtes, im Judentum gewinnt es die Bedeutung «Schriftgelehrter», «Thorakundiger», «ordinierter Theologe». Schon bei Josephus (37/38 n. Chr. bis Anfang des 2. Jh. n. Chr.) hat es die Bedeutung «Schreiber».

[2] R. Edelmann, a. a. O. (s. S. 12), S. 116ff.

Text des Alten Testaments geschaffen. Ein solcher erwies sich nach Abschluß der Kanonisierung und nachdem durch Rabbi Akiba, etwa 55–137 nach Christus, eine exegetische Methode herrschend geworden war, für die auch noch die kleinsten Bestandteile und Besonderheiten des Textes von Bedeutung waren, als unumgänglich. «So entstand zunächst der autoritative Thora-Text, in allem Wesentlichen der Konsonantentext, den wir in unserm masoretischen Text vor uns haben. Der Text wurde mit Hilfe von altem handschriftlichem Material festgestellt, das man zur Verfügung hatte, und macht gegenüber den Vulgär-Texten, die man bislang benutzt hatte und von denen uns im Pentateuch der Samaritaner ein wichtiges Beispiel erhalten ist, einen altertümlicheren und besseren Eindruck. Die übrigen Bücher der Bibel sind gefolgt. Wir sind über die Fortschritte der Arbeit im einzelnen nicht unterrichtet. Nur das Ergebnis liegt klar vor Augen».[1] Dem als maßgebend erklärten Text wurden die vorhandenen Handschriften durch Korrektur angeglichen, bis schließlich im Laufe der Zeit korrekte an ihre Stelle traten.

Es sind jedoch auch Versuche unternommen worden, den Standardtext noch früher zu datieren. So glaubte man, die Behauptung des Josephus um 100 nach Christus (Contra Apionem I, § 42), trotz der langen Zeit, die seit Abfassung der alttestamentlichen Bücher vergangen sei, habe sich niemand erkühnt, an dem biblischen Text etwas zuzusetzen oder wegzulassen oder zu ändern, setze einen schon länger als unantastbar geltenden Text, einen offiziellen Standardtext, voraus.[2] Demgegenüber hat B. Albrektson nachgewiesen, daß Josephus hier von dem *Inhalt* der heiligen Schriften der Juden spricht, die von jedem Juden vom Tag seiner Geburt an als Gebote (*dogmata*) Gottes angesehen werden, in denen er verharrt und für die er, wenn es sein muß, freudig stirbt. Auf einen minutiös festgelegten Standardtext lassen sich dagegen die Worte des Josephus nicht beziehen.[3] Auch die oben erwähnte Auslegungsmethode des Rabbi Akiba weist nicht mit Sicherheit auf einen bestehenden Standardtext hin, wenn sie auch gewiß auf einen solchen hintendierte. So wird es also dabei bleiben müssen,

[1] P. Kahle, Die hebräischen Handschriften aus der Höhle (1951), S. 28f.

[2] N. H. Segal, The Promulgation of the Authoritative Text of the Hebrew Bible, JBL 72 (1953), S. 35ff.; M. Greenberg, The Stabilisation of the Hebrew Bible, reviewed in the Light of the Biblical Materials from the Judean Desert. JAOS 76 (1956), S. 157ff. – In der 3. Auflage dieses Buches wurde über die Thesen dieser Autoren zu wenig kritisch referiert, so daß bei Albrektson (s. Anm. 3) der Eindruck einer (nicht beabsichtigten) Identifizierung entstand.

[3] B. Albrektson, Josefus, Rabbi Akiba och Qumran, Teologinen Aikakauskirja Teologisk Tidskrift 73 (1968), S. 201–215.

daß die Standardisierung des Textes erst um 100 nach Christus im Zusammenhang mit der Festlegung der Kanonsgrenzen erfolgte. Daß es sich bei diesem Standardtext nicht um einen völlig neugeschaffenen Text handelte, sondern daß die Rabbinen alter Überlieferung folgten, ist von vornherein anzunehmen. Bestätigt wird interessanter Weise diese Annahme durch die Texte von Qumran, da sich darunter solche befinden, die unserem masoretischen Text nahestehen. So weist z. B. die zweite Jesajarolle aus Höhle 1 von Qumran (1 Q Is^{b}) nicht wesentlich größere Abweichungen vom masoretischen Text auf, als sie in der spätmittelalterlichen Tradition begegnen. Insofern kann man mit Roberts von der «wahrscheinlichen Existenz eines vormasoretischen ‹masoretischen› Textes» sprechen[1]. Aber bei aller äußeren Ähnlichkeit besteht doch ein entscheidender Unterschied: die dem masoretischen Text verwandte Textgestalt von Qumran war neben zwei anderen im Umlauf (s. unten), und nichts weist darauf hin, daß sie diesen gegenüber autoritatives Ansehen genoß. D. h., es gab in Qumran – und wahrscheinlich gilt das auch für das übrige Judentum – noch keinen autoritativen Text. Erst im Zusammenhang mit der jüdischen Restauration gewann ein schon vorhandener Text oder eine aus vorliegenden Texten geschaffene Rezension autoritative Geltung und verdrängte im Laufe der Zeit alle anderen Textgestalten, die im Judentum vor 70 nach Christus im Umlauf waren, fast gänzlich. Wie die Texte von Murabbaʿat zeigen (vgl. S. 150), hat sich dieser Text um 132–135 nach Christus durchgesetzt. Von der Pluralität der in den vorhergehenden Jahrhunderten umlaufenden Texte wüßten wir nichts, wenn sie uns nicht durch den Pentateuch der Samaritaner (vgl. S. 47ff.), durch den Papyrus Nash (S. 37), durch die Septuaginta (S. 51ff.) und vor allem durch die biblischen Texte von Qumran bezeugt wären. Unter diesen letzten lassen sich sogar drei Textgruppen nebeneinander beobachten, von denen eine dem samaritanischen Pentateuch, eine zweite der Septuaginta und die dritte dem masoretischen Text nahesteht.

Wie diese Pluralität der Textgestalten textgeschichtlich zu deuten ist, ist noch ungeklärt. F. M. Cross möchte sie – vorläufig, wie er betont, – im Anschluß an W. F. Albright als palästinische, ägyptische und babylonische (?) Lokaltypen verstehen. Sh. Talmon hat dagegen eingewandt, die These von den drei Lokaltexten könne die Pluralität der Texttypen am Ende der vorchristlichen Ära nicht befriedigend erklären (CHB I [1970], S. 198). Vorläufig gilt die Feststellung von F. M. Cross: «Der Boden

[1] B. J. Roberts, BJRL 42, 1 (1959), S. 144.

schwankt jedoch noch, und es wird noch viele Fehlversuche geben, ehe man sichere Resultate erhoffen kann» (ABQ [1967], S. 174).[1] Die erhaltenen außermasoretischen Texte sind – gradweise verschieden – dem Typus der Vulgärtexte zuzurechnen, für die folgende Züge (die sich in gewisser Weise auch in der Chronik gegenüber den Büchern Samuelis und Könige finden) bezeichnend sind: Sie setzen die matres lectionis häufiger als 𝔐, sie gleichen manche Formen an die zu ihrer Zeit gesprochene Umgangssprache an, das heißt sie aramaisieren (indem sie etwa על statt אל setzen), sie bevorzugen Hiphilformen, ersetzen den für den Imperativ stehenden Infinitivus absolutus durch Imperativformen und anderes mehr. Sie lieben es auch, den Text mit Hilfe von Parallelstellen zu ergänzen.

Allen diesen Vulgärtexten gegenüber macht der masoretische Text einen altertümlicheren und zuverlässigeren Eindruck. Davon freilich, daß er den *Urtext* repräsentiere, kann keine Rede sein, wie zum Beispiel ein Vergleich der doppelt überlieferten Texte (II S 22 = Ps 18; II R 18,13–20,19 = Jes 36–39; II R 24,18–25,30 = Jer 52; Jes 2,2-4 = Mi 4,1-3; Ps 14 = Ps 53; Ps 40,14-18 = Ps 70) und der Bücher Samuelis und Könige mit der von ihnen abhängigen Chronik lehrt.

Wie konservativ man bei der Feststellung des Textes und seiner weiteren Tradierung verfuhr, zeigen einige Eigentümlichkeiten, die sich in 𝔐 bis zum heutigen Tag erhalten haben:

a) Die *puncta extraordinaria.* An 15 Stellen finden sich Punkte über einzelnen Buchstaben oder ganzen Wörtern: Gn 16,5; 18,9; 19,33; 33,4; 37,12; Nu 3,39; 9,10; 21,30; 29,15; Dt 29,28; II S 19,20; Jes 44,9; Ez 41,20; 46,22; Ps 27,13. Diese Punkte drücken textkritische oder dogmatische Bedenken der Sopherim gegenüber dem überlieferten Text aus, an dem sie aber, da er ihnen als unantastbar galt, gleichwohl nichts zu ändern wagten.

b) Das *umgekehrte Nun* (Nun inversum) findet sich neunmal: vor Nu 10,35 und nach Nu 10,36 und bei Ps 107,21-26.40. Kahle sieht in ihm mit Blau eine Abkürzung von נָקוּד «punktiert»: das נ wurde umgekehrt,

[1] Zur Diskussion vgl. noch: C. Rabin, The Dead Sea Scrolls and the History of the Old Testament Text, JTS NS 6 (1955), S. 174–182; Sh. Talmon, Aspects of the textual Transmission of the Bible in the Light of the Qumran mss, Textus IV (1964), S. 95–132; F. M. Cross, History of the Biblical Text in the Light of the Discoveries in the Judaean Desert, HTR 57 (1964), S. 281–299; Ders., The Contribution of the Qumran Discoveries to the Study of the Biblical Text, IEJ 16 (1966), S. 81–95; P. W. Skehan, The biblical Scrolls from Qumran and the Text of the Old Testament, BA 28 (1965), S. 87–100.

damit es nicht versehentlich zum Text gerechnet wurde. Die Bedenken scheinen sich auf die *Stellung* der betreffenden Verse zu beziehen.

c) Die *Sebirin*. In zahlreichen Fällen – Ginsburg zählte in verschiedenen Handschriften insgesamt etwa 350 – wird zu einem Wort, das in einer ungewöhnlichen Form oder Bedeutung im Text steht, am Rande die normale Form oder das zu erwartende Wort zugesetzt, eingeführt durch סְבִיר (pt. pass. von aram. סְבַר «meinen»). So hat Gn 19,8 האל die Bedeutung הָאֵלֶּה, Gn 49,13 עַל die Bedeutung von עַד; Gn 19,23 steht das masc. יצא für das zu erwartende fem. יצאה und so weiter.

d) *Ketib und Qere*. In vielen Fällen nahm man aus grammatischen, ästhetischen, dogmatischen und anderen Gründen an dem überlieferten Text Anstoß. Hier half man sich so, daß man anders zu lesen gebot, als geschrieben stand: man unterschied also das כְּתִיב, das «Geschriebene», an dem man nichts zu ändern wagte, von dem קְרֵי, dem zu «Lesenden», dessen Konsonanten an den Rand geschrieben wurden, während man die dazu gehörigen Vokale unter das Ketib setzte. Doch stellen nicht alle Ketib-Qere, deren Zahl über 1300 beträgt, solche Korrekturen dar. Vielmehr wird man in vielen *Varianten* zu erblicken haben, die man bei der Feststellung des Textes nicht übergehen wollte oder konnte[1].

Aber die Restauration, die Wiederherstellung und Weitergabe des Altüberlieferten, selbst wenn es Bedenken erweckte, ist nur *ein* Kennzeichen dieser Textrezension und -tradition. Ein anderes weist in gerade entgegengesetzte Richtung. Wir haben deutliche Argumente dafür, daß man sich nicht scheute, in den Text einzugreifen, besonders wenn man dies aus dogmatischen Gründen für erforderlich hielt. So haben zum Beispiel Eigennamen, die mit dem verabscheuten Gottesnamen בעל gebildet sind, in der Chronik zumeist ihre ursprüngliche Form behalten, während sie in

[1] So hat G. Gerleman (Synoptic Studies in the Old Testament, Lund, 1948) aus der Beobachtung, daß viele Qeres von Samuelis und Könige in Chronik, die eine mehr vulgäre Textform behalten hat, im Text selber stehen, geschlossen, daß ein Teil der Qeres Vulgärvarianten darstellen. Zur «Variantentheorie» vgl. weiter: R. Gordis, The Biblical Text in the Making: A Study of the Kethib-Qere (1937); A. Rubinstein, A Kethib-Qere Problem in the Light of the Isaiah-Scroll, JSSt 4 (1959), S. 127ff.; H. M. Orlinsky, The Origin of the Kethib-Qere-System – a new Approach, VTS VII (1960), S. 184ff. Orlinsky stellt es sich so vor, daß jüdische Gelehrte, die etwa nach 600 n. Chr. einen sicheren Text für die Vokalisation schaffen wollten, drei Handschriften zu Grunde legten. Bei Differenzen zwischen diesen wurde ganz mechanisch die Lesart der Mehrheit angenommen und vokalisiert (Qere), die der Minderheit blieb unvokalisiert (Ketib). Doch ist im einzelnen noch vieles, auch das von Orlinsky vorgeschlagene Datum, unsicher, so viel im ganzen für die «Variantentheorie» spricht.

den parallelen Texten in Samuelis und Könige geändert wurden[1]. Das heißt: in dem zweiten Teil des Alten Testaments, den Propheten, die im Judentum eine höhere kanonische Schätzung genießen als die Ketubim, hat man entschiedener revidiert und dogmatisch anstößige Stellen mit Konsequenz beseitigt. An die Eingriffe in den Text hat sogar die jüdische Überlieferung die Erinnerung lebendig erhalten in dem, was sie von den Tiqqune und Itture sopherim berichtet:

Tiq soph a) Die *Tiqqune sopherim* (תקוני ספרים «Verbesserungen der Schreiber»).[2] Ihre Zahl wird nicht einheitlich überliefert; eine Masora nennt 18 Stellen, ist aber kaum erschöpfend. Diese Verbesserungen wurden vor allem vorgenommen, um anstößige Aussagen über Gott zu beseitigen. So lautet der ursprüngliche Text von Gn 18,22: «Jahwe aber blieb noch vor Abraham stehen», was nach dem Zusammenhang das Richtige ist. Da jedoch «vor jemand stehen» auch bedeuten kann «dienend vor jemand stehen», «dienen» (z. B. Gn 41,46; I R 1,2), wurde der ursprüngliche Wortlaut in Gn 18,22 als unziemlich empfunden und in den jetzigen geändert. Die übrigen Tiqqunin finden sich: Nu 11,15; 12,12; I S 3,13; II S 16,12 (בעיני pro בעוני); 20,1 (לאהליו pro לאלהיו, ebenso I R 12,16; II Ch 10,16); Jer 2,11; Ez 8,17; Hos 4,7 (כבודם בקלון אמיר pro כבודי בקלון המירו); Hab 1,12; Sach 2,12; Mal 1,13; Ps 106,20; Hi 7,20; 32,3; Thr 3,20 (vgl., soweit nichts bemerkt, jeweils den Apparat der BH).

b) Die *Itture sopherim* (עטורי ספרים «Weglassungen der Schreiber»). Im babylonischen Talmud (Nedarim 37b) wird berichtet, daß viermal bei dem Wort אחר (Gn 18,5; 24,55; Nu 31,2; Ps 68,26) und einmal bei משפטיך (Ps 36,7) von den Sopherim ein ו weggelassen worden sei. Dort werden auch 7 Stellen genannt, wo gewisse Wörter gelesen werden sollen, ohne daß sie im Text stehen (קרי ולא כתיב: II S 8,3; 16,23; Jer 31,38; 50,29; Ru 2,11; 3,5.17), und 5 Stellen, wo Wörter, die im Text stehen, nicht gelesen werden (כתיב ולא קרי: II R 5,18; Jer 32,11; 51,3; Ez 48,16; Ru 3,12). Die meisten dieser Stellen werden auch in der Masora der BHK erwähnt.

Wir gehen kaum fehl, wenn wir das, was uns durch diese Traditionen bezeugt wird, nur als einen kleinen Ausschnitt aus einem umfassenderen Geschehen ansehen (vgl. auch S. 107ff.).

[1] Vgl.: I Ch 14,7 בעלידע – II S 5,16 אלידע; I Ch 8,33; 9,39 אשבעל – II S 2,8ff. איש־בשת; I Ch 8,34; 9,40 מריב בעל – II S 4,4 u. ö. מפיבשת. Vgl. dazu Gerleman a. a. O., S. 23.

[2] D. Barthélemy, Les tiqquné sopherim et la critique textuelle de l'Ancien Testament, VTS IX (1963) S. 285ff.

Damit, daß eine einzige Textgestalt für verbindlich erklärt und fortan fast ausschließlich tradiert wurde, war ein entscheidender Einschnitt in der Geschichte des alttestamentlichen Textes gesetzt. Das Nebeneinander verschiedener Textgestalten, wie es in Qumran zu beobachten ist, ist für das Judentum ebenso unmöglich geworden wie der freie Umgang mit dem Bibeltext, der zu ihnen geführt hatte. Fortan ist die Tradierung strengen Regeln unterworfen. So mußte dafür gesorgt werden, daß in die heiligen Schriften keine Fehler eindrangen, etwa unterlaufene mußten aufgesucht und ausgemerzt werden und so weiter. Das hatte die Masora, die Überlieferung, zu leisten, und in diesem Sinne sagt R. Akiba von ihr: Masora ist ein (schützender) Zaun für das Gesetz[1]. Dem großen Ziel diente die Kleinarbeit der Sopherim. Sie zählten Verse, Wörter, Buchstaben der Thora und anderer Bibelteile, um Anfertigung und Kontrolle der Handschriften zu erleichtern. Eine Talmudstelle will aus dieser Tätigkeit geradezu ihren Namen herleiten: die Alten, sagt sie, hießen Sopherim, weil sie alle Buchstaben der Thora zählten (סופרים). Sie stellten etwa fest, daß das ו in גחון Lv 11,42 der mittlere Buchstabe der Thora sei, daß דרש in Lv 10,16 ihr mittleres Wort bilde und so weiter. Auf sie und ihre Nachfolger geht zurück, daß manche Buchstaben besonders geschrieben, etwa «aufgehängt», wurden wie in מנשה Jdc 18,30 (lies משה vgl. Apparat) und מיער Ps 80,14 (Mitte des Psalters) und dergleichen. – Insbesondere haben wir bei ihnen auch die Anfänge jener Textuntersuchungen zu vermuten, die dann später in der Masora ihren Niederschlag gefunden haben.

Das Wichtigste für die Textgeschichte haben sie jedoch geleistet, indem sie dafür wirkten, daß der autoritativ festgestellte Text, der ja trotz der Anknüpfung an eine ältere Textgestalt manchen Kreisen als eine Neuerung erscheinen mußte, zu allgemeiner Anerkennung gelangte. Die hebräischen Handschriften aus dem Mittelalter zeigen ein auffallend einheitliches Bild des Textes, selbst in der Form gewisser besonders geschriebener Buchstaben und in anderen Kleinigkeiten.

Als plausibelste Erklärung dafür galt lange Zeit die von P. de Lagarde erstmals 1863 ausgesprochene These, die hebräischen Handschriften des

[1] Es ist jedoch nicht sicher, ob in dem Satz R. Akibas (Pirqe Aboth III, 13) «Masora» auf die Tätigkeit der Textüberlieferung zu beziehen ist, wie meist angenommen wird (vgl. z. B. W. Bacher, Die exegetische Terminologie der jüdischen Traditionsliteratur. I [1899; Neudruck 1965], S. 108). Strack-Billerbeck, Kommentar zum NT aus Talmud und Midrasch I (1922), S. 693 versteht an dieser Stelle «Masora» vom «mündlichen Gesetz». R. Akiba wolle sagen, daß die Überlieferungen der Alten (das mündliche Gesetz) die Übertretung des schriftlichen Gesetzes verhindern sollen.

Mittelalters gingen alle auf ein einziges Exemplar, auf einen im 2. Jahrhundert nach Christus geschaffenen *Archetypus*, zurück. Richtiger hatte E. F. C. Rosenmüller gesehen, als er 1797 alle noch erhaltenen Handschriften des hebräischen Textes auf eine *Rezension* zurückführte; doch blieb seine Erkenntnis lange unbeachtet, obwohl er sie 1834 in dem Vorwort der Tauchnitzschen Edition des hebräischen Alten Testaments wiederholte[1]. Allerdings wissen wir heute, besonders durch das Material aus der Geniza von Kairo, daß es noch Jahrhunderte hindurch Texte mit – allerdings nicht sehr zahlreichen – abweichenden Lesarten gab, und dasselbe läßt sich erschließen aus von 𝔐 sich unterscheidenden Zitaten jüdischer Gelehrter bis ins 8. Jahrhundert und darüber hinaus. Auch die von Hempel[2] für das Dt nachgewiesene Tatsache, daß eine Gruppe mittelalterlicher masoretischer Handschriften in vielen Einzelheiten mit dem Text des Samaritanus übereinstimmt, ist meines Erachtens so zu erklären, daß die oben erwähnten Vulgärtexte noch längere Zeit in der Textüberlieferung nachwirkten. Man hat also anzunehmen, daß der von etwa 100 nach Christus an autoritative Konsonantentext nicht von heute auf morgen alle anderen Textformen verdrängte, sondern daß – vor allem private – Handschriften mit abweichender Textgestalt noch lange in Umlauf blieben. Wenn die Handschriften des 10. Jahrhunderts und späterer Zeit so einheitlich gestaltet sind, so ist dies, wie besonders Kahle gezeigt hat, ein Resultat der Arbeit der älteren und jüngeren Masoreten, die sich für den autoritativen Text eingesetzt und ihm zum Sieg über alle abweichenden Texte verholfen haben.

Einteilung. BH zeigt verschiedene Einteilungen der alttestamentlichen Bücher, wie sie im Judentum, das die Kapiteleinteilung noch nicht kannte, zum Teil schon früh üblich waren[3]. Hier ist zunächst die durch das ganze

[1] Die Thesen Rosenmüllers und Lagardes wurden lange Zeit miteinander vermengt; zur Klärung vgl. M. H. Goshen-Gottstein, Biblica 48 (1967), S. 254ff., zu Vorgängern Lagardes S. 261f.

[2] ZAW N. F. 11 (1934), S. 254ff.; ders., Der textkritische Wert des Konsonantentextes von Kairener Genizafragmenten in Cambridge und Oxford zum Deuteronomium, NAG, Phil.-Hist. Kl. (1959), S. 207ff.

[3] Auch die Handschriften von Qumran lassen bereits eine Parascheneinteilung erkennen, die jedoch nur teilweise mit der masoretischen übereinstimmt und auch unter den einzelnen Handschriften (z. B. 1 Q Is^a und 1 Q Is^b) divergiert; vgl. H. Bardtke, Festschrift Franz Dornseiff (1953), S. 33ff.; ders., Handschriftenfunde II, S. 91ff. – Noch Maimonides (1135–1204) beklagt, daß hinsichtlich der offenen und geschlossenen Paraschen die Handschriften voneinander abweichen. Um dem abzuhelfen, schreibt er eine Art Musterrolle der Thora, wobei er als seine Autorität den bekannten Kodex von Kairo angibt, der wahrscheinlich identisch ist mit dem Kodex von Aleppo (s. S. 39). Vgl. I. Ben-Zvi, Textus I (1960), S. 7; M. H. Goshen-Gottstein, Textus V (1966), S. 55f.

Alte Testament (mit Ausnahme des Psalters)[1] durchgehende Einteilung in *offene* und *geschlossene Abschnitte* (Paraschen) zu nennen. Der offene Abschnitt (פְּתוּחָא) beginnt am Anfang der Zeile nach einer leeren oder nicht voll ausgeschriebenen Zeile; der geschlossene Abschnitt (סְתוּמָא) wird lediglich durch einen kurzen Zwischenraum innerhalb einer Zeile vom vorhergehenden Abschnitt getrennt. Schließlich machte man die verschiedenen Abschnitte nicht mehr im äußeren Schriftbild kenntlich, sondern bezeichnete sie durch vorgesetztes פ (פתוחא) bzw. ס (סתומא). Dem folgt auch BH. – Eine zweite Einteilung in etwas größere Komplexe wird durch die insgesamt etwa 452 *Sedarim* (סֵדֶר Ordnung, Reihenfolge) gebildet. Sie stammt aus Palästina. Dabei erhielt die Thora so viele Sedarim (Wochenabschnitte), daß sie – wie es ursprünglicher palästinischer Sitte entsprach – innerhalb von drei Jahren im Gottesdienst verlesen werden konnte. In Babylonien, wo man sie in *einem* Jahre verlas, teilte man sie dementsprechend in 54 (oder 53) *Paraschen* (Wochenabschnitte). In BH wird der Beginn eines Seder durch ס̊, der einer Parasche durch פרשׁ – beides am ⟨BHS: inneren⟩ Rande – bezeichnet.

Auch Einteilung in *Verse* – verschieden bei Babyloniern und Palästinern – ist bereits in talmudischer Zeit bekannt, ihre Zählung innerhalb der Kapitel ist aber erst im 16. Jahrhundert durchgeführt worden. Die Einteilung in *Kapitel* wurde vom 14. Jahrhundert an aus der Vulgata in hebräische Handschriften übernommen. Sie geht auf Stephan Langton (etwa 1150–1228) zurück.

3. Die Punktation. In der Vokalisation lagen die Dinge insofern wesentlich anders, als man hier nicht auf eine schriftliche Tradition zurückgreifen konnte, sondern von Grund auf neu aufbauen mußte. Das geschah durch die Masoreten etwa vom 5. Jahrhundert ab. Die Fixierung allein des Konsonantentextes und die in 𝔐 nur gelegentlich durchgeführte Andeutung der Aussprache durch Vokalbuchstaben, die sogenannten matres lectionis, waren insofern nicht ganz befriedigend und konsequent, als es immer noch möglich blieb, viele Worte so oder so zu lesen und zu deuten, wenn auch mit einer gewissen Festigkeit der mündlichen Tradition für die Aussprache zu rechnen ist.

Schon früh hatte es offenbar Kreise gegeben, die einer Hilfe für die Lesung des heiligen Textes bedurften. Vor der verbindlichen Festlegung des Konsonantenbestandes, als man dem Text noch freier gegenüber-

[1] Über eine von ihm unter den Geniza-Fragmenten der Bodleian Library in Oxford entdeckte erste Liste der offenen und geschlossenen Abschnitte des Psalters berichtet I. Yeivin, Textus VII (1969), S. 76–102.

stand, konnte man durch reichliche Verwendung der *Vokalbuchstaben* zur richtigen Lesung anleiten[1]. Für diese Stufe ist uns neben dem Samaritanus die Jesaja-Rolle (1 Q Is^{a}⟨$\mathfrak{Q}^{a}$⟩; vgl. S. 36) mit ihrer überreichen plene-Schreibung ein wertvoller Zeuge. Der autoritative Konsonantentext des 2. Jahrhunderts gewährte der plene-Schreibung, nach älterem Vorbild, bedeutend weniger Raum und machte zugleich der Freiheit, nach Bedarf und Belieben Vokalbuchstaben einzusetzen, ein Ende. Wie es scheint, verfiel man jetzt auf einen anderen Ausweg: man schuf für die jüdischen Glaubensgenossen, die dessen bedurften, einen – offenbar auch von den Christen übernommenen – *Umschrifttext*, der den hebräischen Text, so wie er gesprochen werden sollte, in griechischen Buchstaben wiedergab. Einen solchen Text bot Origenes in der 2. Kolumne seiner Hexapla, aber auch jüdische Quellen scheinen auf ihn anzuspielen. Schließlich machte die jüdische Abneigung gegen alles Griechische auch dieses Verfahren untragbar, und jetzt – vom 5. Jahrhundert nach Christus ab – ging man, vielleicht nach dem Vorbild der syrischen Sprache, dazu über, durch über und unter die Konsonanten gesetzte Zeichen die Vokale zu bezeichnen. Man nennt das nach dem jüdischen terminus technicus «*punktieren*» (hebräisch נִקֵּד). Zunächst wird man die Aussprache des Bibeltextes, wie sie in der betreffenden Zeit bei der gottesdienstlichen Vorlesung üblich war, durch gelegentlich gesetzte Vokalzeichen festgehalten haben (Kahle) – ein Verfahren, das manche Genizafragmente aufweisen und über das die Samaritaner nie hinausgelangt sind. Dann aber schritt man dazu, den Text vollständig zu punktieren. Im Laufe der Zeit wurden in Ost und West verschiedene Punktationssysteme entwickelt: das babylonische, das palästinische und schließlich das tiberische.

Folgende Vokalzeichen werden in ihnen verwendet:[2]

Babylonisch	ā	ä		e	i	o	u
Palästinisch	å	a	æ	e / e	i	o	u
Tiberisch	å	a	æ	e	i	o	וּ u

[1] Die Verwendung von Vokalbuchstaben geht sehr weit zurück; sie sind zuerst seit etwa dem 9. Jahrhundert v. Chr. in aramäischen Dokumenten nachweisbar (Cross-Freedman, Early Hebrew Orthography, Am. Or. Ser. 36, 1952) und finden sich z. B. auch – allerdings spärlich – in der Siloahinschrift (s. S. 124f.) und in den Ostraka von Lachis (s. S. 126f.).

[2] Nach P. Kahle in Bauer-Leander, Historische Grammatik der hebr. Sprache (1922), S. 102.

Das *babylonische* System ist supralinear. Ursprünglich verwendete man für die Vokale ā, a, i und u die Konsonantenzeichen א, ע, י und ו, woraus durch Vereinfachung die später üblichen Zeichen wurden. Dieses System erlebte zwei Ausgestaltungen – eine ältere einfache, repräsentiert in Fragmenten aus dem 7. Jahrhundert (E)[1] und eine jüngere komplizierte, E die in Fragmenten aus dem 8. und 9. Jahrhundert vorliegt (K). Die Ent- K wicklung des komplizierten Systems hängt vermutlich mit dem Auftreten der Karäer zusammen, deren Sekte um 760 durch ʿAnan ben David begründet wurde. Da sie den Talmud zugunsten der wörtlich verstandenen Schrift verwarfen, entstand ein neues Interesse am Bibeltext und das Bedürfnis, die Aussprache des Textes möglichst genau festzulegen. Auf S. XLIV–XLVII der BHK hat Kahle eine Liste der ihm bekannten babylonischen Fragmente, die zu mehr als 120 Handschriften gehören, zusammengestellt[2] (vgl. auch das Verzeichnis ZAW N. F. 5 [1928], dem 70 ausgezeichnete Faksimiles beigegeben sind). Varianten der von Kahle gesammelten, teilweise in Masoreten des Ostens (1913) veröffentlichten babylonischen Handschriften werden in BHK unter V(ar)^{Ka} zitiert. V(ar)^{Ka}

Das – keineswegs einheitliche – Material an biblischen Texten mit babylonischer Punktation konnte von Diez-Macho (VTS IV, 1957, S. 27–46; Textus I, 1960, S. 132–143) und I. Yeivin (Textus II, 1962, S. 120–139) bedeutend vermehrt werden.

Die babylonische Tradition wurde bis ins 12./13. Jahrhundert im Jemen weiter gepflegt; unter Einfluß der tiberischen Punktation entwickelte sich daraus später die typisch *jemenitische* Tradition, die eine vereinfachte tiberische Vokalisation mit supralinearen Zeichen wiedergibt.

Das *palästinische* System, ebenfalls supralinear, ist ein noch unvollkommenes System, von dem offenbar das in einigen samaritanischen Handschriften des 12.–14. Jahrhunderts gebräuchliche abhängig ist. Die nicht sehr zahlreichen und untereinander differierenden Bibelfragmente, 7.–9. Jahrhundert, die P. Kahle in Masoreten des Westens II (1930) ver-

[1] Handschriften mit dieser Punktation standen vermutlich noch den Herausgebern der Complutensischen Polyglotte (1514–17) zur Verfügung; vgl. Tafel 47 und die Bemerkungen dazu.

[2] Daß dem hier besprochenen babylonischen System ein älteres vorausging, das nur mit Punkten arbeitete und darin der ostsyrischen Punktation verwandt war, schließt Kahle aus den zu *einer* Handschrift gehörenden Fragmenten Eb 4 und Eb 8 (The Cairo Geniza, [[2]1959], S. 65f.; dt. S. 72).

V(ar)pal öffentlicht hat, werden in BHK als V(ar)pal zitiert[1]. Ihre Bedeutung liegt darin, daß sie uns einen Eindruck davon geben, wie vokalisierte hebräische Bibelhandschriften aussahen, als die Masoreten von Tiberias ihre Arbeit begannen. Ihnen fehlt vor allem die für die tiberischen Masoreten so bezeichnende Konsequenz in der Festlegung der Aussprache.

Auch im Westen kam es in der Zeit zwischen etwa 780 und 930 nach Christus zu einer Blüte der masoretischen Arbeiten, wobei wiederum die Karäerbewegung anregend gewirkt zu haben scheint[2]. Zentrum dieser Studien wurde Tiberias. Den Anforderungen dieser Zeit genügte die Punktation mit dem unvollkommenen palästinischen System nicht mehr. Aber es war auch nicht so entwicklungsfähig wie das babylonische. So schuf man mit den Erfahrungen des palästinischen Systems ein ganz neues, das *tiberische*, das zusammen mit dem Akzentuationssystem die Möglichkeit feinerer Nuancierung bot, so daß man Aussprache und Vortrag des Bibeltextes bis ins Kleinste festzulegen vermochte. Dieses tiberische System hat die beiden anderen so völlig verdrängt, daß man Jahrhunderte hindurch von ihrer Existenz nichts mehr wußte, bis sie im 19. und 20. Jahrhundert wiederentdeckt wurden.

Auch innerhalb des masoretischen Zentrums von Tiberias gab es verschiedene Richtungen oder Schulen. Die Familie Ben Ascher, von deren beiden letzten Gliedern Musterkodizes – der Codex Cairensis und der Kodex von Aleppo (s. S. 38f.) – bis heute erhalten sind, spielte allem nach

[1] Einige weitere Fragmente aus der Bibliothek des Jewish Theological Seminary of America hat D. Macho in Estudios Biblicos XIII (1954), S. 247–65 veröffentlicht. Neben biblischen Texten sind Fragmente von Targumen, Mischna, Midrasch, Masora und liturgischen Texten erhalten, woraus sich ergibt, daß diese Punktation in Palästina weit verbreitet war. – Weiteres Material und eine Skizze der hebräischen Grammatik nach der palästinischen Tradition verdanken wir A. Murtonen, Materials for a Non-Masoretic Hebrew Grammar I, Akad. Diss. Helsinki (1958) II, 1960, III, 1962. Ferner: M. Dietrich, Neue palästinisch punktierte Bibelfragmente. Veröffentlicht und auf Text und Punktation hin untersucht, Publications de l'Institut de Recherche et d'Histoire des Textes, Section biblique et massorétique: Massorah, collection éditée par G. E. Weil, Série II, Etudes, Premier Volume (1968); I. Yeivin, Textus III (1963), S. 121–127; E. J. Revell, Textus VII (1969), S. 59–75. – Vgl. auch P. Kahle, Der Hebräische Bibeltext seit Franz Delitzsch (1961), S. 24ff.

[2] Wahrscheinlich gehörte die Familie Ben Ascher selber zur Gemeinde der Karäer. N. Wieder, JQR 47 (1956/57), S. 97ff., 269ff., und P. Kahle, Cairo Geniza, S. 80ff. (dt. S. 87ff.) haben die Argumente zusammengestellt, die für karäische Zugehörigkeit sprechen. J. Ben-Zvi, Textus I (1960), S. 5ff. bestreitet sie unter Verweis auf A. Dothan, Sinai 41 (1957), S. 280–312, 350–362 (die Arbeit war mir nicht zugänglich); vgl. auch D. S. Loewinger, Textus I, S. 88ff. I. Yeivin kommt in einer Untersuchung der Vokalisation der Qere-Ketib in A (vgl. S. 39, 160) ebenfalls zu dem Schluß, «that the vocalizer of A was most certainly a karaite» (Textus II, 1962, S. 148).

eine herausragende Rolle. Aber wir wissen, daß es neben den Ben Ascher andere tiberische Masoreten gab, unter denen Ben Naftali der bekannteste ist. Über die Differenzen (*chillufim*), die zwischen seinem Text und dem des Ahron ben Mosche ben Ascher bestanden, hat der jüdische Gelehrte Mischael ben Uzziel in seinem berühmten Traktat «*Kitab al-Khilaf*» (11./12. Jahrhundert) gehandelt[1]. Früher nahm man an, daß es sich bei beiden Masoreten um Antipoden handle, weil man Ben Naftalis Text in Handschriften vertreten sah, die in Wirklichkeit nichts mit ihm zu tun haben (s. u.). Folgt man aber der Schrift Mischaels, die unsere einzige zuverlässige Quelle für den Text Ben Naftalis bildet – gelegentliche Randbemerkungen in Handschriften fallen nicht ins Gewicht –, so ergibt sich, daß Ben Ascher und Ben Naftali eng verwandt sind. Im Konsonantentext weichen sie nur in acht unbedeutenden Fällen voneinander ab. In der Hauptsache erstrecken sich die Unterschiede auf Minutien der Vokalisation und Akzentuation. Insbesondere hat Ben Naftali das Meteg sehr viel häufiger gesetzt und darin die weitere Textgestaltung beeinflußt. Auch in der Aussprache haben sich beide zuweilen unterschieden. So werden die Präfixe בְּ, וְ und לְ mit folgendem י verschieden gesprochen, z. B. von Ben Ascher בְּיִשְׂרָאֵל, von Ben Naftali בִּישְׂרָאֵל. Angesichts dessen, daß die Verschiedenheiten nur Kleinigkeiten betreffen, ist dem Urteil Goshen-Gottsteins zuzustimmen, wonach es sich bei beiden Masoreten nur um die Exponenten ein und derselben Schule handelt[2], wobei interessanter Weise Ben Naftali den Text des älteren Mosche ben Ascher treuer bewahrt zu haben scheint als dessen Sohn Ahron (vgl. S. 39). Für die Zusammengehörigkeit spricht auch dies, daß Mischael mehr als 400 Fälle erwähnt, in denen Ben Ascher und Ben Naftali miteinander übereinstimmten – offenbar gegenüber anderen Masoreten.

Eine Abhandlung über das Schwa aus dem 10. Jahrhundert erwähnt neben fünf Vertretern der Familie Ben Ascher die Namen einiger anderer tiberischer Masoreten und berichtet, daß unter ihnen verschiedene Anschauungen über Qameṣ und Patach, Ṣere und Segol, Schwa mobile und Schwa quiescens bestanden[3]. Genaueres wissen wir darüber nicht. Kahle hält es für möglich, daß ihre Punktation die «Vorläuferin zu derjenigen

[1] Herausgegeben von L. Lipschütz, Textus II (1962), S. אff.; vgl. ders., Kitab al-Khilaf, The Book of the Hillufim, Textus IV, S. 1–29.

[2] M. H. Goshen-Gottstein, The Rise of the Tiberian Bible Text, in: Studies and Texts, Vol. I, Harvard 1963, S. 112.

[3] K. Levy, Zur Masoretischen Grammatik, Bonner Orientalist. Studien 15 (1936), S. 8; P. E. Kahle, The Cairo Geniza ([2]1958), S. 78f. (dt. S. 85f.).

des Codex Reuchlinianus und der vielen mit ihm verwandten HSS» bildet[1], die er 1930 in MdW II, S. 45–68 als Bibeltext des Ben Naftali behandelt hatte und von denen heute feststeht, daß sie, wenn auch in sich differenziert, ein System vertreten, das deutlich von dem Ben Aschers und dem Ben Naftalis unterschieden ist[2]. So kennt der Codex Reuchlinianus[3] (geschrieben 1105 in Italien) keinen graphischen Unterschied zwischen langen und kurzen Vokalen und gebraucht z. B. Qameṣ und Patach, Ṣere und Segol promiscue nebeneinander[4]; auch hat das Dagesch nicht die gleiche Funktion. Über diese Punktation hat R. Meyer geurteilt, daß sie «in vieler Hinsicht besser und sorgfältiger, zuweilen auch urtümlicher ist als alles, was wir bisher selbst aus den besten Ben-Ašer-Handschriften kennen ... Dabei gilt, daß die reuchlinianische Punktation auf anderen Voraussetzungen beruht und daß sie bei der Spracherfassung andere Wege beschreitet als Ben Ašer.»[5]

Daß ein solcher Text nicht nur im 10. Jahrhundert weit verbreitet war[6], sondern noch zu Beginn des 12. Jahrhunderts weitergegeben wurde, zeigt, daß der Text Ahron Ben Aschers, des letzten Gliedes seiner Familie, erst im Verlauf einiger Jahrhunderte das Ansehen des maßgebenden Textes gewinnen und alle anderen Textgestalten verdrängen konnte. Die Hoch-

[1] P. E. Kahle, The Cairo Geniza (²1958), S. 79 (dt. S. 87).

[2] Darauf haben mit Recht Sh. Morag, The Vocalization of Codex Reuchlinianus: Is the «Pre-Masoretic» Bible Pre-Masoretic?, JSS 4 (1959), S. 216–237, M. H. Goshen-Gottstein a. a. O., S. 108ff. (dort weitere Lit.) u. a. hingewiesen.

[3] Faksimileausgabe: Codex Reuchlinianus with a General Introduction: Masoretic Hebrew by Alexander Sperber (Corpus Hebraicorum Medii Aevi, redigendum curavit Rafael Edelmann: Pars II, 1), Kopenhagen 1956.

[4] R. Meyer, Die Bedeutung des Codex Reuchlinianus für die hebräische Sprachgeschichte, ZDMG 113 (1963), S. 55.

[5] R. Meyer a. a. O., S. 60. Zu weiteren Besonderheiten dieser Handschriftengruppe vgl. u. S. 168. – M. H. Goshen-Gottstein nennt a. a. O., S. 113f. diesen Text – im Unterschied zu dem Ben Aschers (und Ben Naftalis), den er als «tiberischen proto-receptus» bezeichnet, – «tiberischen non-receptus», um dadurch zum Ausdruck zu bringen, daß diese Tradition auf ihre Weise ebenso masoretisch war wie «unser» tiberischer Text. Der Sachverhalt ist damit m. E. besser getroffen als mit der Bezeichnung «vormasoretisch» (Sperber), «nachmasoretisch» (Morag) oder «nicht-masoretisch» (Yeivin). A. Diez-Macho will in den Handschriften «proto-Tiberian manuscripts deriving from the Palestinian tradition» sehen (in: A new list of so-called ‹ben Naftali› manuscripts, preceded by an inquiry into the true character of these manuscripts, Hebrew and Semitic Studies, Driver-Festschrift [1963], S. 16–52). – Weitere Beispiele dieser irrtümlich Ben Naftali zugeschriebenen Handschriften bei J. Prijs, ZAW N. F. 28 (1957), S. 171ff.

[6] R. Meyer, Hebräische Grammatik I (³1966), S. 35; er nennt dort diese Schule «Pseudo-Ben Naftali».

schätzung durch den großen jüdischen Philosophen Maimonides (1135–1204) mag zur endgültigen Festigung seiner autoritativen Geltung beigetragen haben. In der Folge wurde dieser Text lediglich in der Metegsetzung, in der Ahron Ben Ascher sparsamer verfahren war, und in anderen Kleinigkeiten der Vokalisation und Akzentuation von Ben Naftali beeinflußt, bis im 14. Jahrhundert eine Art textus receptus gebildet war, den zum Beispiel Jakob ben Chajim in seiner Ausgabe (s. S. 42f.) bot.

Aus unserem geschichtlichen Überblick ergibt sich also, *daß wir zwar von Beginn des 2. Jahrhunderts nach Christus an mit einem ziemlich konstanten Konsonantentext rechnen dürfen, daß aber die uns heute vorliegende Punktation und Akzentuation das erst im Laufe des 9./10. Jahrhunderts erreichte Ergebnis jahrhundertelanger Studien, Versuche und Vorarbeiten ist.*

Eine Frage, die sich abschließend aufdrängt, ist die nach dem *Verhältnis der von den Masoreten geforderten zur älteren hebräischen Aussprache.* Zunächst sind mehrere Beobachtungen dazu angetan, die Authentizität der masoretischen Aussprache in Frage zu stellen. Mehr als ein Jahrtausend trennt die tiberischen Masoreten von der Zeit, da das Hebräische noch eine lebendige Volkssprache war, und es ist von vornherein wahrscheinlich, daß in dieser langen Zeit die Aussprache des Hebräischen, die ja nicht schriftlich fixiert war, noch einem Wandel unterworfen war. Tatsächlich weisen ältere hebräische Texte in griechischer und lateinischer Umschrift teilweise auf eine andere Aussprache hin, als wir sie bei den tiberischen Masoreten finden, und dasselbe gilt von der samaritanischen Tradition. Auch wenn zwischen den Masoreten Differenzen zu beobachten sind – die wenigen Texte mit palästinischer Punktation stimmen nicht immer mit 𝔐 überein, und von Unterschieden in der Aussprache bei Ben Ascher, Ben Naftali u. a. war oben zu sprechen –, weist das auf ein Schwanken der Tradition hinsichtlich der Aussprache. Man darf deshalb mit einem guten Teil künstlicher Bildungen bei den tiberischen Masoreten rechnen und diese mit ihrer Bemühung um korrekte Aussprache in Zusammenhang bringen, wobei auch Einflüsse von außen, von syrischer wie islamischer Philologie her, eine Rolle spielten. So geht unter anderem die fast durchgängige Ultimabetonung auf die tiberischen Masoreten zurück, ebenso – unter syrischem Einfluß – die doppelte Aussprache der BGDKPT. Andrerseits stimmt die tiberische Aussprache überraschenderweise in einigen bisher als jung angesehenen Formen mit der Aussprache überein, die durch reichliche Verwendung von Vokalbuchstaben in Qumran-Handschriften erkennbar ist, insbesondere in der zuerst veröffentlichten Jesaja-

Rolle (1 Q Is^{a} ⟨𝔔^{a}⟩). Zum Beispiel begegnet die masoretische Aussprache des Suffixes der 2. Person masc. sing. als ^{e}ka auch in der Jesaja-Rolle, während sonstige vormasoretische Texte die Aussprache āk haben. In anderen Fällen wird die Aussprache der Jesaja-Rolle bei den Samaritanern bewahrt, während die Masoreten offenbar jüngere Bildungen aufweisen, wie in den Formen der Pronomina und Suffixa der 2. und 3. Person masc. plur.: so sprechen die Samaritaner mit der Jesaja-Rolle *'attimma, lakimma, bahimma, ʿ^{a}lehimma* und so weiter, die Masoreten *'attäm, lakäm, bahäm, ʿalehäm*. Die tiberische Aussprache darf also nicht als absolut autoritativ behandelt werden. Vieles spricht vielmehr für die These, «daß das tiberische System historisch an das frühe Mittelalter gebunden ist, man also keineswegs unbesehen und unmittelbar von hier aus auf das Kanaanäisch-Hebräische schließen darf. Denn dazwischen liegt jener große, sprachgeschichtlich außerordentlich bedeutsame Komplex, den man gewöhnlich als ‹vormasoretisch› bezeichnet»[1].

Übrigens stieß die Einführung der Punktation da und dort auf Widerstand. Noch im 9. Jahrhundert verwarf sie ein babylonisches Schulhaupt, Gaon Natronai II, mit der Begründung, sie stamme nicht vom Sinai. Später bestritt man ihre späte Entstehung. Um 1100 erklärte der Karäer Hadassi, Gott habe die Thora nicht ohne Punktation geschaffen – eine These, die auf seine Weise Johann Buxtorf der Ältere, 1564–1629, erneuerte. Daß der Punktation nicht gleiches Gewicht zukommt wie dem Konsonantentext, bedarf nach obiger Darstellung keiner weiteren Begründung. Das ist auch bei der Arbeit am Text zu beachten – freilich auch das andere: daß die Masoreten in der Vokalisation nicht ihre eigene Auffassung, sondern die Tradition zum Ausdruck bringen wollten.

4. Die Masora[2]. Neben dem Text sind in BH die Bemerkungen der Masoreten abgedruckt, die man als Masora (im engeren Sinne) zu bezeichnen pflegt. Man unterscheidet bei den westlichen Masoreten die *Randmasora*

[1] R. Meyer, ThLZ 75 (1950), Sp. 726. – Zu dem ganzen Problem vgl. besonders P. Kahle, The Cairo Geniza (^{2}1959), S. 141–188 (dt. S. 151–199); Z. Ben-Hayim, Traditions in the Hebrew Language, with special Reference to the Dead Sea Scrolls, Scripta Hierosolymitana 4 (1958; ^{2}1965), S. 200–214; Kl. Beyer, Althebräische Grammatik (1969), S. 33 charakterisiert das tiberische System in folgender Weise: «Reflexe des Althebräischen, alle Stufen des Aramäischen und falsche Rekonstruktionen liegen hier in einem schwer zu trennenden Gemenge. Trotzdem bleibt das masoretische Material unentbehrlich, weil es auch bei strengster Sichtung noch alles übrige an Reichhaltigkeit übertrifft».

[2] G. E. Weil, La nouvelle édition de la Massorah (BHK IV) et l'histoire de la Massorah, VTS IX (1963), S. 266ff.

(Masora marginalis) an den vier Rändern und die *Schlußmasora* (Masora finalis), eine alphabetische Zusammenstellung am Schluß der Bibel. Die Randmasora teilt man wiederum in *Masora parva* (Mp) an den Seiten- Mp
rändern und *Masora magna* (Mm, Mas. M) am oberen und unteren Rand. Mm,Mas.M
BHK enthält nur die Mp – wie den hebräischen Text nach der Hand- ⟨Mm⟩
schrift L. Von der Masora magna, die BHS beigegeben wird, ist 1971 der erste Band erschienen[1].

Die *Masora parva* bringt Bemerkungen über die äußere Gestalt des Textes zu dem Zweck, diese Gestalt unverändert zu erhalten. Überall, wo der Text leicht Anlaß zu Fehlern geben konnte, wird darauf aufmerksam gemacht: etwa wenn ein Wort defective geschrieben ist, das ebensogut plene geschrieben sein könnte und umgekehrt; oder wenn das mehrfache Vorkommen eines Wortes – etwa את – im gleichen Vers zu versehentlichen Auslassungen führen konnte. Man ließ aber nun den einzelnen Fall nicht isoliert, sondern wies darauf hin, daß eine Form in gleicher oder ähnlicher Gestalt auch an anderen Stellen begegnet. So wurden die Zahlenangaben besonders häufig, das heißt Angaben darüber, wie oft eine bestimmte Form vorkommt, oder aber die Feststellung, daß es sich um ein hapax legomenon handelt. Zum Beispiel wird zu Gn 1,1 unter anderem festgestellt, daß בראשית fünfmal vorkommt, darunter dreimal am Anfang eines Verses, ברא אלהים dreimal, die Verbindung את השמים aber nur hier begegnet. Gn 1,11: ויהי כן steht sechsmal in der gleichen Perikope. 1,12: ותוצא kommt dreimal vor, zweimal plene und einmal defective geschrieben. Zuweilen wird auf gewisse Kuriosa hingewiesen, zum Beispiel bei Dt 31,3, daß dieser Vers – wie 2 andere – mit dem Gottesnamen יהוה beginnt und schließt. Weiter sind in der Masora parva die Sebirin, Qeres und anderes verzeichnet. Oft mögen uns die masoretischen Bemerkungen absonderlich, spielerisch und praktisch wertlos erscheinen. Man muß sich aber vergegenwärtigen, daß hier ein leidenschaftlicher Wille am Werk ist, den Text zu schützen und jeder Willkür oder Unachtsamkeit der Schreiber vorzubeugen – auch zum Beispiel in der Frage der Verwendung der Vokalbuchstaben ו und י, obwohl die plene- oder defective-Schreibung in vielen Fällen rein zufällig ist, eine Konsequenz sich nicht erweisen läßt und eine sachliche Bedeutung nicht damit verbunden ist. Die Masora zeugt von einer überaus genauen Durcharbeitung des Textes, der man

[1] Massorah Gedolah iuxta Codicem Leningradensem B 19a, elaboravit ediditque Gérard E. Weil, Volumen I: Catalogi. Romae (Pontificium Institutum Biblicum), 1971.

seine Achtung nicht versagen kann, auch wenn sie sicher in Gefahr steht, über dem Buchstaben den Geist zu verfehlen.

Hinsichtlich der Masora zur BHS ist folgendes hervorzuheben: Während der Text der BHS die Handschrift L in absoluter Genauigkeit wiedergibt, ist die Haltung des Herausgebers der Masora, G. E. Weil, gegenüber L wesentlich freier. Zwar beruhen die Notizen der Mp, die in BHS am Rand des Textes stehen, auf der kleinen Masora von L, aber ihre Terminologie und ihr Abkürzungssystem ist vereinheitlicht («normalisiert») und die Zahl der Notizen ist «vervollständigt» und zwar im Sinne von L selber. Das bedeutet: Wenn in L an einer Stelle mehrfaches Vorkommen eines Wortes oder einer Wendung angezeigt wird, eine entsprechende Notiz an den Parallelstellen aber fehlt, wird sie an diesen Stellen vom Herausgeber nachgetragen. Wie oft dies nötig ist, läßt sich daraus ersehen, daß der Umfang der Mp in BHS gegenüber BHK, die nur die Angaben von L wiedergab, verdreifacht ist. Ein Großteil der Mp in BHS geht also auf den Herausgeber zurück, der die Handschrift L nach ihren eigenen Intentionen vervollständigt hat.

Sagt die Masora parva, wie oft ein Wort oder eine Wendung vorkommt, so führt die *Masora magna* die betreffenden Stellen in Listen auf (in den alten Handschriften am oberen und unteren Rand, jetzt in einem besonderen Band). Z. B. begegnet nach der Mp בְּרֵאשִׁית fünfmal, und zwar dreimal am Anfang eines Verses und zweimal in der Mitte eines Verses. Liste 1 und 2 der von Weil herausgegebenen Masora magna, auf die durch einen Apparat zur Mp verwiesen ist, zählen die drei bzw. zwei Stellen konkordanzmäßig auf: Gn 1,1; Jer 26,1; 27,1 bzw. Jer 28,1; 49,34. Band 1 der «Masora magna» enthält insgesamt 4282 solcher Listen (einschließlich der während des Druckes zugefügten 11 Listen). Im übrigen sei auf das Vorwort II zu «Liber Jesaiae» (1968) verwiesen.

In der *Masora finalis* wird das masoretische Material alphabetisch geordnet. Als Grundlage für die Schlußmasora seiner berühmten Rabbinerbibel benützte Jakob ben Chajim eine mittelalterliche Sammlung mit dem Ochla Titel *Ochla w^e Ochla* (Ochla; BHS: Okhl). An ihrer Spitze steht ein «alpha- ⟨Okhl⟩ betisches Verzeichnis von Wörtern, die nur zweimal in der heiligen Schrift vorkommen, einmal ohne und einmal mit ו am Anfang». Es beginnt mit אָכְלָה (I S 1,9) וְאָכְלָה (Gn 27,19), wonach die ganze Sammlung ihren Namen erhalten hat. Sie ist von S. Frensdorff 1864 nach einer Pariser Handschrift herausgegeben worden.

Das masoretische Material wurde anfänglich mündlich weitergegeben, dann, je mehr es anwuchs, den Handschriften selber nach und nach beigefügt.

Die Sprache der Masora ist hebräisch und – vorwiegend – aramäisch. Es ist klar, daß die Masora je nach der Textgestalt, für die sie bestimmt ist, verschieden sein muß. So hat es eine selbständige babylonische Masora[1], die auch in der Terminologie und zum Teil in der Anordnung von der palästinischen abweicht, gegeben. Die Diktion der Masora ist sehr knapp, und sie arbeitet mit einer Fülle von Abkürzungen, zu deren vollem Verständnis ein nicht geringes Maß von Gelehrsamkeit gehörte. So ist es verständlich, daß spätere Schreiber die masoretischen Bemerkungen nicht mehr verstanden, sie auch nicht mehr für wichtig hielten und sie im Spätmittelalter zu einem bloßen Zierat der Handschriften degradierten. Hier hat erst wieder Jakob ben Chajim erhellend und ordnend gewirkt (vgl. S. 42f.).

Eine Zusammenstellung des zu seiner Zeit bekannten handschriftlichen Materials hat *Chr. D. Ginsburg* in einem vier Foliobände umfassenden, Ginsb(urg
unvollendeten Werk gegeben: The Massorah compiled from Manuscripts Mass)
alphabetically and lexically arranged. London, Bd. I 1880; II 1883; III ⟨G⟩
(Nachträge) 1885; IV, 1 (Nachweise) 1905.

5. Handschriften. In dieser chronologisch angeordneten Übersicht können mit Rücksicht auf den Zweck dieses Buches aus der großen Anzahl der Handschriften nur diejenigen genannt werden, die in BH berücksichtigt sind oder ihrer besonderen Bedeutung wegen Erwähnung verdienen wie der Papyrus Nash, der Ben-Ascher-Kodex von Aleppo u. a.

Allgemein sei bemerkt, daß hebräische Bibelhandschriften aus dem 10. und 11. Jahrhundert sehr selten sind. Die große Masse der Handschriften stammt aus späterer Zeit. Die umfangreichste und durch ihren Bestand an sehr alten Handschriften zugleich wertvollste Sammlung hebräischer Handschriften befindet sich in der Russischen Öffentlichen Bibliothek in Leningrad. Dorthin kamen 1863 und 1876 zwei Sammlungen, die der russische Karäer Abraham Firkowitsch, 1785–1874, mit beispiellosem Sammeleifer in der Hauptsache aus karäischen Synagogen des Orients zusammengebracht hatte[2]. Firkowitsch war zwar ein großer Fäl-

1 G. E. Weil, Textus II (1962), S. 103ff., III (1963) S. 74ff., 163ff., VI (1968), S. 75ff.

2 Die erste Sammlung wurde beschrieben von A. Harkavy und H. L. Strack: Catalog der hebräischen Bibelhandschriften der kaiserlichen Öffentlichen Bibliothek in St. Petersburg (1875). Von einzelnen Handschriften werden dort Varianten mitgeteilt (zitiert in BHK als (V(ar)^F). – Zu den im folgenden erwähnten Vorwürfen gegen Firko- V(ar)^F
witsch vgl. jetzt S. Szyszman, Akten des XXIV. Internationalen Orientalistenkongresses München 1957 (1959), S. 194ff.; zu den bedeutenden hebräischen Handschriftenbeständen der UdSSR A. I. Katsh, ebenda, S. 202ff.

scher, der oft neue Kolophone zugesetzt oder in alten die Daten geändert hat, um das Alter des karäischen Judentums, das für ihn allein wahres Judentum war, zu erweisen. Dennoch sind die von ihm gesammelten Handschriften von ganz großer Bedeutung. Die zweite Firkowitsch'sche Sammlung umfaßt an Bibelhandschriften allein 1582 Nummern auf Pergament und 725 Nummern auf Papier. In derselben Bibliothek befindet sich außerdem eine Sammlung von fast 1200 Fragmenten, wohl aus der Geniza von Kairo, die Antonin, russischer Archimandrit in Jerusalem, gesammelt hat.

Das bedeutendste Ereignis in der neueren Geschichte des alttestament-
⟨𝔔⟩ lichen Textes bilden die seit 1947 erschlossenen Textfunde von *Qumran* am Toten Meer. Durch sie sind wir in den Besitz von handschriftlichem Material gekommen, das viele Jahrhunderte älter ist als die bis dahin bekannten Texte und das aus einer Zeit und einem Kreise stammt, wo nicht eine einzelne Textgestalt als allein legitim galt und tradiert wurde. So werden uns in diesen Texten erstmals Varianten in größerer Zahl geboten. Nach der zufälligen Entdeckung der ersten Höhle im Jahre 1947 haben Suchaktionen von Archäologen und Beduinen zwischen 1952 und 1956 zu Textfunden in zehn weiteren Höhlen geführt; besonders ergiebig erwiesen sich dabei Höhle IV mit den Fragmenten von mehr als 380 Handschriften und Höhle XI, die, wie Höhle I, relativ unversehrte Texte enthalten haben soll. Neben den Qumrantexten, die nach dem archäologischen Befund vor 70
⟨Mur⟩ nach Christus zu datieren sind[1], verdienen die Funde von *Murabba'at* mit biblischen Texten aus dem 2. Jahrhundert nach Christus besondere Hervorhebung (Ausgabe s. S. 35). Wichtig sind auch die Reste von 14 Schriftrollen mit biblischen Texten aus der Zeit vor 73 nach Christus, die bei der Ausgrabung der Felsenfestung *Masada* in der judäischen Wüste 1963/65 gefunden wurden. Sie stimmen weithin mit den traditionellen biblischen

[1] Die Datierung der Texte ist jetzt hauptsächlich durch archäologische Daten gesichert. Die in den Höhlen gefundene Töpferware stammt aus römischer Zeit (vgl. S. 134). Das Alter eines in Höhle I gefundenen Stückes Leinen wurde nach dem Gehalt an radioaktivem Carbon 14 auf 167 v. bis 233 n. Chr. bestimmt. Die Ergebnisse der seit 1952 unter Leitung von L. Harding und R. de Vaux vorgenommenen Ausgrabungen auf der chirbet Qumran haben es höchst wahrscheinlich gemacht, daß die Handschriften während des ersten Jüdischen Krieges (66–70 n. Chr.) versteckt wurden (vgl. jetzt: R. de Vaux, L'Archéologie et les Manuscrits de la Mer Morte, Schweich Lectures 1959, 1961). Sie müssen deshalb alle vor diesem Zeitpunkt geschrieben worden sein. Diese Datierung wird durch die sicher datierbaren Texte von Wadi Murabbaʿat, die der Zeit des Bar-Kochba-Aufstandes (132–135 n. Chr.) entstammen, unterstützt: «Die Schrift ist entwickelter, der biblische Text entschieden der der Masora, und man muß daraus schließen, daß die Dokumente von Qumran älter sind, daß sie früher sind als das 2. Jahrhundert» (de Vaux, RB 60 [1953], S. 267).

Texten überein; lediglich im Text des Hesekiel sind einige geringfügige Abweichungen[1].

Die 1947 in Höhle I gefundenen Rollen wurden damals teils von der Hebräischen Universität in Jerusalem, teils vom Syrischen St. Markuskloster in Jerusalem erworben. Im Zusammenhang mit dem israelisch-arabischen Krieg wurden die Rollen der Syrer nach USA gebracht und dort bis auf eine, das sogenannte «Genesis Apocryphon», veröffentlicht[2]. 1954 erwarb die Hebräische Universität für 300000 Dollar auch diese Rollen, so daß die Texte von Höhle I im wesentlichen in einer Hand aufbewahrt werden[3]. Alle übrigen Texte sind Besitz des jordanischen Staates und befinden sich im Palestine Archaeological Museum in Jerusalem, wo sie von einem internationalen Team bearbeitet werden. Ihre Publikation wird noch Jahre beanspruchen. Die bisher veröffentlichten Handschriften aus den Höhlen 2–11 haben den hohen Wert der Qumran-Texte von neuem dokumentiert[4].

[1] Y. Yadin, Masada (²1967), S. 168ff., 187.

[2] The Dead Sea Scrolls of St. Mark's Monastery, edited for the Trustees by M. Burrows with the assistance of J. C. Trever and W. H. Brownlee, published by the American Schools of Oriental Research. Vol. I: The Isaiah Manuscript and the Habakkuk Commentary (1950); Vol. II, 2: The Manual of Discipline (1951).

[3] Die 1947 von der Hebräischen Universität erworbenen und von Prof. Sukenik bearbeiteten Texte wurden veröffentlicht unter dem Titel: אוצר המגילות הגנוזות שבידי האוניברסיטה העברית (1954); englisch: The Dead Sea Scrolls of the Hebrew University (1955). 1956 folgte, herausgegeben durch N. Avigad und Y. Yadin, A Genesis Apocryphon.

Die im Besitz des jordanischen Staates befindlichen Qumranhandschriften werden veröffentlicht in der Serie «Discoveries in the Judaean Desert of Jordan», hrsg. vom Palestine Archaeological Museum und der Ecole Biblique et Archéologique Française. Bisher erschienen:

Bd. I, Qumran Cave 1 (1955), (umfaßt die bei einer Nachlese in Höhle 1 gefundenen kleineren Fragmente);

Bd. II, Les Grottes de Murabbaʿat, hrsg. von P. Benoit, J. T. Milik und R. de Vaux (1961);

Bd. III, Les Petites Grottes 2 Q, 3 Q, 5 Q, 6 Q, 7 Q à 10 Q. Le rouleau de cuivre. Hrsg. von M. Baillet, J. T. Milik und R. de Vaux. Avec une contribution de H. W. Baker (1962);

Bd. IV, The Psalms Scroll of Qumran Cave 11, hrsg. von J. A. Sanders (1965);

Bd. V, Qumran Cave 4 I(4 Q 158 – 4 Q 186), hrsg. von J. M. Allegro with the collaboration of A. A. Anderson (1968).

[4] Da in diesem Buch nur einige große Handschriften genannt werden können, sei für das gesamte bisher veröffentlichte Material auf die wertvolle Zusammenstellung und Charakterisierung von J. Hempel, Die Texte von Qumran in der heutigen Forschung (²1965), S. 290ff. (Sonderdruck aus NAG, I [1961], 10) verwiesen. – Eine «Übersicht über die bisher veröffentlichten oder angekündigten Funde von alttestamentlichen Texten in hebräischer Sprache» bei Sellin-Fohrer, Einleitung in das Alte Testament, (¹⁰1965), S. 544ff.; (¹¹1968), S. 587f.

Nach den Funden von 1947 steht an der Spitze aller Bibelhandschriften des Alten Testaments

⟨𝔔^a⟩ a) *Die Jesaja-Handschrift^a aus Höhle I* (1 Q Is^a ⟨𝔔^a⟩) (Tafel 10. 11). Über die äußere Beschaffenheit der Rolle vergleiche Seite 9. Bemerkenswert ist, daß zwei verschiedene Texttypen in der Rolle vertreten sind, die sich genau auf die beiden Hälften des Jesaja-Buches verteilen (1–33 und 34–66). In der zweiten Hälfte finden sich plene-Schreibung und volle Suffixformen in größerem Umfange als in der ersten. Entweder schrieb *ein* Schreiber von zwei verschiedenen Vorlagen ab oder *zwei* Abschreiber mit verschiedenen Schreibgewohnheiten waren gleichzeitig an der Arbeit, was sich auch bei Papyrusrollen aus Ägypten beobachten läßt. Der Text der Rolle ist ein Vulgärtext (vgl. S. 18), der zwar im wesentlichen 𝔐 bestätigt, aber auch eine sehr große Anzahl von Varianten aufweist, die in einer Reihe von Fällen mit Abweichungen der alten Übersetzungen oder Emendationen moderner Gelehrter zusammentreffen. Ein Teil der Varianten ist wohl darauf zurückzuführen, daß man eine bestimmte Auffassung des Textes zum Ausdruck bringen wollte. Der III. Apparat der BHK verzeichnet etwa 1375 Varianten, wobei die nur orthographischen Abweichungen, deren Zahl man auf 4500 geschätzt hat, nicht berücksichtigt sind. – Eine zweite (Tafel 12), nur fragmentarisch erhaltene Jesaja-Handschrift
⟨𝔔^b⟩ (1 Q Is^b ⟨𝔔^b⟩)[1], steht dem masoretischen Text nahe (vgl. S. 17 und S. 142f.).

b) *Der Habakuk-Kommentar aus Höhle I* (1 Qp Hab) (Tafel 13). Die Rolle ist nur in ihrem oberen (größeren) Teil erhalten und besteht aus zwei zusammengenähten Lederstreifen. Von den beiden ersten Kapiteln des Buches Habakuk werden fortlaufend kürzere oder längere Sätze zitiert und anschließend – eingeleitet durch ein jeweiliges: «Das bedeutet» – auf die Gegenwart des Verfassers gedeutet, deren nationale und religiöse Verhältnisse damit als durch den Propheten Habakuk vorausgesagt erwiesen werden sollen. Eine Reihe von Sonderlesarten zu Hab 1 und 2 verdienen ernsthafte Beachtung (vgl. den III. Apparat der BHK und den Apparat der BHS). Der Gottesname Jahwe wird in althebräischer Schrift geschrieben (vgl. S. 6)[2].

c) Die *Psalmenrolle aus Höhle 11* (11 Q Ps^a) enthält 41 kanonische Psalmen aus dem dritten Drittel des Psalters und sieben apokryphe, von

[1] Ausgabe 1954: אוצר המגילות הגנוזות; (englisch 1955).

[2] Vgl. die eingehende Untersuchung von K. Elliger, Studien zum Habakuk-Kommentar vom Toten Meer (1953).

denen einer in LXX-Übersetzung (Ps 151), zwei in syrischer Übersetzung und einer aus Sir 51,13ff. schon früher bekannt waren. Die Reihenfolge der Psalmen weicht zum großen Teil von der im masoretischen Text ab, die apokryphen Psalmen sind zwischen die kanonischen gestellt, und in Ps 145 findet sich nach jedem Vers der Refrain «Gepriesen sei Jahwe und gepriesen sei sein Name immer und ewig». Das alles weist darauf hin, daß wir es hier nicht mit einer eigentlichen «Psalmenrolle», sondern mit einer Zusammenstellung zu liturgischen Zwecken zu tun haben[1]. Auch in dieser Rolle wird der Gottesname in althebräischer Schrift geschrieben[2].

d) *Der Papyrus Nash* (Tafel 6).[3] Vor 1947 galt als ältester Zeuge des hebräischen Bibeltextes ein 1902 von W. L. Nash in Ägypten erworbenes und der Cambridge University Library geschenktes Papyrusblatt, Papyrus Nash genannt. Es enthält – etwas versehrt – den Dekalog in einem Wortlaut, der teils Ex 20,2ff., teils Dt 5,6ff. folgt, und anschließend das Sch^{e}ma von Dt 6,4f. Die Aufeinanderfolge zeigt, daß wir es hier nicht mit dem Rest einer Bibelrolle, sondern mit einer Zusammenstellung zu liturgischen, erbaulichen oder unterrichtlichen Zwecken zu tun haben. Der Papyrus wurde von seinen ersten Bearbeitern in das 2. oder 1. Jahrhundert nach Christus datiert. In JBL 56 (1937), S. 145ff. sprach sich Albright auf Grund damals nicht unbestrittener paläographischer Indizien, die aber durch die Texte von Qumran bestätigt wurden, für Herkunft aus makkabäischer Zeit aus, während Kahle ihn aus sachlichen Gründen der Zeit vor Zerstörung des Tempels zuweist[4]. – Das 6. und 7. Gebot erscheint in umgekehrter Reihenfolge, und das Sch^{e}ma wird mit 𝔊 durch einen Satz eingeleitet, der in 𝔐 fehlt.

e) *Die Geniza-Fragmente* ⟨𝕮⟩. Über ihre Herkunft ist oben Seite 13 gesprochen worden. Der Umfang der aus der Geniza geborgenen Schätze ist außerordentlich. Man hat die Zahl der Fragmente auf etwa 200000 ge- ⟨𝕮⟩

1 M. H. Goshen-Gottstein, The Psalms Scroll (11 Q Ps^{a}). A Problem of Canon and Text, Textus V (1966), S. 22–33.

2 Y. Yadin hat in Ergänzung zu der S. 35 Anm. 3 genannten Ausgabe in Textus V (1966), S. 1–11 ein weiteres Fragment veröffentlicht. Vgl. auch J. A. Sanders, The Dead Sea Psalms Scroll (1967).

3 Erstmals veröffentlicht durch St. A. Cook in den Proceedings of the Society of Biblical Archaeology (1903), S. 34ff.

4 P. Kahle, Die hebräischen Handschriften aus der Höhle (1951), S. 5f. – Für Datierung in der zweiten Hälfte des 2. Jahrhunderts v. Chr. auch N. Avigad, Scripta Hierosolymitana (1958; 2nd ed. 1965), S. 65.

schätzt. Neben Bibeltexten in hebräischer Sprache und in aramäischer und arabischer Übersetzung handelt es sich um Midrasch, Mischna, Talmud, liturgische Texte, Listen, Briefe und vieles andere. Besonders bedeutsam war, daß das hebräische Original der bis dahin nur griechisch bekannten Weisheit des Jesus Sirach zum größeren Teil auftauchte, und eine vorher unbekannte, wahrscheinlich im 2./1. Jahrhundert vor Christus entstandene Schrift in hebräischer Sprache gefunden wurde, der man den Namen «Damaskusschrift» gab und die in Zusammenhang mit der ihr verwandten, 1947 gefundenen «Sektenregel»[1] erneut die Aufmerksamkeit auf sich lenkt. – Die biblischen Fragmente aus der Geniza, deren früheste vielleicht noch dem 5. Jahrhundert nach Christus angehören, haben allein es ermöglicht, die Entwicklung der masoretischen Arbeit vor den großen Masoreten von Tiberias zu erhellen und das Werden der Punktation, wie es oben dargestellt wurde, zu erkennen. Geniza-Fragmente gelangten in verschiedene Bibliotheken, die Hauptmasse befindet sich in der University Library Cambridge und der Bodleian Library Oxford[2].

f) *Ben-Ascher-Handschriften.* Fünf oder sechs Generationen der Familie Ben Ascher haben von etwa der zweiten Hälfte des 8. Jahrhunderts an bis in die Mitte des 10. Jahrhunderts führenden Anteil an der masoretischen Arbeit in Tiberias gehabt. In den beiden auf die Neuzeit gekommenen Handschriften, die auf die beiden letzten Glieder der Familie zurückgehen, finden wir das Resultat ihrer Studien authentisch niedergelegt.

C *Codex Cairensis* (C) (Tafel 20). Er umfaßt die vorderen und hinteren Propheten und wurde im Jahr 895 von Mosche ben Ascher geschrieben und mit Punktation versehen. In einem Kolophon (Formel am Schluß mittelalterlicher Handschriften, die über den Schreiber und anderes Nachricht gibt) nennt dieser seinen Auftraggeber und stellt in einem zweiten sich selbst als Schreiber vor. Weitere Kolophone erzählen die Schicksale des Kodex: er wurde der Karäergemeinde in Jerusalem geschenkt und dort 1099 von den Kreuzfahrern beschlagnahmt. Nach seiner Freigabe gelangte er in den Besitz der Karäergemeinde in Kairo, wo er sich bis heute befindet. – Lipschütz und andere haben überraschender Weise festgestellt, daß der Kodex der Ben Naftali-Tradition näher steht als der Ben

[1] Veröffentlicht in Vol. II, Fasc. 2 der S. 35, Anm. 2 genannten Ausgabe.

[2] Grundsätzliches zu den Geniza-Fragmenten bei M. Goshen-Gottstein, Textus II (1962), S. 35ff.

Ascher-Tradition.[1] Seine Authentizität wird deshalb von manchen Seiten bezweifelt (Yalon, Teicher, Löwinger, Lipschütz); vgl. dagegen M. H. Goshen-Gottstein[2]: Ben Naftali habe treuer am System des Mosche ben Ascher festgehalten als dessen Sohn Ahron (vgl. o. S. 27).

Der Kodex von Aleppo (Tafel 21). Er umfaßt das ganze Alte Testament und stammt aus der ersten Hälfte des 10. Jahrhunderts. Nach einer Weihenotiz hat ihn Ahron ben Mosche ben Ascher zwar nicht geschrieben, aber mit Punktation und Masora versehen. Er wurde mit besonderer Sorgfalt punktiert und war als Musterkodex gedacht: Nur an Passah, Pfingsten und Laubhüttenfest sollte aus ihm vorgelesen werden, sonst sollte er Gelehrten zur Klärung von Zweifelsfragen, nicht aber zum Studium dienen. Ursprünglich in Jerusalem, kam der Kodex später nach Kairo und von da nach Aleppo. Daß er für BHK nicht herangezogen werden konnte, ist BHK, Seite VI erwähnt. Nachrichten, wonach er 1947 bei antijüdischen Ausschreitungen vernichtet worden sei, haben sich glücklicherweise nicht bestätigt. Er wurde, allerdings unter Verlust eines Viertels seines Umfangs[3] (es fehlen u. a. am Anfang Gn bis Dt 28,16, am Ende Cant von 3,12 ab, Qoh, Thr, Est, Da, Esr), gerettet und befindet sich jetzt in Jerusalem. Nachdem er zum ersten Male wissenschaftlicher Forschung zugänglich geworden ist, soll er einer von der Hebräischen Universität in Jerusalem vorbereiteten kritischen Ausgabe der hebräischen Bibel zugrunde gelegt werden[4].

Codex Leningradensis (L) (Tafel 24). Angesichts der bisherigen Unerreichbarkeit der einzigen erhaltenen vollständigen Bibelhandschrift, die auf den jüngsten Vertreter der Familie Ben Ascher selbst zurückgeht, kommt dem in BH abgedruckten Codex Leningradensis eine besondere Bedeutung als Zeuge für den Ben-Ascher-Text zu. Nach dem Kolophon ist er eine im Jahr 1008 gefertigte Abschrift aus von Ahron ben Mosche ben Ascher geschriebenen Handschriften. Gegenüber früheren Zweifeln an der

[1] L. Lipschütz, Textus IV (1964), S. 6.

[2] M. H. Goshen-Gottstein, The Rise of the Tiberian Bible Text, (1963), S. 107.

[3] Nachträglich ist der Text von Dt 4,38–6,3 in einer photographischen Wiedergabe in dem Buch «Travels through Northern Syria» von J. Segall (1910) entdeckt worden; vgl. M. H. Goshen-Gottstein, Textus V (1966), S. 53–59. Dazu kommt die Photographie von Gen 26,37–27,30 in W. Wickes, A Treatise on the Accentuation of the Old Testament (1887); vgl. M. H. Goshen-Gottstein, Textus I (1960), S. 19ff.

[4] Vgl. die Aufsätze von Ben-Zvi, Goshen-Gottstein, Loewinger in Textus I (1961), S. 1ff.; zum «Bible Project» der Hebräischen Universität, s. u. S. 46. – Vgl. weiter Tafel 21 und die Bemerkungen dazu S. 160.

Richtigkeit dieser Notiz vergleiche die wichtigen Ausführungen in BHK, Seite VIff.[1].

V(ar)[P] g) *Der Petersburger Prophetenkodex* (P)[2]. Er umfaßt Jes, Jer, Ez, 12 Propheten mit kleiner und großer Masora. Der Kodex wurde 1839 von Firkowitsch entdeckt, angeblich in der Synagoge von Tschufut Kale in der Krim. Seine Bedeutung besteht nicht nur in seinem Alter – er stammt aus dem Jahre 916 nach Christus –, sondern vor allem darin, daß man erst seit seiner Entdeckung sich wieder eine Vorstellung von der jahrhundertelang verschollenen babylonischen Punktationsweise machen konnte. Nähere Untersuchung und Vergleichung mit gleichzeitig oder später aufgetauchten babylonischen Bibelhandschriften haben allerdings gezeigt, daß der Kodex im Konsonantentext, in der Punktation und in der Masora westlicher Tradition folgt, nur unter Beibehaltung der östlichen Zeichen. Er ist so ein eindrucksvolles Symbol des Sieges der westlichen Überlieferung über die östliche (vgl. S. 14f., 24f.). Auf einigen Seiten (212a, 221a) sind sogar statt der babylonischen Zeichen die tiberischen gesetzt worden, Fol. 1b finden sich beide nebeneinander.

Var[E 1.2.3] h) *Die Erfurter Kodizes* (E 1. 2. 3). In BHK sind noch drei Kodizes angeführt, die nach ihrem früheren Aufbewahrungsort «Erfurtensis 1. 2. 3» genannt werden. Sie gehören zur ehemaligen Preußischen Staatsbibliothek in Berlin (MS. Orient. 1210/11, 1212, 1213), jetzt Staatsbibliothek Preußischer Kulturbesitz. Sie wurden – neben anderen – von Joh. Heinrich Michaelis für seine Ausgabe von 1720 (vgl. S. 43) herangezogen. Sie sind insofern bemerkenswert, als sie mehr oder minder – am meisten E 3 – jenem Sondertext nahestehen, in dem man früher fälschlich den Ben-Naftali-Text sah (vgl. S. 28); freilich befinden sie sich schon auf der Übergangsstufe zu dem späteren textus receptus.

[1] P. Kahle, Der hebräische Bibeltext seit Franz Delitzsch, 1961, S. 77, erwähnt, daß L zahlreiche Korrekturen aufweist, und vermutet, daß diese «das Ergebnis von Kollationierungen anderer Ben Ascher Kodizes darstellen». Das Verdikt von Goshen-Gottstein, The Rise of the Tiberian Bible Text, «that the Leningrad Codex was basically not a Ben Asher codex. It was secondarily brought into harmony with a Ben Asher Vorlage by endless erasures and changes» (S. 101f.) müßte am Original selber nachgeprüft werden. Für Goshen-Gottstein ist der einzig bekannte wirkliche Vertreter des (Ahron) Ben Ascher-Textes der Aleppo-Kodex. Hätte er mit dieser sehr einseitigen These recht, so wäre daraus zu folgern, daß nach Verlust eines Viertels des Kodex von Aleppo wir z. B. für fast den ganzen Pentateuch überhaupt keinen Ben Ascher-Text besitzen. Will Goshen-Gottstein so weit gehen? Zu seinen weitreichenden Hypothesen vgl. B. J. Roberts, JTS XV, 1964, S. 257ff.

[2] Veröffentlicht in einer Faksimileausgabe von H. L. Strack: Prophetarum posteriorum Codex Babylonicus Petropolitanus (1876).

E 1, 14. Jahrhundert, enthält das hebräische Alte Testament, Targum, große und kleine Masora.

E 2, vermutlich 13. Jahrhundert, enthält das hebräische Alte Testament, Targum Onkelos, große und kleine Masora.

E 3 ist nach Alter und Textgestalt die wichtigste dieser Handschriften, eine der ältesten deutschen Handschriften überhaupt (Kahle vor 1100)[1]. Inhalt: Das hebräische Alte Testament, große und kleine Masora und Stücke von Ochla w^{e}Ochla (vgl. S. 32). Der Konsonantentext stammt von zwei Abschreibern. Die Punktation, die auf vier verschiedene Hände zurückgeht, folgt teils dem oben S. 28 genannten Sondertext, teils zeigt sie Berührung mit ihm.

i) *Verschollene Kodizes.* Schließlich sind für einzelne Fälle Kodizes von Bedeutung, die nicht mehr existieren, deren Sonderlesarten aber tradiert wurden. In BH wird auf mehrere dieser Kodizes Bezug genommen.

Codex Severi (Sev). Eine mittelalterliche Liste, handschriftlich in Paris Sev
und Prag, stellt 32 Varianten einer Pentateuch-Handschrift der Severussynagoge in Rom zusammen. Die Handschrift soll als Beutestück im Jahr 70 nach Christus nach Rom gebracht und von Kaiser Severus, 222–235, einer von ihm erbauten Synagoge geschenkt worden sein. Hat die Tradition recht, so kann es sich nur um eine Rolle, nicht einen Kodex gehandelt haben (vgl. S. 10f.). Siehe in BH den Apparat zu Gn 18,21; 24,7; Nu 4,3[2].

Codex Hillel (Hill). Angeblich um 600 durch Rabbi Hillel ben Mosche Hill
ben Hillel geschrieben. Er soll sehr korrekt gewesen und zur Revision anderer Handschriften verwendet worden sein. Von Masoreten und Grammatikern des Mittelalters werden mehrfach Lesarten dieses Kodex angeführt. Vergleiche in BHK den Apparat zu Gn 6,3; 19,6; Ex 25,19; Lv 26,9.

Von den mittelalterlichen Masoreten werden ferner unter anderen folgende Kodizes als Standardkodizes erwähnt und Lesarten aus ihnen angeführt:

Codex Muga (schon in Handschrift 4445 [vgl. S. 45, Anm. 2] und im Petersburger Prophetenkodex [S. 40] zitiert), vergleiche Lv 23,13; 26,39. Es ist nicht sicher, ob Muga Name des Schreibers ist (so z. B. Ginsburg) oder ob mit *muga* (korrigiert) ein korrigierter Text bezeichnet werden soll.

[1] Nach I. Prijs (ZAW N. F. 28 [1957], S. 172f.) ist E 3 vielleicht italienischer Herkunft.

[2] Vgl. auch M. H. Segal, JBL 72 (1953), S. 45ff., wo sämtliche 32 Varianten verzeichnet sind.

Codex Jericho, vergleiche Gn 31,36; Nu 5,28.

Codex Jeruschalmi, vergleiche BHK Gn 10,19.

Näheres über diese Kodizes ist nicht bekannt.

6. Gedruckte Ausgaben. Hier können aus einer großen Anzahl nur die charakterisiert werden, die besonders wichtig sind. Unter den ältesten Drucken ragt in mehrfacher Beziehung hervor:

a) *Die zweite Rabbinerbibel des Jakob ben Chajim*[1], die 1524/25 bei
𝔅 Daniel Bomberg in Venedig erschien und Bombergiana (𝔅) genannt wird. Sie ist nicht die älteste[2], aber die für ihre Zeit bedeutendste und bis ins 20. Jahrhundert maßgebende gedruckte Ausgabe des hebräischen Alten Testaments. Es handelt sich um eine sogenannte Rabbinerbibel (Tafel 26), das heißt: neben dem hebräischen Text werden die aramäische Übersetzung (Targum) und Kommentare maßgebender Rabbinen (Raschi, Ibn Ezra, Kimchi u. a.) geboten – ein umfangreiches Werk von vier Bänden mit zusammen 925 Folioblättern. Das Besondere an der Bombergiana ist, daß sie zu dem Genannten noch die kleine und große Masora und Schlußmasora bietet, die der Herausgeber in mühevoller Arbeit aus meist fehlerhaften, ohne Verständnis für das masoretische Material geschriebenen Handschriften (vgl. S. 33) gewann, und daß er danach seinen Text gestaltete. Darüber hinaus werden auch abweichende Lesarten von Handschriften, die Jakob ben Chajim kollationiert hat, notiert. Bis in unsere Zeit genoß dieser Text fast kanonisches Ansehen. Ginsburg schrieb noch 1897, daß es sich hier um die einzige masoretische Rezension handle und daß jeder moderne Herausgeber des hebräischen Textes Abweichungen davon überzeugend begründen müsse. Auch Kittel druckte in den ersten beiden Ausgaben seiner Biblia Hebraica diesen Text ab. Aber Jakob ben Chajim ging von spätmittelalterlichen Handschriften aus oder von Drukken, die solchen folgten, bietet also den spätmittelalterlichen textus receptus. Dazu können wir von einem Gelehrten des 16. Jahrhunderts nicht erwarten, daß in methodischer Hinsicht seine Ausgabe den Anforderungen entspricht, die wir heute nach einer jahrhundertelangen Entwicklung der

[1] Jakob ben Chajim war ein jüdischer Flüchtling aus Tunis und wurde später Christ; gestorben vor 1538.

[2] Ihr gingen voraus: Einzelausgaben (alle mit rabbinischen Kommentaren und teilweise mit Targum): Psalter 1477 (Bologna?), Propheten (Soncino 1485/86), Hagiographen (Neapel 1486/87), Pentateuch (Lissabon 1491) u. a. – Gesamtausgaben: Soncino 1488, Neapel 1491/93, Brescia 1494. – Die erste Rabbinerbibel wurde 1516/17 ebenfalls bei Daniel Bomberg durch Felix Pratensis herausgegeben, eine bedeutsame kritische Leistung, die in weitem Umfang als Grundlage der zweiten Rabbinerbibel des Jakob ben Chajim diente (vgl. P. Kahle, WdO I [1947], S. 32ff.). Näheres darüber S. 170.

Wissenschaft an eine kritische Ausgabe stellen. So ist mit vollem Recht dieser Text von der dritten Auflage der BH an aufgegeben und durch einen älteren ersetzt worden.

b) *Die Ausgabe von Joh. Heinr. Michaelis* (M)[1], 1668–1738 (evangelischer Theologe und Orientalist in Halle, Vertreter des Pietismus) hat im wesentlichen den Text der Ausgabe von Jablonski 1699 abgedruckt und im Apparat die wichtigsten Lesarten von 5 Erfurter Handschriften (vgl. S. 40f.) und von zahlreichen gedruckten Ausgaben notiert. Vielfach handelt es sich nur um Differenzen in der Akzentsetzung. Am Rande werden Parallelstellen verzeichnet. V(ar)^{M}

c) *Benjamin Kennicott*, 1718–1783 (englischer Theologe, 1767 Bibliothekar, 1770 Kanonikus in Oxford) veranstaltete eine umfangreiche und bis heute gebrauchte Variantensammlung: *Vetus Testamentum Hebraicum cum variis lectionibus*, 2 Bände, Oxford 1776–1780 (Ken). Kennicott bietet den masoretischen Text nach der Ausgabe des Holländers van der Hooght von 1705, den samaritanischen Text nach der Londoner Polyglotte von Walton, 1653–57. In dem umfangreichen Apparat werden Abweichungen von über 600 hebräischen Handschriften, 52 Ausgaben und 16 samaritanischen Kodizes notiert, soweit sie den Konsonantentext betreffen. Die Riesenarbeit, die die Kollation dieser Handschriften erforderte, konnte Kennicott nur mit einem Stab von Mitarbeitern leisten, die teilweise ihrer Aufgabe nicht gewachsen waren. Dazu sind die kollationierten Handschriften im wesentlichen jung. Zur Bedeutung der Ausgabe vergleiche unten und Seite 110f. V(ar)^{Ken} ⟨V$^{Ken\,9\,usw.}$⟩

d) Keine Ausgabe, sondern lediglich eine Variantensammlung ist das Werk von *J. B. de Rossi*[2]. Es bietet ausgewählte und wichtigere Lesarten aus 1475 Handschriften und Ausgaben (S. XLV). Das berücksichtigte Material ist also gegenüber Kennicott stark vermehrt, zugleich zuverlässiger bearbeitet. Auch de Rossi notiert nur Abweichungen im Konsonantentext.

Der wirkliche Ertrag für die Herstellung des ursprünglichen Textes ist bei beiden Variantensammlungen sehr gering. Die notierten Varianten be-

[1] Biblia Hebraica ex aliquot manuscriptis et compluribus impressis codicibus, item Masora tam edita, quam manuscripta aliisque hebraeorum criticis diligenter recensita etc., Halle (1720).

[2] Variae Lectiones Veteris Testamenti, ex immensa MSS. Editorumq. Codicum Congerie haustae et ad Samar. Textum, ad vetustiss. versiones, ad accuratiores sacrae criticae fontes ac leges examinatae opera ac studio Johannis Bern. de Rossi, 4 Bände, Parma (1784/88). – Als Ergänzung ließ de Rossi 1798 erscheinen: Scholia critica in V. T. libros seu supplementa ad varias sacri textus lectiones.

treffen – abgesehen von orthographischen Unterschieden und einfachen Schreiberversehen (Haplographie, Dittographie, Buchstabenverwechslung) – etwa den Gebrauch des Plurals oder Singulars bei Kollektivbezeichnungen, Einfügung oder Weglassung eines כל, eines ו usw., Auswechslung einer Präposition durch eine andere gleicher Bedeutung, Ersetzung eines Wortes durch ein synonymes (etwa דבר statt אמר), Plural statt Singular (etwa דבריך statt דברך) und umgekehrt. Das zeigt zwar, daß von einer völligen Uniformität der Textüberlieferung, wie sie in der Archetypus-Hypothese vorausgesetzt wird, keine Rede sein kann. Es fehlt aber an wirklich bedeutsamen Sinnvarianten, wie sie z. B. in den Handschriften des Neuen Testaments gefunden werden. So bieten diese Variantensammlungen kaum eine Möglichkeit, eine korrupte Stelle zu heilen. Die Handschriften, auf denen sie beruhen, sind durch die vorangehende Arbeit der Masoreten so gleichförmig geworden, daß überraschende Resultate durch ihr Studium nicht gewonnen werden konnten. Nach dem, was oben über die Geschichte des masoretischen Textes gesagt wurde, ist dieses enttäuschende Ergebnis, das seinerzeit zu einem Rückgang der masoretischen Studien führte, wohl verständlich[1]. Das 19. und 20. Jahrhundert haben entsprechende Sammlungen nicht hervorgebracht.

Var^{B} e) *S. Baer* (B) hat unter Mitwirkung von Franz Delitzsch 1869ff. den masoretischen Text des Alten Testaments (mit Ausnahme der Bücher Ex bis Dt) unter Heranziehung älterer Drucke und handschriftlichen Materials möglichst korrekt herzustellen sich bemüht[2]. «Die Ausgaben enthalten manches wertvolle Material, aber die eigenmächtige und unmethodische Art, in der Baer die Masora behandelte, bewirkte, daß er einen Text konstruierte, der so nie wirklich existiert hat, und seinen Ausgaben gegenüber ist Vorsicht geboten.»[3]

[1] Vgl. das Urteil E. F. C. Rosenmüllers in einer Besprechung der Kennicottschen Sammlung: «Dieser ganze, mit so vielem Aufwand von Zeit und Kosten zusammengeführte Variantenwust giebt übrigens das einfache Resultat: daß alle noch vorhandenen Codices im Verhältnis zu den Originalen sehr jung sind, ... daß sie sehr reich an Schreibfehlern aber äußerst arm an wichtigen und brauchbaren Lesarten sind, und daß folglich aus ihnen für die etwa verdorbenen Stellen des hebräischen Textes wenig oder gar keine Hülfe zu erwarten ist» (Handbuch der Literatur der biblischen Kritik und Exegese 1 (1797), S. 247; zitiert nach E. Preuschen, ZAW 9 (1889), S. 303.)

[2] Textum Masoreticum accuratissime expressit e fontibus Masorae codicumque varie illustravit.

[3] P. Kahle, bei Bauer-Leander, Historische Grammatik der hebräischen Sprache (1922), S. 90; ders., Der Hebräische Bibeltext seit Franz Delitzsch, Delitzsch-Vorlesungen 1958 (1961), S. 11ff.

f) *Chr. D. Ginsburg* (G) veranstaltete 1908ff. eine Ausgabe für die «British and Foreign Bible Society»[1]. Neuausgabe 1926. Ginsburg druckt den von ihm hochgeschätzten (vgl. S. 42) Text des Jakob ben Chajim von 1524/25 «substantially» ab und bietet im Apparat abweichende Lesarten von über 70 Handschriften und von 19 vor 1524 veranstalteten Drucken. Die Abweichungen beziehen sich auf Orthographie, Vokalzeichen, Akzente und Einteilung. Die kollationierten Handschriften, meist aus dem Britischen Museum, gehören in der Hauptsache der Zeit seit dem 13. Jahrhundert an[2]. Die Ungleichartigkeit des mehr zufällig herangezogenen Materials und der Verzicht auf jeden Versuch, es zu wägen und zu gruppieren, mindern den Wert dieser Ausgabe, die als Sammlung masoretischen Materials eine gewisse Bedeutung besitzt. Doch handelt es sich bei der überwiegenden Mehrzahl der Varianten um Kleinigkeiten, die für Sinn und Verständnis des Textes nichts austragen. Varianten der alten Übersetzungen sind nur sehr wenige gebucht. Die Zuverlässigkeit der Kollationen ist gelegentlich beanstandet worden. Das hängt damit zusammen, daß die Aufgabe, die sich Ginsburg gestellt hat, so riesenhaft ist, daß sie nur mit einem ganz großen Aufwand an Mitarbeitern gelöst werden könnte[3]. V(ar)[G]

g) Eine neue Ausgabe der «British and Foreign Bible Society» hat 1958 N. H. Snaith herausgegeben (תורה, נביאים, כתובים). Ihr liegt in erster Linie die Handschrift Or 2626–2628 des Britischen Museums (geschrieben in Lissabon 1482) zu Grunde. Außerdem sind die Handschrift Or 2375 des Britischen Museums (jemenitische Handschrift, geschrieben 1468–80), sowie die sogenannte «Shem-Tob-Bibel» (spanische Handschrift aus dem Jahr 1312), früher in der David Sassoon-Library, herangezogen. Diese Handschriften stehen in der Ben Ascher-Tradition, so daß sich der Text eng mit dem der 3. Auflage der BHK berührt.[4] Nach der Übung der

[1] The Old Testament, diligently revised according to the Massorah and the early editions with the various readings from MSS and the ancient versions.

[2] Doch befindet sich darunter auch die *Pentateuch-Handschrift Or 4445* des Britischen Museums, die von Ginsburg auf etwa 820 bis 850 datiert wurde. Es handelt sich um eine Handschrift ohne Kolophon, da Anfang und Ende fehlen. Die Art, wie Ben Ascher zitiert wird, läßt vermuten, daß die Handschrift noch zu seinen Lebzeiten geschrieben wurde (Tafel 22).

[3] Zu der Jerusalemer Ausgabe von 1953: Torah, Prophets and Scriptures, Jerusalem Edition. Corrected on the basis of the Masora of Ben Asher by Moshe David Cassuto, Jerusalem, vgl. die kritische Besprechung von P. Kahle, VT III (1953), S. 416ff. und die Erwiderung von L. Simon, VT IV (1954), S. 109f.

[4] Vgl. N. H. Snaith, VT VII (1957), S. 207f.; Textus II (1962), S. 8–13.

Bible Society enthält die Ausgabe weder eine Einleitung noch einen textkritischen Apparat. Dagegen ist eine Liste der Haphtarot (vgl. u. S. 152), die während eines Jahres gelesen werden, beigefügt.

h) Die Hebräische Universität in Jerusalem bereitet eine Ausgabe des Alten Testaments vor (The Hebrew University Bible Project), von der die 1965 vorgelegte «Sample Edition»[1] mit den Texten von Jes 2; 5; 11; 51 und einer umfangreichen Einleitung einen ersten Eindruck vermittelt. Der Text ist eine genaue Reproduktion des Kodex von Aleppo (vgl. S. 39) mit seiner großen und kleinen Masora. Die besondere wissenschaftliche Leistung liegt aber nicht nur in der erstmaligen Veröffentlichung dieses Kodex, sondern ebenso in den umfangreichen textkritischen Apparaten, die die Geschichte des alttestamentlichen Textes spiegeln: der erste bietet Varianten der alten Übersetzungen, der zweite solche der Rollen aus der judäischen Wüste sowie der rabbinischen Literatur, der dritte die mittelalterlicher Handschriften; der vierte Apparat verzeichnet Minutien in Schreibung, Vokalisation und Akzentuation (des Leningradensis, Cairensis und anderer Handschriften). Da besonders in den beiden ersten Apparaten ein reiches, bisher teilweise so nicht zugängliches Material – das gilt vor allem von der rabbinischen Literatur – niedergelegt ist, wird diese Ausgabe, wenn sie einmal vollständig vorliegt, für die Studien zum Alten Testament und seiner Geschichte eine Grundlage bieten, wie wir sie bisher in diesem Umfang nicht besitzen. Die Vollendung dieses Unternehmens wird jedoch zweifellos eine sehr lange Zeit in Anspruch nehmen.

i) In BHK werden ferner folgende Varianten angeführt:

$V(ar)^J$ $V(ar)^J$ = Var codicis Jemenensis[2] nach R. Hoerning, Description and Collation of 6 Karaite Manuscripts of portions of the Hebrew Bible in Arabic Characters (1889). – Karäische Handschriften aus dem 10. und 11. Jahrhundert mit hebräischem Text in arabischer Schrift.

$V(ar)^O$ $V(ar)^O$ = Var secundum Odonem. In dem lateinischen Werk eines bisher nicht identifizierten mittelalterlichen Scholastikers Odo befinden sich 78 hebräische Bibelzitate, davon 4 punktiert. Das Werk, das sich um die Bekehrung der Juden bemüht, wurde um die Mitte des 12. Jahrhunderts verfaßt; die vorhandene Abschrift (Trinity College Cambridge) ist

[1] M. H. Goshen-Gottstein, The Book of Isaiah, Sample Edition with Introduction (The Hebrew University Bible Project), Jerusalem 1965.

[2] Jemen, eine Landschaft in Südwestarabien, hatte eine zahlreiche jüdische Bevölkerung. Zahlreiche jemenitische Handschriften befinden sich in USA-Bibliotheken und in Jerusalem. Grundsätzliches zu diesen Handschriften bei M. Goshen-Gottstein, Textus II, 1962, S. 46ff.

Ende des 12., Anfang des 13. Jahrhunderts geschrieben. Die hebräischen Zitate, die zusammen etwa den Umfang des Büchleins Joel ausmachen, sind durch Abweichungen von 𝔐 im Konsonantenbestand und durch eigenartige (einfachere als die tiberische) Punktation singulär. Handelt es sich wirklich um «frühmasoretische oder doch außermasoretische Texte», wie J. Fischer, der erste Bearbeiter, vermutet hat[1]?

Var^S = Var secundum Strack, Grammatik des Biblisch-Aramäischen (^{6}1921). – In den der Grammatik beigegebenen biblisch-aramäischen Texten werden Lesarten mehrerer nicht veröffentlichter Handschriften mitgeteilt. Var^S

$V(ar)^W$ = Var secundum Wickes, A treatise on the accentuation (1881, 1888). – Auf ausgedehnten Handschriftenstudien beruhende Untersuchungen zur Akzentuation. $V(ar)^W$

III Der samaritanische Pentateuch (ɯ) ɯ

Ein wichtiges Ereignis in der Geschichte des nachexilischen Judentums ist die Loslösung der Samaritaner von den Juden gewesen. Wir wissen nicht genau, wann sich die samaritanische Gemeinde endgültig von Jerusalem trennte. Nach früherer Anschauung geschah dies im Verlauf des 4. Jahrhunderts vor Christus als Abschluß einer längeren Entwicklung. Jedoch haben neuere Untersuchungen, die sich auch auf neue archäologische Entdeckungen und Qumrantexte stützen, wahrscheinlich gemacht, daß der Bruch erst in der hasmonäischen Periode als Ergebnis der Zerstörung von Sichem und der Verwüstung des Heiligtums auf dem Garizim durch Johannes Hyrkanus stattfand.[2] In das Schisma nahmen die Samaritaner den Pentateuch mit. So besitzen wir diesen in einer zweiten hebräischen Rezension, der samaritanischen. Es ist bereits oben S. 6 bemerkt worden, daß die Samaritaner für ihren Pentateuch eine besondere Schrift, die aus der archaisierenden althebräischen Schrift der hasmonäischen Periode erwachsen ist, gebrauchten (Tafel 27).

Als im Jahre 1616 der samaritanische Pentateuch (zitiert in BH: ɯ) durch eine in Damaskus entdeckte Handschrift dem Abendland bekannt

[1] Vgl. J. Fischer, Bibl 15 (1934), S. 50ff.; 25 (1944), S. 167ff.; BZAW 66 (1936), S. 198ff.; anders C. Peters, Le Muséon 51 (1938), S. 137ff.; R. J. Loewe, Mediaeval Christian Hebraists of England, Transactions of the Jewish Historical Society of England, XVII (1953), S. 245f.

[2] J. D. Purvis, The Samaritan Pentateuch and the Origin of the Samaritan Sect, Harvard Semitic Monographs 2 (1968).

wurde, knüpften sich zunächst große Erwartungen an ihn, glaubte man doch, mit ihm dem Urtext des Pentateuchs wesentlich näher gekommen zu sein. Später sank sein Ansehen, ja durch das lange nachwirkende Verdikt von Gesenius (1815) wurde er von vielen als fast wertlos für die Textkritik eingeschätzt: es handle sich nicht um einen unabhängigen Textzeugen, sondern ⅏ sei eine sprachlich und sachlich vom samaritanischen Gesichtspunkt aus veranstaltete Bearbeitung von 𝔐. Gegen dieses, der Sache nicht gerecht werdende Urteil wandten sich im letzten Jahrhundert A. Geiger, in diesem P. Kahle[1].

Das Problem des samaritanischen Pentateuchs besteht darin, daß er in etwa 6000 Fällen von 𝔐 abweicht. Eine große Zahl dieser Varianten ist freilich rein orthographischer Art (vor allem häufigere plene-Schreibung), und viele andere betreffen Kleinigkeiten, die den Sinn nicht beeinflussen. Bemerkenswert ist aber, daß ⅏ in etwa 1900 Fällen mit 𝔊 gegen 𝔐 zusammengeht[2]. Einige Abweichungen von ⅏ müssen als Änderungen angesehen werden, die die Samaritaner im Interesse ihres Kultus vornahmen. Das gilt besonders für das nach Ex 20,17 eingeschaltete Gebot, ein Heiligtum auf dem Garizim zu errichten, für Dt 11,30, wo zu מרה (𝔐 מרא) hinzugefügt ist מול שכם, und für 19 Stellen des Dt, wo die Erwählung des heiligen Ortes in die Vergangenheit verlegt und damit auf Sichem bezogen wird (in der Formel הַמָּקוֹם אֲשֶׁר יִבְחַר יְהוָה hat ⅏ בָּחַר statt יִבְחַר)[3]. Aber solche offensichtlich tendenziösen Eingriffe geben nicht das Recht, auch alle anderen Abweichungen, besonders die mit 𝔊 übereinstimmenden, als absichtliche Änderungen anzusehen.

Die eigentümliche Textgestalt des samaritanischen Pentateuchs erklärt sich vielmehr daraus, daß wir es hier mit einer popularisierenden Bearbeitung des vorauszusetzenden Urtextes, der natürlich nicht mit 𝔐 gleichzusetzen ist, zu tun haben (Kahle). Altertümliche Formen wurden modernisiert, schwierige Satzkonstruktionen vereinfacht, sonstige für Vulgärtexte typische Eigentümlichkeiten (vgl. S. 18) aufgenommen[4]. Solche

[1] Theol. Studien und Kritiken 88 (1915), S. 399ff. (Opera Minora [1956], S. 3ff.).

[2] Auch das Neue Testament stimmt an einigen Stellen mit ⅏ gegen 𝔐 überein, so in Apg 7,4 und 7,32, vielleicht auch in Hebr 9,3f. Indes wird das Neue Testament auf einen *griechischen* Pentateuchtext zurückgehen, der allerdings in der Textgestalt an den betreffenden Stellen ⅏ nahestand.

[3] Dagegen liegt es in Dt 27,4 – 𝔐 Ebal, ⅏ Garizim – näher, an eine nachträgliche Änderung im jüdischen Text zu denken. Doch ist eine sichere Entscheidung nicht möglich; vgl. die Kommentare.

[4] S. Talmon, The Samaritan Pentateuch, JJS II (1951), S. 144ff.

Vulgarisierungen waren nur solange sinnvoll, als man daran interessiert war, dem Volk den hebräischen Text so verständlich wie möglich zu machen. Sie wurden überflüssig, als man dazu übergegangen war, den Text in die Volkssprache, das Aramäische, zu übersetzen. So gelangen wir für 𝔐 in eine relativ frühe Zeit, die es ausschließt, ihn als von 𝔐 abhängig anzusehen. Vielmehr ist 𝔐 ein sehr zu beachtender Zeuge für eine Textgestalt, die einmal weit verbreitet gewesen sein muß, wie die Übereinstimmungen mit den Qumrantexten (vgl. S. 17), der Septuaginta, dem Neuen Testament und einigen der Revision durch das offizielle Judentum entgangenen jüdischen Texten zeigen. In diesen letzteren hat vor allem das chronologische System von Gn 5 und Gn 11, das bei 𝔐 sowohl gegenüber 𝔐 wie 𝔊 selbständig ist, nachgewirkt. Zum Weiterleben der durch 𝔐 repräsentierten Textgestalt in mittelalterlichen masoretischen Handschriften vgl. oben S. 22.

Über das 13. Jahrhundert zurückgehende Handschriften sind sehr selten. Die älteste bekannte Handschrift in *Buchform* befindet sich in der University-Library in Cambridge. «It contains a notice that it was sold AH 544 (AD 1149/50) and it may have been written a long time before that. It certainly gives the impression of being considerably older than the Samaritan Pentateuch MSS written since A. D. 1200, of which we know a good many[1].» – Großer Berühmtheit erfreut sich die heilige Rolle der Samaritanergemeinde von Nablus (Sichem), nach dem Schreiber *Abischa-Rolle* genannt. Sie stellt in Wirklichkeit eine Kompilation verschiedener Fragmente dar. Als ältere und eigentliche Abischa-Rolle ist der wesentliche Teil von Nu 35 bis Dt 34 zu betrachten, der von dem Herausgeber Perez Castro in das 11. Jahrhundert datiert wird[2].

Eine Ausgabe des samaritanischen Pentateuch hat A. von Gall besorgt: Der hebräische Pentateuch der Samaritaner, 1914–18 (Neudruck Berlin 1963). Sie bietet einen eklektischen Text, der auf spätmittelalterlichen Handschriften beruht. Eine Neu-Ausgabe wird von P. Castro vorbereitet.

Zur griechischen Übersetzung des samaritanischen Pentateuch s. S. 80, zum samaritanischen Targum s. S. 85f[3].

[1] P. Kahle, The Cairo Geniza ([2]1959), S. 67 (dt. S. 73).

[2] Vgl. P. Kahle, Studia Orientalia Ioanni Pedersen dicata (1953), S. 188–192. – Ausgabe: P. Castro, Séfer Abišaᶜ, Madrid, 1959 (dazu E. Robertson, VT XII [1962], S. 228ff.). – Vgl. ferner P. Castro, VTS VII (1960), S. 52ff.

[3] Eine umfassende «Grammatik des samaritanischen Hebräisch» hat R. Macuch, Studia Samaritana I (1969) vorgelegt.

B Die Übersetzungen aus der Ursprache

IV Grundsätzliches zu den Übersetzungen

Der uns heute vorliegende hebräische Text ist gegenüber der ursprünglichen Gestalt durch mancherlei Schicksale verändert und enthält zweifellos nicht wenige korrupte Stellen. So gewinnen die Übersetzungen, die uns einen älteren Text des Alten Testaments zu rekonstruieren und Verderbnisse zu heilen gestatten, eine große Bedeutung. Jedoch muß von vornherein darauf aufmerksam gemacht werden, daß jede Übersetzung wieder eine Fülle von Fragen aufwirft. Lange Zeit ging man sozusagen naiv und direkt auf die textkritische Verwertung der Übersetzungen los, indem man unkritisch voraussetzte, daß man von ihnen unmittelbar auf ihre Vorlage schließen könne. Indes liegen die Dinge nicht so einfach. Jeder, der überträgt, deutet zugleich: in der Übertragung kommt nicht nur der zugrundeliegende Text zum Ausdruck, sondern auch das Verständnis, das der betreffende Übersetzer von ihm hat. Und jeder Übersetzer ist ja auch ein Kind seiner Zeit und seiner Welt. So muß zunächst jede Übersetzung, vor allem die aus praktischen Bedürfnissen hervorgegangene Bibelübersetzung, als individuelles geistiges Dokument verstanden und gewürdigt werden. Die geistigen Voraussetzungen der Übersetzer – bei den meisten Bibelübersetzungen haben wir es mit mehreren anonymen Übersetzern zu tun –, die sie aus ihrer Welt und Zeit mitbringen, die religiösen und sonstigen Anschauungen, in denen sie leben oder auf die sie Rücksicht zu nehmen haben, die Tendenzen und Anliegen, denen sie sich bewußt und unbewußt verpflichtet fühlen, ihre Bildung, ihre eigene sprachliche Ausdrucksfähigkeit und die Begriffswelt der Sprache, in die sie übersetzen, und anderes mehr: all dieses findet in der Übersetzung seinen Niederschlag. So ist zu scheiden zwischen dem, was auf das Original zurückgeht, und dem, was auf Rechnung des Übersetzers zu setzen ist – eine vielfältige Aufgabe, die gelöst sein sollte, bevor man auf Grund der Übersetzungen zu textkritischen Operationen schreitet.

Was die *Geschichte* der Übersetzungen betrifft, so liegen in den meisten Fällen noch zahlreiche ungelöste, vielleicht auch unlösbare Probleme vor, namentlich auf dem Gebiet der Frühgeschichte. F. Rosenthal hat im Zusammenhang mit der Peschitta zu Recht daran erinnert, daß unter allen philologischen Problemen gerade das der Bibelübersetzung mit einer solchen Fülle des verschiedenartigsten Stoffes überladen ist, daß die Hoffnung auf Erbringung einer mathematisch zwingend erwiesenen Lösung recht gering erscheint: vor allem hat man in fast allen Fällen mit einer gar nicht übersehbaren Reihe von für uns bis jetzt verlorenen und wohl schwerlich jemals auch nur annähernd vollständig auffindbaren Zwischengliedern schriftlicher Art zu rechnen, zusammen mit einer Fülle mündlicher Tradition, die am gleichartigen Objekt sich durchaus gleichartig entwickeln *kann*[1].

Die angedeuteten Probleme, die zugleich den Reiz der Beschäftigung mit den Übersetzungen ausmachen und zu immer neuen Forschungen treiben, machen es verständlich, daß wir von abschließenden Lösungen vielfach noch weit entfernt sind.

Wir besprechen zunächst die für die Textkritik in erster Linie in Frage kommenden Übersetzungen aus der Ursprache, dann die übrigen Übersetzungen, die zum größten Teil auf der Septuaginta beruhen. Die Übersetzung des Hieronymus, die Vulgata, will zwar auch eine Übersetzung aus dem hebräischen Original sein, steht aber zugleich sehr stark unter dem Einfluß der griechischen Übersetzungen und ihrer Vorläuferin, der Vetus Latina. Wir behandeln sie deshalb erst im dritten Kapitel.

V Die Septuaginta (𝔊) 𝔊

1. Vorbemerkung. Dem Zweck dieses Buches entsprechend handeln wir hier von 𝔊 als einem Textzeugen für das Alte Testament. Es sei aber wenigstens kurz auf ihre große kulturgeschichtliche Bedeutung hingewiesen. 𝔊 war das Buch, durch das die griechische Welt zum ersten Male mit der alttestamentlichen Offenbarung näher bekannt wurde. «Daß dies Buch und das Weltganze zusammen gehören und dem gleichen Urteile unterliegen, war die verbreitetste Meinung unter den Griechen, die von dem Alten Testamente berührt waren. Mochten sie über das Buch noch so verschieden denken – daß es eine Parallelschöpfung zur Welt sei, so groß und umfassend wie sie, und daß beide Größen auf *einen* Urheber zurückgehen, erschien als das Sicherste. Über welches andere Buch ist jemals in der Geschichte von denkenden Menschen ein ähnliches Urteil gefällt worden.»[2]

[1] F. Rosenthal, Die aramaistische Forschung (1939), S. 206.
[2] A. von Harnack, Sitzungsberichte der Berliner Akademie (1902), S. 509.

Für die alte Kirche war 𝔊 die schlechthin maßgebende Gestalt des Alten Testaments. Augustin forderte von Hieronymus, daß er sie, die in kanonischem Ansehen stehe, zur Grundlage seiner Übersetzung mache und nicht den Urtext. Man kann wohl sagen, daß das Alte Testament durch viele Jahrhunderte hindurch, ja vielleicht bis an die Schwelle unserer Zeit, in der – sprachlich und gedanklich – hellenistischen Gestaltung, die es in 𝔊 erfahren hatte, auf die christliche Welt gewirkt hat. So muß man 𝔊 mit V. Ehrenberg den Rang eines Buches zuerkennen, ohne das Christentum und abendländische Kultur undenkbar sind.

2. Der Aristeasbrief. Über die Entstehung von 𝔊 sind wir, wie es zunächst scheint, besonders gut unterrichtet, besitzen wir doch in dem berühmten Aristeasbrief[1] einen Bericht, der von einem an den Vorgängen selbst beteiligten Mann verfaßt zu sein vorgibt. Eines Tages habe Demetrius von Phaleron, der irrtümlich als Vorsteher der berühmten Bibliothek von Alexandrien eingeführt wird, seinem königlichen Herrn Ptolemäus II. Philadelphos (285–247 vor Christus) berichtet, auch das jüdische Gesetz (Pentateuch, nur von ihm handelt der Aristeasbrief!) sei es wert, in die königliche Bibliothek aufgenommen zu werden, aber es müsse erst ins Griechische übersetzt werden. Der König geht sofort auf diese Anregung ein. Gesandte, unter ihnen Aristeas, werden zu dem Hohenpriester Eleazar nach Jerusalem gesandt mit der Bitte, für die Übersetzungsarbeit geeignete Männer zur Verfügung zu stellen. Eleazar schickt daraufhin 72 Männer, je 6 aus jedem der zwölf Stämme, mit kostbaren Thorarollen nach Alexandrien. Nach einem ehrenvollen Empfang geben sie dem König in tiefsinnigen Aussprüchen Proben der jüdischen Weisheit. Dann werden sie zu der durch einen Damm mit Alexandrien verbundenen Insel Pharos geführt, und dort übersetzen sie in Stille und Abgeschiedenheit das Gesetz in 72 Tagen, wobei Demetrius den Text aufzeichnet, auf den sie sich einigen. Die fertige Übersetzung wird zuerst der jüdischen Gemeinde vorgelesen und von ihr als schön, fromm und genau anerkannt. Sie soll als unantastbar gelten: verflucht wird, wer etwas hinzusetzt, ändert oder wegläßt. Erst nach der Approbation durch die Gemeinde kommt die Übersetzung vor den König, der sie doch in Auftrag gegeben hat. Er bewundert den Geist des Gesetzgebers und entläßt die Übersetzer mit reichen Geschenken in ihre Heimat.

[1] Text: Aristeae Epistula, ed. Wendland (1900); Thackeray bei Swete, Introduction to the Old Testament in Greek ([2]1914). – Übersetzung: P. Wendland bei E. Kautzsch, Apokryphen und Pseudepigraphen des Alten Testaments (1900); P. Rießler, Altjüdisches Schrifttum außerhalb der Bibel (1928).

Soweit der Aristeasbrief. Was er erzählt, wird von anderen, Juden wie Christen, aufgenommen und weiter ausgesponnen. Josephus (37/38 bis etwa 100 nach Christus) folgt ihm ziemlich wörtlich, *Philo* (um 25 vor Christus bis nach 40 nach Christus) aber macht die Übersetzung zu einem Werk göttlicher Inspiration, die Übersetzer zu Propheten: völlig getrennt arbeitend gelangen sie zu einer wörtlich übereinstimmenden Übersetzung. Seiner Auffassung folgen die christlichen Kirchenväter, die auf das *ganze* Alte Testament ausdehnen, was Aristeas nur vom Gesetz erzählt hatte. Pseudo-Justin[1] im 3. Jahrhundert will sogar noch die Ruinen der Zellen, in denen die Übersetzer streng abgesondert arbeiteten, gesehen haben. Das ist natürlich fromme Phantasie, die von der Hochschätzung der 𝔊 in der christlichen Kirche zeugt.

Aber schon das, was der Aristeasbrief selber berichtet, ist in vielem unglaubwürdig. Nicht ein Heide, wie er vorgibt, hat ihn geschrieben, sondern ein Jude, der die Weisheit und das Gesetz seines Volkes durch den Mund eines heidnischen Königs verherrlicht. Dieser Verfasser hat nicht zur Zeit des Ptolemäus Philadelphos gelebt, sondern mehr als hundert Jahre später. Ferner wurde das jüdische Gesetz nicht deshalb übersetzt, weil es ein königlicher Förderer der Wissenschaften so wünschte, sondern weil die ägyptischen Juden, die das Hebräische nicht mehr verstanden, ohne eine solche Übersetzung nicht mehr auskamen. Und schließlich geht diese Übersetzung nicht auf palästinische Juden zurück, sondern auf Glieder der alexandrinischen Diaspora, denen Griechisch die Sprache ihres Alltagslebens war.

Der legendenhafte Charakter des Aristeasbriefes ist seit langem erkannt[2]. Trotzdem hat er in einem entscheidenden Punkt bis in die neueste

[1] Cohortatio ad gentiles XIII; Ausgabe von de Otto, Justini Opera Band 3 (1879). – Die Aussagen Philos und der Kirchenväter jetzt bei R. Hanhart, VT XII (1962), S. 146ff.

[2] Gegen B. H. Strickers Interpretation des Aristeasbriefes (*De brief van Aristeas. De hellenistische codificaties der praehelleense godsdiensten*, Amsterdam, 1956), wonach die Übersetzung des Pentateuchs durch Ptolemäus Philadelphos im Zusammenhang mit seiner Hellenisierungspolitik von den Juden erzwungen worden sei, vgl. R. Hanhart, VT XII (1962), S. 141ff. – L. Rost (Vermutungen über den Anlaß zur griechischen Übersetzung der Tora, in: Wort – Gebot – Glaube, Eichrodt-Festschrift, 1970, S. 39–44) würdigt die Angaben des Aristeasbriefes positiver. Es handele sich in der Toraübersetzung um eine offizielle, von Kundigen autorisierte Übersetzung eines von der höchsten religionspolitischen Instanz der Judenschaft, dem Hohenpriester in Jerusalem, in seiner Authentizität garantierten Textes. Diese sei aus staatsrechtlichen Gründen notwendig gewesen als Grundlage, auf der künftig in hellenistischen Staaten Sonderrechte für die Judenschaft erbeten und als Privilegien gewährt werden konnten.

Zeit hinein die Auffassung von 𝔊 beeinflußt: es handle sich in ihr um eine Übersetzung (des *ganzen* Alten Testaments!), deren Wortlaut von Anfang an feststand und autorisiert wurde, und sie sei auf lange Zeit *die* griechische Übersetzung der Juden schlechthin gewesen. Wir werden sehen, daß diese Auffassung in neuerer Zeit heftig angefochten wurde.

3. Entstehung und Geschichte der Septuaginta bis zum 2. Jahrhundert nach Christus. Wir erwähnten, daß der Aristeasbrief die Entstehung der Pentateuch-Übersetzung in die 1. Hälfte des 3. Jahrhunderts vor Christus verlegt. Darin dürfte er in etwa das Richtige treffen. Durchaus glaubwürdig ist es auch, wenn er die Übersetzung mit der jüdischen Gemeinde in Alexandrien, der bedeutendsten der jüdischen Diaspora, in Zusammenhang bringt. Wie in Palästina eine aramäische, so wurde in Ägypten eine griechische Übersetzung vonnöten, und vielleicht hat man sich die Anfänge wie bei den Targumen in mündlicher Übersetzung im Gottesdienst zu denken. Naturgemäß wurde zuerst der für das Judentum wichtigste Teil des Alten Testaments übersetzt – die Thora, der nach und nach die anderen Bücher folgten. Der Prolog zu Jesus Sirach spricht um 116 vor Christus davon, daß neben dem Gesetz auch «die Propheten und die übrigen Bücher» in griechischer Übersetzung vorliegen. Wir müssen für die Übertragung des ganzen Alten Testaments mit einem langen Zeitraum rechnen. Schon deshalb kann 𝔊 nicht das Werk eines einzelnen Übersetzers oder Übersetzerkreises sein. Daß sie es nicht ist, zeigt auch ihre Beschaffenheit im einzelnen. Die Übersetzung der einzelnen Bücher ist sehr ungleich, Selbst innerhalb einzelner Bücher finden sich solche Verschiedenheiten. daß Thackeray sowie Herrmann und Baumgärtel[1] zu dem Schluß kamen, es müßten an Jes, Jer, Dodekapropheton zwei, an Ez drei Übersetzer beteiligt gewesen sein. Viele Bücher sind ziemlich wörtlich, andere wie z. B. Hiob und Daniel recht frei übersetzt. Wenn allerdings im griechischen Jeremia gegenüber dem hebräischen Text etwa 2700 Wörter fehlen und die Anordnung zum Teil eine andere ist, so liegt das offenbar nicht nur an dem Übersetzer, sondern auch an seiner hebräischen Vorlage, die sich von unserem heutigen masoretischen Text unterschied. In den Qumrantexten findet sich denn auch nicht nur der längere Text, sondern auch in einem

[1] H. S. J. Thackeray, The Septuagint and Jewish Worship (1921); J. Herrmann und F. Baumgärtel, Beiträge zur Entstehungsgeschichte der Septuaginta. BWAT N. F. V (1923). Zutreffen dürfte diese These für Jer und Ez, dagegen ist sie für die anderen Bücher bestritten worden, vgl. J. Ziegler, Die Einheit der Septuaginta zum Zwölfprophetenbuch, Vorlesungsverzeichnis Braunsberg (1934); s. auch S. 180.

fragmentarischen hebräischen Manuskript (4 Q Jer^{b}) die kürzere Fassung, die bisher nur aus dem Griechischen bekannt war[1].

Zusammenfassend läßt sich sagen, daß wir es in 𝔊 nicht mit einer einheitlichen Übersetzung, sondern mit einer Sammlung von Übersetzungen zu tun haben, deren Verfasser nach Übersetzungstechnik, Kenntnis des Hebräischen, Stilistik u. a. sehr verschieden waren. Diese Mannigfaltigkeit, die dazu zwingt, jedes biblische Buch gesondert zu behandeln, macht einen Teil der Problematik von 𝔊 aus und verbietet es, bei ihrer textkritischen Verwertung nach einem einheitlichen Schema zu verfahren.

𝔊 machte es den in der griechischen Diaspora lebenden Juden möglich, ihre heiligen Schriften in der ihnen geläufigen Sprache zu lesen. Aber auch Nichtjuden war durch sie Gelegenheit gegeben zum Studium des Alten Testaments (vgl. Apg 8,26ff.). Das war von der größten Bedeutung für das junge Christentum, weil dadurch Gedanken verbreitet waren, an die die christliche Mission anknüpfen konnte. Darüber hinaus wurde 𝔊 zu *der* heiligen Schrift der Christen der ersten Jahrhunderte. Das brachte nun das Judentum in eine eigentümliche Lage gegenüber der aus ihm hervorgegangenen und von ihm hochverehrten Übersetzung. In den Disputationen zwischen Juden und Christen beriefen sich die Christen häufig auf 𝔊, so z. B. in der Diskussion um Jes 7,14. Die Juden behaupteten, es sei an dieser Stelle nicht von einer Jungfrau (παρθένος), sondern von einer jungen Frau (νεᾶνις) die Rede. Die Christen konnten sich demgegenüber darauf berufen, daß ja die von den Juden geschaffene Übersetzung selbst παρθένος habe. Auch drangen im Laufe der Zeit christliche Einfügungen in den Text ein, so bei ψ 95, bei ψ 13 u. a.[2]. Als es vollends in der korrekten jüdischen Auslegung üblich wurde, jedem einzelnen Buchstaben besondere Bedeutung beizulegen, mußte die freie Art, in der 𝔊 zum Teil mit dem Text verfuhr, Anstoß erregen. Zudem beruhte sie ja nicht auf dem autoritativen Text des 2. Jahrhunderts nach Christus, sondern auf einem älteren Text, der in die Gruppe der Vulgärtexte gehört. Das alles führte das Judentum fast zwangsläufig dazu, 𝔊 preiszugeben und zu verdammen, was ihm einst unentbehrlich und unantastbar gewesen war.

4. Die jüngeren griechischen Übersetzungen. Da jedoch das Bedürfnis nach einer Übersetzung im griechisch sprechenden Judentum weiterhin bestand, suchten die Neuübersetzung des Aquila und die Revision des Theodotion,

[1] Fr. M. Cross, ALQ, S. 187 = ABQ, S. 173f.

[2] Zu den christlichen Zusätzen (additamenta christiana) vgl. A. Rahlfs, Psalmi cum Odis (1931), S. 30–32.

die durch die Verwerfung von 𝔊 entstandene Lücke auszufüllen. Für das ebionitische Judenchristentum schuf Symmachus eine neue Übersetzung.

A ⟨α'⟩ a) *Aquila* (A ⟨α'⟩), aus Sinope in Pontus, war Proselyt und nach jüdischer Tradition Schüler Rabbi Akibas[1], in dessen Geist er seine sklavisch wörtliche Übersetzung geschaffen hat. Da er dem Prinzip der Wörtlichkeit in manchmal geradezu grotesker Weise auch dann huldigte, wenn die Verständlichkeit darunter litt, gelangte er vielfach zu einem ganz ungriechisch klingenden Text, obwohl ihn sein Wortschatz als guten Kenner des Griechischen ausweist. Aber gerade diese rücksichtslose und zuweilen – z. B. in der Verwendung lautähnlicher Wörter – geradezu raffinierte Wörtlichkeit war in den Augen seiner jüdischen Zeitgenossen eine besondere Empfehlung, und so erfreute sich seine Übersetzung, die etwa um 130 nach Christus entstanden ist, großen Ansehens bei den Juden[2]. Noch im Jahre 553 nach Christus hat Kaiser Justinian in der Novelle 146 als Zeichen des Entgegenkommens diese Übersetzung neben der inspirierten Septuaginta für den Gebrauch in den Synagogen freigegeben. Unsere Kenntnis der Übersetzung Aquilas beruht neben Zitaten und hexaplarischen Fragmenten (vgl. S. 58ff.) auf Palimpsesten aus der Geniza von Kairo aus dem 6. Jahrhundert nach Christus[3].

Σ ⟨σ'⟩ b) *Symmachus* (Σ ⟨σ'⟩) schuf um 170 eine zweite Neuübersetzung, die nicht nur wörtlich, sondern auch gut griechisch sein wollte. Nach Eusebius und Hieronymus wäre er ein Ebionit, nach Epiphanius ein zum Judentum übergetretener Samaritaner gewesen[4]. Von seiner Übersetzung geben nur wenige Hexapla-Fragmente Zeugnis.

Θ ⟨θ'⟩ c) *Theodotion* (Θ ⟨θ'⟩), Ende des 2. Jahrhunderts, war nach altkirchlicher Tradition ebenfalls Proselyt[5]. Er lieferte keine ganz neue Übersetzung,

[1] Zur Hermeneutik Akibas und zu seinem Einfluß auf Aquila vgl. jetzt D. Barthélemy, Les devanciers d'Aquila, VTS X (1963), S. 3ff.

[2] Beispiele für Aquilas Übersetzung in: Septuaginta, edidit A. Rahlfs (1935) I, S. VIII–X; J. Reider – N. Turner, An Index to Aquila, VTS XII (1966).

[3] Vgl. F. C. Burkitt, Fragments of the books of Kings according to the translation of Aquila (1897); C. Taylor, Hebrew-Greek Cairo Genizah palimpsests from the Taylor-Schechter collection (1900).

[4] H. J. Schoeps, Aus frühchristlicher Zeit (1950), S. 82ff., hat ebionitische Theologumena, griechische Bildung und Abhängigkeit von der rabbinischen Exegese bei Symmachus nachgewiesen. Danach ist kein Zweifel, daß Symmachus ebionitischer Christ war. Vgl. auch A. v. Harnack, Geschichte der altchristlichen Lit. II, 2 (1904), S. 164ff., und H. J. Schoeps, Theol. und Gesch. des Judenchristentums (1949), S. 33ff.

[5] D. Barthélemy, Les devanciers d'Aquila (1963), S. 144ff. möchte Theodotion mit dem in der ersten Hälfte des 1. Jahrhunderts n. Chr. lebenden Jonathan ben ʿUzziel identifizieren und damit zu einem Vorgänger Aquilas machen.

sondern revidierte eine griechische Übersetzung nach dem hebräischen Text. Ob diese ihm vorliegende Übersetzung 𝔊 war, ist umstritten. Rahlfs bejaht es. Das Problem liegt darin, daß sich «Theodotionische» Lesarten in Texten finden, die älter sind als Theodotion (Neues Testament, Barnabas, Clemens, Hermas). Kenyon und Kahle nehmen deshalb an, daß Theodotion eine von 𝔊 zu unterscheidende ältere Übersetzung revidiert habe, die, einst viel benützt, bis auf einige altkirchliche Zitate untergegangen sei. Die bisherige Annahme, Theodotions Übersetzung habe im Buche Daniel in fast allen Handschriften die 𝔊-Übersetzung verdrängt, bedarf nach der Untersuchung von A. Schmitt[1] insofern einer Revision, als der sogenannte «θ»-Text bei Daniel wahrscheinlich nicht auf Theodotion zurückzuführen ist[2].

In alten Handschriften werden diese drei jüngeren Übersetzer auch zusammengefaßt zitiert als (οι) γ′ = οἱ τρεῖς (ἑρμηνευταί) oder als (οι) λ′= ⟨οι γ′⟩
οἱ λοιποί (ἑρμηνευταί).[3] Diese Sigla werden auch in BHS verwendet. ⟨οι λ′⟩

Neben diesen drei Übersetzungen, die auch stark auf die Septuaginta-Überlieferung eingewirkt haben, machte Origenes bei seinem gleich zu besprechenden großen wissenschaftlichen Unternehmen noch andere, uns nur wenig bekannte ausfindig, die sog. *Quinta* (E′ ⟨ε′⟩)[4], *Sexta* und E′ ⟨ε′⟩
Septima. «Das Vorhandensein so vieler verschiedener griechischer Bibeltexte unter den Juden der damaligen Zeit zeigt mit aller Deutlichkeit, wie groß bei den Juden das Bedürfnis nach modernen griechischen Bibelübersetzungen gewesen ist, wie wenig alte, vor Jahrhunderten angefertigte Übersetzungen den Anforderungen der Zeit entsprechen konnten.»[5]

[1] A. Schmitt, Stammt der sogenannte «Θ»-Text bei Daniel wirklich von Theodotion? NAG I. Phil.-hist. Klasse, Jahrgang 1966, Nr. 8.

[2] Der 1952 gefundene griechische Text der Kleinen Propheten (vgl. S. 178f.) weist zahlreiche Lesarten von Aquila, Symmachus und Theodotion auf, obwohl er älter ist als diese. D. Barthélemy, Les devanciers d'Aquila (1963), möchte in ihm eine A und Σ gemeinsame Grundlage sehen, die vielleicht auf Jonathan ben ʿUzziel (s. S. 56 Anm. 5) zurückgeht, und jene als «surrecenseurs» dieser alten palästinischen Rezension verstehen. Doch darf nicht übersehen werden, daß es auch sonst zahlreiche Texte gab, die eine Angleichung an das hebräische Original versuchten. Eine endgültige Stellungnahme zu den z. T. weitreichenden Thesen B.s ist noch nicht möglich. Vgl. auch die beiden folgenden Anmerkungen.

[3] J. Ziegler, Duodecim Prophetae (1943), S. 108. 72

[4] D. Barthélemy, RB 60 (1953), S. 29, Les devanciers d'Aquila, S. 215ff. möchte mit ihr den Text identifizieren, der in der Lederrolle mit dem griechischen Text der Kleinen Propheten bezeugt wird. In der Tat kann er einige frappierende Beispiele beibringen, in denen das griechische Dodekapropheton mit den von Hieronymus zitierten Lesarten der Quinta zusammengeht.

[5] P. Kahle, ThLZ 79 (1954), Sp. 90.

Hex, hex *5. Die Hexapla des Origenes.* So viele Übersetzungen nebeneinander
Orig und neben dem Urtext mußten verwirrend wirken, besonders auch in den Diskussionen mit den Juden. Eine Klärung sollte hier die Hexapla bringen, das gewaltige Werk, das der alexandrinische Theologe Origenes etwa zwischen 230 und 240 nach Christus schuf. Als Hauptzweck seines Unternehmens gab Origenes an, daß er die christlichen Theologen ausrüsten wollte für ihre Diskussionen mit den auf den Urtext sich berufenden Juden. Ob er eine wirkliche Einsicht in die textliche Problematik von 𝔊 gehabt und sich nur mit Rücksicht auf ihr kirchliches Ansehen in seinen Äußerungen zurückgehalten hat, wie man immer wieder liest, ist nicht so sicher. Vielleicht hielt er doch auch 𝔊 für inspiriert.

Origenes stellte folgende Texte in sechs Kolumnen nebeneinander:
𝔥o ⟨o εβρ′⟩ 1) den hebräischen Text (𝔥o ⟨o εβρ′⟩); 2) den hebräischen Text in griechischer Umschrift[1]; 3) Aquila; 4) Symmachus; 5) Septuaginta; 6) Theodotion. Nach dem Bericht des Eusebius fügte Origenes in den Psalmen noch eine fünfte, sechste und siebente Übersetzung (vgl. oben) bei. Der hebräische Text steht als Urtext voraus, die Reihenfolge der Übersetzungen entspricht ihrem Verhältnis zum Urtext, weshalb die Aquilas als wörtlichste zuerst aufgeführt wird. Das Hauptinteresse des Alexandriners richtete sich darauf, 𝔊 mit Hilfe der anderen, wörtlicheren Übersetzungen dem hebräischen Original anzugleichen[2]. Dabei bediente er sich der nach dem großen Textkritiker Aristarch (217–145 vor Christus) genannten Zeichen, die in der alexandrinischen Philologie gebräuchlich waren: Obelos (–, ⁻, ÷), Metobelos (/., ·/., ↙) und Asteriskos (※). Sie wurden in folgender Weise angewandt:

c ob a) Worte von 𝔊, die im Urtext fehlen, also streng genommen zu streichen gewesen wären, wurden eingeklammert durch Obelos und Metobelos: ÷εἰς φαῦσιν τῆς γῆς↙ Gn 1,14.

[1] Zum Problem des Transkriptionstextes, der von Origenes nicht geschaffen, sondern übernommen wurde, vgl. P. Kahle, JBL 79 (1960), S. 113ff.; S. Jellicoe, The Septuagint and modern Study (1968), S. 106ff.

[2] Die Tendenz zu solcher Angleichung läßt sich schon vor Origenes beobachten; vgl. Sanders-Schmidt, The Minor Prophets in the Freer Collection and the Berlin Fragment of Genesis (1927), S. 25ff., 265; J. Ziegler, Duodecim Prophetae (1943), S. 33f.; derselbe, ZAW 61 (1945/48), S. 76ff. (s. unten S. 180); P. Katz, Frühe hebraisierende Rezensionen der LXX, ZAW 69 (1957), S. 77–84. Besonders stark hat P. Kahle betont, daß diese Tendenz schon in vorchristlicher Zeit vorhanden war und daß Origenes «die Arbeit der Juden aus den vorhergehenden Jahrhunderten beim Bibeltext der Christen fortgesetzt» hat, ThLZ 79 (1954), Sp. 88. D. Barthélemy, Les devanciers d'Aquila (1963), S. IX, spricht von einer «entreprise cohérente de traduction et de recension grecque de la Bible», die im 1. Jahrhundert n. Chr. unter dem Einfluß des Rabbinats in Palästina vor sich ging.

b) Worte des Urtextes, die in $\mathfrak{G}$ fehlten, wurden aus einer anderen Übersetzung in die $\mathfrak{G}$-Kolumne eingesetzt, aber durch Asteriskos und Metobelos eingeklammert: ※καὶ ἐγένετο οὕτως↙ Gn 1,7[1].

Jedoch hat Origenes auch in den $\mathfrak{G}$-Text eingegriffen, ohne dies kenntlich zu machen. Die Gestalt, die er $\mathfrak{G}$ in der 5. Kolumne der Hexapla gegeben hat, nennt man die hexaplarische Rezension: $\mathfrak{G}^{h}$ ⟨$\mathfrak{G}^{o}$⟩. Sie war schon bald von außerordentlichem Einfluß auf die Handschriften. Hieronymus schreibt: «vix enim unus aut alter invenietur liber, qui ista (i. e. additamenta hexaplaria) non habeat.»

Von der äußeren Anlage der Hexapla vermitteln uns die *Mailänder Fragmente (Codex rescriptus Bybliothecae Ambrosianae O 39 sup.)*, die Mercati 1895 entdeckte, eine genaue Vorstellung. Es handelt sich um ein Palimpsest, das in seiner unteren Schrift (Minuskel aus dem 9. bis 11. Jahrhundert) eine exegetische Kompilation enthält: an der Spitze steht jeweils ein ganzer Psalm in der Kolumnenform der Hexapla, dann folgt der in durchlaufenden Zeilen geschriebene Septuaginta-Text des betreffenden Psalms mit anschließender Catene (s. S. 63). Auf diese Weise sind etwa 150 Verse des Hexapla-Psalters erhalten geblieben. Die erste Kolumne mit dem hebräischen Text ist jedoch weggelassen, und die sechste Kolumne bietet nicht, wie zu erwarten wäre, den Text des Theodotion, sondern der Quinta. Die Septuaginta-Kolumne enthält keine aristarchischen Zeichen (vgl. Anm. 1). Das in diesem Palimpsest gebotene einzigartige Material ist nicht nur von großer Bedeutung für die Erforschung der griechischen Übersetzungen, sondern auch für die Geschichte der hebräischen Sprache, läßt doch die zweite Kolumne (in dieser Handschrift die erste) mit der Transliteration des hebräischen Textes eine Aussprache des Hebräischen erkennen, die Jahrhunderte älter ist als die tiberische[2].

[1] Neuerdings hat P. Kahle, JBL 79 (1960), S. 115f. aus dem Fehlen der aristarchischen Zeichen in den Mailänder Hexapla-Fragmenten (s. unten) geschlossen, daß weder in der Hexapla noch in der Tetrapla die Septuaginta-Kolumne diakritische Zeichen enthielt; vielmehr habe die Hexapla mit ihrer Sammlung bedeutender jüdischer Bibeltexte lediglich die Grundlage für die textkritische Arbeit des Origenes gebildet.

[2] Veröffentlicht als Band VIII der Codices ex ecclesiasticis Italiae bybliothecis delecti phototypice expressi unter dem Titel: Psalterii Hexapli Reliquiae, cura et studio Johannis Card. Mercati editae. Erschienen ist 1958 der erste Band, der nach einer Einleitung die Fragmente in Lichtdrucktafeln und Umschrift wiedergibt, 1965 ein weiterer Band «Osservazioni, Commento critico al Testo dei Frammenti Esaplari»; ein Band mit Fragmenten (aus indirekter Überlieferung) anderer Handschriften soll folgen. – Abbildung auf Tafel 34.

Neben der Hexapla hat Origenes ein zweites Werk geschaffen, die *Tetrapla*, die nur die vier griechischen Übersetzungen enthielt. Ob die Tetrapla eine spätere, verkürzte Auflage der Hexapla war (so die gewöhnliche Auffassung) oder eine Vorläuferin derselben (so Procksch[1]), ist nicht sicher.

Beide Werke waren von riesigem Umfang – die Hexapla umfaßte etwa 6000 Blätter in 50 Bänden – und wurden in ihrer Gesamtheit kaum viel abgeschrieben. Die Urschrift befand sich in Caesarea Palaestinae und wird dort dem islamischen Eroberungszug zum Opfer gefallen sein. Glücklicherweise ist der hexaplarische $\mathfrak{G}$-Text, für dessen Verbreitung sich Pamphilus und Eusebius tatkräftig einsetzten, oft abgeschrieben worden. Eine authentische Handschrift der hexaplarischen Septuaginta ist uns jedoch nicht erhalten geblieben, wohl aber gibt es Handschriften, die dem Text des Origenes mehr oder weniger nahe stehen. In den einzelnen Büchern liegen die Verhältnisse sehr verschieden. Wichtige Zeugen sind der Codex *Colberto-Sarravianus* (G) (Tafel 35) aus dem 4. oder 5. Jahrhundert, der auch die aristarchischen Zeichen überliefert, und einige Minuskeln. Sehr wertvoll ist die syrische Übersetzung von $\mathfrak{G}^h$ ⟨$\mathfrak{G}^o$⟩, die der Bischof Paul von Tella 616/17 mit größter Worttreue angefertigt hat, die sogenannte
$\mathfrak{S}^h$ ⟨Syh⟩ *Syrohexaplaris* ($\mathfrak{S}^h$ ⟨Syh⟩) (Tafel 37). In ihr sind auch die aristarchischen Zeichen übernommen. Erhalten ist diese Übersetzung u. a. in dem Codex *Ambrosianus Syrohexaplaris* in Mailand aus dem 9. Jahrhundert, der Propheten und Hagiographen umfaßt[2]. Neben diesen zur hexaplarischen Textfamilie gehörenden Handschriften sind einige, die zu anderen Textfamilien zählen, dadurch für die Herstellung des Origenestextes bedeutsam, daß sie am Rande hexaplarische Lesarten notieren. Unter den Majuskeln kommen in Betracht der Codex *Coislinianus* (M) und der Codex *Marchalianus* (Q) (Tafel 36). Eine Zusammenfassung des zu seiner Zeit bekannten hexaplarischen Materials bot *F. Field*, Origenis Hexaplorum quae supersunt (1875; Neudruck 1964). Über einen neuen Fund hexa-

[1] ZAW N. F. 12 (1935), S. 240ff.

[2] Photographische Ausgabe durch A. M. Ceriani, Monumenta Sacra et Profana VII (1874). Andere syro-hexaplarische Texte wurden veröffentlicht durch P. A. de Lagarde, Bibliothecae Syriacae ... (1892) und W. Baars, New syro-hexaplaric Texts, edited, commented upon and compared with the Septuagint, Leiden (1968). – Der Text des Psalters ist jedoch in der Syrohexaplaris nicht hexaplarisch, vgl. Rahlfs, Psalmi cum Odis (1931), S. 52.

plarischer Stücke zu Jes berichtet A. Möhle, ZAW N. F. 11 (1934), S. 176ff.

6. Andere Rezensionen der Septuaginta. Origenes war nicht der einzige, der $\mathfrak{G}$ überarbeitet hat. Hieronymus weiß um 400 in seinem Vorwort zur Chronik von *drei* Rezensionen zu berichten: «Alexandria et Aegyptus in Septuaginta suis *Hesychium* laudat auctorem; Constantinopolis usque Antiochiam *Luciani* martyris exemplaria probat. Mediae inter has provinciae Palaestinos codices legunt, quos ab *Origene* elaboratos Eusebius et Pamphilus vulgaverunt; totusque orbis hac inter se trifaria varietate compugnat.» Danach hätten in der alten Kirche die verschiedenen Provinzen ihren besonderen Bibeltext gehabt – vergleichbar unseren Verhältnissen in der Textgestalt der Kirchenlieder. Man wird freilich aus den Worten des Hieronymus wohl nicht schließen dürfen, daß es *nur* diese drei Rezensionen gegeben habe und daß Hesychius und Lukian irgendwo absolut herrschend gewesen seien[1].

Lukian war ein Presbyter aus Antiochien und starb 312 den Märtyrertod; *Hesychius* ist vielleicht identisch mit dem in der diokletianischen Verfolgung getöteten Bischof. Während die lukianische Rezension ($\mathfrak{G}^{Luc}$ $\mathfrak{G}^{Luc}$
$\langle\mathfrak{G}^{L}\rangle$) auch sonst erwähnt wird, hören wir von der hesychianischen an $\langle\mathfrak{G}^{L}\rangle$
keiner anderen Stelle: sie ist für uns zu blaß und kaum greifbar, auch zeitlich nicht einreihbar[2]. Für die lukianische Rezension läßt sich ein einheitliches Prinzip nicht angeben. Ziegler hat sie für Jesaja und Dodekapropheton so charakterisiert: «Lukian hat aus der hexaplarischen Rezension geschöpft, ohne jedoch eine genaue Angleichung an $\mathfrak{M}$ erzielen zu wollen. Die Verbesserungen nach $\mathfrak{M}$ (auf dem Umweg der hexaplarischen Rezension, namentlich der jüngeren Übersetzer) sind zahlenmäßig und auch inhaltlich gering. Viel wichtiger sind für Lukian die Gesetze der griechischen Grammatik und Stilistik; deshalb gehören auch die meisten Verbesserungen diesem Gebiet an.»[3] Chrysostomus und Theodoret von Kyros bezeugen in ihren Bibelzitaten den lukianischen Text, der im übrigen in

[1] H. Dörrie, ZNW 39 (1940), S. 69.

[2] J. Ziegler, Isaias (1939), S. 23; R. Hanhart, Esther (1966), S. 98f. Zur Diskussion um die hesychianische Rezension vgl. S. Jellicoe, The Septuagint and modern Study (1968), S. 146–156 und J. W. Wevers, ThR 33 (1968), S. 37f., der von «dieser Schattengestalt», «dieser Traumfigur» spricht.

[3] J. Ziegler, Duodecim prophetae (1943), S. 89.

zahlreichen Minuskeln begegnet[1]. – Neben der lukianischen Hauptgruppe ⟨$\mathfrak{G}^{L}$⟩ unterscheidet man die in einigen Handschriften vertretenen Unter-
⟨$\mathfrak{G}^{I}$; $\mathfrak{G}^{II}$⟩ gruppen ⟨$\mathfrak{G}^{I}$⟩ und ⟨$\mathfrak{G}^{II}$⟩.[2]

Die genannten Rezensionen bedeuteten keine Endphase in der Geschichte des 𝔊-Textes, die Entwicklung ging weiter. Die rezensierten Texte flossen wieder mit anderen zusammen, wirkten auch aufeinander ein. Das Ergebnis waren mehr oder weniger gemischte Texte in allen überlieferten Handschriften. Da Handschriften aus verschiedenen Vorlagen kopiert werden konnten, konnte es geschehen, daß eine einzige Handschrift verschiedenen Rezensionen folgte. Das hat die Septuaginta-Forscher gelegentlich irregeführt. Als Lagarde 1883 den lukianischen Text von Genesis
$\mathfrak{G}^{L}$ bis Ruth (in BHK: $\mathfrak{G}^{L}$) herausgeben wollte[3], stützte er sich auf die von den Samuelisbüchern an deutlich lukianischen Handschriften 19 und 108, in der sicheren Annahme, daß auch der Text der vorhergehenden Bücher lukianisch sei. Später konnte Rahlfs zeigen, daß die betreffenden Handschriften von Genesis bis Ruth 4,10 gar nicht der Rezension Lukians, sondern einer anderen Textform folgen. «Also ist auch Lagardes angeblicher Lukiantext von Gn–Ru 4,10 in Wirklichkeit gar nicht lukianisch; bloß die letzten 12 Verse des Buches Ru (4,11-22) sind infolge eines Wechsels der Textform in 19. 108 und somit auch in Lagardes Ausgabe wirklich lukianisch.»[4]

7. Lagardes Programm. Aus dem Gesagten ergibt sich, daß die Überlieferungsgeschichte von 𝔊 außerordentlich verwickelt ist. Keine der ver-

[1] P. Kahle, ThLZ 79 (1954), Sp. 83ff., hat auf mehrere ältere Texte hingewiesen, die «lukianische» Lesarten enthalten (u. a. John Rylands Papyrus Greek 458, Justinus Martyr, Philo, Josephus) und kommt zu dem Ergebnis: «Textgestalten der griechischen Bibel, die Lukian für seine Revision benutzt hat, müssen also in den ersten Jahrhunderten nach Christus weit verbreitet gewesen sein» (Sp. 85), ja durch John Rylands Greek 458 und die 1952 gefundene Lederrolle mit dem griechischen Text der Kleinen Propheten ist «das Vorhandensein von Lukian nahestehenden Textgestalten ... für die vorchristliche Zeit mit Sicherheit erwiesen» (Sp. 86). – Zur Geschichte des lukianischen Textes, die «ständig verwickelter zu werden» scheint, vgl. auch J. W. Wevers, ThR N. F. 22 (1954), S. 98ff. Kritisch äußert sich zur Existenz einer «lukianischen Rezension» Barthélemy, Les devanciers d'Aquila (1963), S. 127. Es handle sich um den «antiochenischen Text», im wesentlichen um «die alte Septuaginta, mehr oder weniger entartet und verderbt».

[2] Vgl. J. Ziegler, Isaias (1939), S. 74ff.; Duodecim Prophetae (1943), S. 74ff; Ezechiel (1952), S. 45f.

[3] Librorum Vet. Test. canonicorum pars prior graece (1883).

[4] A. Rahlfs, Paul de Lagardes wissenschaftliches Lebenswerk im Rahmen einer Geschichte seines Lebens dargestellt. Mitt. d. Sept.-Unternehmens d. Ges. d. Wiss. zu Göttingen 4,1 (1928), S. 77.

schiedenen überlieferten Textformen hat die Urgestalt der Übersetzung bewahrt. Können wir nun über die Mannigfaltigkeit der vorhandenen Textformen zurückgelangen zu einer vorauszusetzenden Einheit, zu der «Ur-Septuaginta»? *Paul de Lagarde* (1827–1891), der sich im letzten Jahrhundert die größten Verdienste um die Septuaginta-Forschung erwarb, hat ihr auch ein scharf umrissenes Programm gegeben: «Es ist Jahre hindurch meine Absicht gewesen, die drei durch Hieronymus uns bezeugten amtlichen Recensionen der Septuaginta herzustellen, sie in Parallel-Columnen drucken zu heißen, und aus der Vergleichung dieser drei Texte Weiteres zu erschließen.»[1] Lagarde stellte also die Forderung auf, die Septuaginta-Handschriften zu klassifizieren und mit Hilfe von Kirchenväter-Zitaten und anderen Kriterien auf die einzelnen Rezensionen aufzuteilen. Von hier wäre dann weiter zurückzugehen auf den Urtext zu, wobei der dem masoretischen Text fernste Text als der ursprüngliche zu gelten habe.

Zur Lösung dieser Aufgabe ist sehr viel getan worden, vor allem im Rahmen des Septuaginta-Unternehmens der Göttinger Gesellschaft der Wissenschaften unter der verdienstvollen Leitung von A. Rahlfs (1865 bis 1935). Indes ließ sich das von Lagarde gesteckte Ziel nicht erreichen. Daß die hesychianische Rezension für uns nicht greifbar ist, wurde schon erwähnt. Aber auch sonst zwang das gegebene Material zu einer Modifizierung der Lagardeschen Grundsätze. Da die Probleme in jedem Buch gesondert liegen, seien hier zwei Beispiele angeführt.

a) In seiner Ausgabe der Genesis (Stuttgart 1926) unterscheidet Rahlfs zwei große Gruppen (Origenes und den Catenentext[2]), sechs kleinere Gruppen und daneben eine Minuskel-Handschrift mit dem Lukiantext. In keiner Gruppe unterzubringen waren sieben Majuskeln und mehrere Minuskeln.

b) In dem von Ziegler herausgegebenen Isaias (Göttingen 1939) wird das vorhandene Material auf folgende vier Gruppen verteilt: I. Der alexandrinische Text, vertreten durch Alexandrinus, Marchalianus, Minuskel-Handschriften, Cyrill von Alexandrien[3] u. a. Diese Gruppe hat am besten

[1] P. de Lagarde, Septuagintastudien, Abhandl. d. Göttinger Ges. d. Wiss. 37 (1891), S. 3.

[2] Catenen nennt man die «Kettenkommentare» (Tafel 38) (seit dem 6. Jahrhundert), in denen Bibelauslegungen verschiedener Kirchenväter zusammengestellt sind. Die Catenen-Handschriften bieten eine eigene, jüngere Rezension des Bibeltextes, die auch in andere Handschriften (unter Weglassung der Catene) übernommen wurde.

[3] Cyrill, 412–444 Patriarch von Alexandrien, ist durch seine Kommentare zu mehreren Büchern des Alten Testaments ein wichtiger Zeuge des alexandrinischen Textes (zitiert in BHK $\mathfrak{G}^{Cyr}$). $\mathfrak{G}^{Cyr}$

den ursprünglichen 𝔊-Text bewahrt, ist aber doch auch sekundär beeinflußt, besonders durch die Rezensionen (namentlich $\mathfrak{G}^{h}$ ⟨$\mathfrak{G}^{o}$⟩). – II. Die hexaplarische Rezension, bezeugt durch den Vaticanus, Venetus, die Syrohexaplaris, Minuskeln und die Kirchenväter Eusebius von Caesarea, Basilius den Großen und Hieronymus. – III. Die Rezension des Lukian läßt sich nachweisen in einer Hauptgruppe von fünf Minuskeln und mehreren Untergruppen, sowie in den Kommentaren des Theodoret und des (Pseudo-)Chrysostomus, der sich ausdrücklich und warm für die lukianische Rezension gegen Angriffe aus Palästina einsetzt. – IV. Die Catenengruppe.

Aus den beiden Beispielen geht hervor, daß das überlieferte Material viel mannigfaltiger ist, als dies Lagarde in seinem Programm voraussetzte. Aber es läßt sich gliedern (in der Gn freilich nur in beschränktem Maße!): wenn auch nicht nach den drei klassischen Rezensionen, so doch nach Textgruppen, deren Vergleichung auf einen älteren Text zurückführt. Insofern könnte man sagen, daß das Lagardesche Programm sich in seinem Kern als gerechtfertigt erwiesen habe, nur eben modifiziert werden müsse[1].

8. Die These Paul Kahles. Aber wird das Bild vom Werden und Wesen der Septuaginta, das Lagarde und die in seinen Bahnen wandelnden Forscher geleitet hat, dem tatsächlichen Befund gerecht? Wird hier nicht eine Übersetzung, für die besondere Gesetze gelten, nach Analogie eines Originaltextes verstanden? Es ist besonders P. Kahle gewesen, der diese Frage wiederholt aufgeworfen und Lagardes Programm energisch in Frage gestellt hat, am eingehendsten und unter Heranziehung eines reichen Materials in den Schweich Lectures 1941[2]. Wir müssen über die dort gemachten Ausführungen etwas eingehender berichten, weil sie an ein Kernproblem der Septuaginta-Forschung rühren und diese, wenn sie sich als richtig erweisen, auf ganz neue Bahnen führen müssen.

Kahle geht von einer neuen Interpretation des Aristeasbriefes aus. Auch er hält ihn für legendär. Aber man muß fragen: wozu wurde er geschrieben? Er handelt von einer Thora-Übersetzung, die von der jüdischen Gemeinde in Alexandrien als autoritativ angesehen wurde. «Es kann kein

[1] Vgl. dazu H. Dörrie, ZNW 39 (1940), S. 57ff. und P. Katz, ThZ 5 (1949), S. 1ff.; Ders., Septuagintal Studies in the Midcentury. Their Links with the Past and their present Tendencies, Dodd-Festschrift (1956), S. 176–208.

[2] P. Kahle, The Cairo Geniza (1947), S. 132–179 (^{2}1959, S. 209–264; dt. S. 222–279); eine Zusammenfassung der dortigen Ergebnisse gab Kahle in der Festschrift O. Eißfeldt (1947), S. 161–180. Die Grundthese findet sich schon Theol. Stud. u. Krit. 88 (1915), S. 410ff.

Zweifel sein, daß der Brief als Propaganda für diese Standard-Übersetzung geschrieben wurde» (S. 134; 2. Aufl. S. 211). Daß diese Übersetzung nicht die erste war, läßt der Brief selber erkennen, erwähnt er doch (§§ 314 bis 316) ältere, aber unzuverlässige Übersetzungen. Für die im griechischen Sprachgebiet lebenden Juden waren Übersetzungen ins Griechische so nötig wie die aramäischen Targume für ihre Brüder in Palästina (vgl. S. 80f.). Die ersten Versuche werden bis in die Zeit um 300 vor Christus zurückgehen und kaum sehr vollkommen gewesen sein, so daß immer wieder an ihnen geändert wurde. So entstand der Wunsch und das Bedürfnis nach einem zuverlässigen und verbindlichen griechischen Text, der im Auftrag der jüdischen Gemeinde von Alexandrien durch eine Kommission festgestellt wurde[1]. «Es ist diese revidierte Übersetzung, mit der sich der Aristeasbrief beschäftigt» (S. 137). Da er nach neuerer Ansicht um 100 vor Christus oder etwas früher geschrieben wurde, müssen wir auch die Entstehung des Standardtextes (nur für die Thora!) in diese Zeit setzen.

Diesem Standardtext gelang es jedoch nicht, sich sofort und ausschließlich durchzusetzen – so wenig das in parallelen Fällen geschah. Andere Übersetzungen blieben in Umlauf, und auf ihre Spuren stoßen wir in den alttestamentlichen Zitaten des Philo, des Josephus, des Neuen Testaments[2] und in anderen Texten, so sehr auch das ursprüngliche Bild teilweise durch spätere Korrekturen nach 𝔊 übermalt worden ist. Auch wenn im Buch der Richter der Kodex Alexandrinus und der Kodex Vaticanus so weit auseinandergehen, daß selbst Lagarde von zwei verschiedenen Übersetzungen sprach, erklärt sich dies so, daß wir hier zwei Formen eines alttestamentlichen Targums vorliegen haben.

Außerhalb der Thora, seinem eigentlichen Kanon, machte das Judentum, soweit wir wissen, keinen Versuch, zu einem Standardtext zu gelangen. Und auch diesen Standardtext, seine «Septuaginta», gab es im 2. Jahrhundert völlig auf und ersetzte ihn durch neue Übersetzungen (vgl. S. 55ff.), die sich eng an den autoritativ festgestellten hebräischen Text anschlossen. Dieser selbst war für das Judentum letzte maßgebende Instanz.

Die christliche Kirche aber brauchte bald einen *griechischen* Standardtext der Bibel. Sie gelangte zu ihm dadurch, daß sie nach einer Übergangszeit, in der verschiedene, von den Juden übernommene Übersetzungen

[1] Es ist wahrscheinlich, daß diese Kommission auf der Insel Pharos tagte. Philo berichtet (de Vita Mosis II,5–7), daß dort alljährlich ein Fest zur Erinnerung an die Vollendung der Septuaginta gefeiert wurde.

[2] Besonders abweichend vom 𝔊-Text wird Jes 42,1-4 in Matth 12,18-20 zitiert.

nebeneinander gebraucht wurden, nur noch eine derselben weitertradierte, die übrigen aber in Vergessenheit geraten ließ. Auf diesen Text des *ganzen* Alten Testaments, der als Sammlung verschiedener Übersetzungen freilich kein einheitliches Gepräge zeigen konnte, wurde im 2. Jahrhundert nach Christus der Name «Septuaginta» mit all dem Nimbus, den er einschloß, übertragen. «Die in der Kirche überlieferten Handschriften führen uns im besten Falle zu einem in der Kirche gebrauchten Standardtext, der aber sich auch erst im Laufe der Zeit durchgesetzt hat und nicht am Anfang der Entwicklung steht.»[1]

Kahle beurteilt also, so kann man seine Anschauung kurz charakterisieren, 𝔊 nach Analogie des aramäischen Targums. Wie dort die Einheit nicht am Beginn steht, sondern nach jahrhundertelanger, von anonymen Kreisen getragener Entwicklung erstrebt wird, so ist es auch bei 𝔊, dem griechischen Targum. Von da aus unterscheidet sich Kahles Programm der Septuaginta-Forschung wesentlich von dem Lagardes und seiner Nachfolger: «Die Aufgabe, die die Wissenschaft hier zu leisten hat, besteht nicht in der Rekonstruktion eines imaginären Urtextes dieser Übersetzung oder im Streben danach, sondern in der sorgfältigen Sammlung und Untersuchung aller Reste und Spuren älterer Formen der griechischen Bibel, deren wir habhaft werden können. Erst dadurch werden wir instand gesetzt werden, ein wirkliches Bild von der griechischen Bibel des Alten Testaments zu gewinnen.»[2] Anläßlich des Fundes der Lederrolle mit dem griechischen Text der Kleinen Propheten (s. S. 178f.) hat P. Kahle nochmals das ältere Material, vorwiegend jüdischer Herkunft, untersucht. Er bemerkt dazu: «Man begeht einen Fehler, wenn man in diesen Texten normative feststehende Bibelübersetzungen zu sehen versucht. Man wird ihnen nur gerecht, wenn man in ihnen Formen eines griechischen Targums sieht, die, ähnlich wie das bei den aramäischen Targumen der älteren Zeit der Fall gewesen ist, in sehr verschiedenen Fassungen umliefen, die das Bestreben hatten, dem hebräischen Original immer mehr angeglichen zu werden, und die sich gegenseitig mannigfach beeinflußt haben. Daß die Verhältnisse hier so liegen, würde sehr viel klarer hervortreten, wenn wir mehr griechische Bibeltexte hätten, die von Juden herrührten!»[3]

Es kann hier nicht unsere Aufgabe sein, das von Kahle vorgelegte Material zu prüfen und die Frage zu entscheiden, ob es in seiner Gesamtheit

[1] P. Kahle, Festschrift O. Eißfeldt, S. 177.
[2] Ebenda, S. 180.
[3] ThLZ 79 (1954), Sp. 89f.

in seinem Sinne interpretiert werden kann oder muß. T. W. Manson, der Herausgeber der Cambridger Septuaginta, hat ihm zugestimmt[1], P. Katz ihm energisch widersprochen[2]. Auch neuere Funde haben die Frage nicht entscheiden können. So sieht P. Kahle in der griechischen Dodekapropheton-Rolle von 1952 eine Bestätigung seiner Anschauung (s. oben), während Barthélemy und Cross sie im entgegengesetzten Sinne deuten[3]. Mit Recht hat Eißfeldt auf die Schwierigkeit einer Entscheidung angesichts des Umfangs, der Sprödigkeit und Vieldeutigkeit des Materials hingewiesen[4]. Hinsichtlich der erwähnten griechischen Dodekapropheton-Rolle wird man mit der Mehrheit derer, die sich mit ihr befaßt haben, sagen müssen, daß sie für Kahles These nicht in Anspruch genommen werden kann. J. W. Wevers hat z. B. an dem fast vollständig erhaltenen Text von Hab 2,6 anschaulich gemacht: «Daß der Text eine Revision auf Grund des hebräischen Textes darstellt, ist klar, da die Änderungen in Richtung auf eine mehr wörtliche Übersetzung gehen ... Doch ebenso ist klar, daß der Überarbeiter auf LXX-Grundlage fußt»[5]. Seine, vielleicht doch zu sehr verallgemeinernde, Folgerung lautet: «Unser Text sollte nun ein für allemal Kahles Theorie von den ‹vielen Übersetzungen› begraben. Hier ist ein Text, der offensichtlich jüdisch ist und der ebenso offensichtlich zeigt, daß er eine Revision des sogenannten ‹christlichen› LXX-Textes ist»[6]. – Theoretisch spricht zwar vieles für die von Kahle angestellte Erwägung: «Wer einen Dialog des Plato herausgeben will, muß gewiß da-

[1] Dominican Studies 2 (1949), S. 183ff.

[2] ThZ 5 (1949), S. 1ff.; derselbe, Philo's Bible. The aberrant Text of Bible Quotations in some Philonic Writings and its Place in the Textual History of the Greek Bible (1950). Während Kahle in den von dem gewöhnlichen Septuagintatext abweichenden Bibelzitaten in Philonischen Schriften Reste einer alten jüdischen, von Philo selber benützten Übersetzung sieht, glaubt Katz, jene Zitate auf eine späte, von Aquila beeinflußte Rezension der Septuaginta zurückführen zu sollen, die in einem Teil der Philohandschriften an Stelle des ursprünglichen Septuagintatextes trat. Vgl dazu die Besprechung von G. D. Kilpatrick, der zu dem Urteil kommt: «Während also Dr. Katz einen bedeutenden Beitrag zu dem Studium von Philo's Text geleistet hat, hat er uns nicht überzeugt, daß der abweichende Text eine Rezension der Septuaginta darstellt, und nicht das Überbleibsel einer besonderen Übersetzung. Die Frage bleibt offen» (JTS N. S. 2 [1951], S. 89).

[3] D. Barthélemy, RB 60 (1953), S. 18ff.; Ders., Les devanciers d'Aquila (1963); F. M. Cross, ALQ, S. 170f. ABQ, S. 163.

[4] Einleitung in das AT ([3]1964), S. 962f. – Vgl. auch G. Zuntz, ZAW 68 (1956), S. 182: «Die Lage des Problems ist gewiß in verschiedenen Büchern verschieden; zum mindesten mehr oder weniger kompliziert.»

[5] J. W. Wevers, ThR 33 (1968), S. 68.

[6] Ebenda, S. 67f.

nach streben, dem von Plato geschriebenen Original, dem Urtext, möglichst nahe zu kommen. Kann man von einem solchen Original, von einem Urtext, bei einer Bibelübersetzung sprechen?»[1] Aber seine These hat sich bisher nicht zweifelsfrei an Texten verifizieren lassen. Seine Forderung, alle Reste und Spuren älterer Formen der griechischen Bibel sorgfältig zu sammeln und zu untersuchen, bleibt bestehen.

9. Die Septuaginta und der hebräische Text. Keine andere Übersetzung hat in der textkritischen Arbeit so viel Beachtung gefunden wie 𝔊, die nicht nur im Altertum hoch geschätzt war, sondern auch im 19. Jahrhundert von manchen Gelehrten praktisch über 𝔐 gestellt wurde. Da sie in vorchristliche Zeit zurückreicht, glaubte man, mit ihrer Hilfe einen älteren, vormasoretischen Text rekonstruieren zu können, der dem ursprünglichen Text näher stehe als 𝔐. Wir sehen jedoch heute, daß 𝔊 nicht einfach eine philologisch getreue Übersetzung ist oder sein will. Vielerlei Faktoren und Motive haben bei ihrer Gestaltung eine Rolle gespielt. Ein unkritisches Arbeiten mit ihr, bei dem dies nicht genügend in Rechnung gestellt wird, muß zu irreführenden Ergebnissen führen. Wir weisen deshalb im Folgenden auf einige wesentliche Gesichtspunkte hin, wobei noch einmal daran erinnert sei, daß 𝔊 in den einzelnen Büchern so verschiedenartig ist, daß verallgemeinernde Aussagen nur mit einem gewissen Vorbehalt gewagt werden können.

a) Ist man zunächst versucht, 𝔊 als älteren Textzeugen 𝔐 vorzuziehen, so muß sofort daran erinnert werden, wie uneinheitlich sie uns überliefert ist. Während offenbar 𝔐 in seinem Konsonantenbestand vom 2. Jahrhundert ab sehr konstant geblieben ist, gehen die Septuaginta-Handschriften noch Jahrhunderte später weit auseinander. Lagarde hatte deshalb von seinem Standpunkt aus ganz recht, wenn er die Herstellung des einheitlichen «Urtextes» als Voraussetzung für die textkritische Verwendung von 𝔊 forderte. Nun hat Kahle dieses Programm grundsätzlich in Frage gestellt. Auch wer ihm nicht beistimmt, wird doch zugeben müssen, daß wir auch heute noch von dem «Urtext», den man als einheitliche Größe 𝔐 gegenüberstellen könnte, weit entfernt sind.

Aber auch wenn wir diesen Urtext hätten – dürften wir ihn unbesehen nur auf Grund seines Alters 𝔐 vorziehen? Hier taucht die Frage nach der Vorlage von 𝔊 auf. War sie, weil sie älter ist als 𝔐, deshalb auch besser? Wir haben bereits erwähnt, daß in hunderten von Fällen 𝔊 mit dem samaritanischen Pentateuch zusammengeht (vgl. S. 48f.). Diese und andere

[1] P. Kahle, Festschrift O. Eißfeldt (1947), S. 162.

Beobachtungen haben dazu geführt, in der Vorlage von 𝔊 einen der früher erwähnten Vulgärtexte (vgl. S. 18) zu sehen. Am schärfsten ist diese Anschauung, die auch von Kahle vertreten wird, von Nyberg in bezug auf das Hoseabuch formuliert worden: «𝔊 und 𝔖 gehen auf alte Vulgär-Rezensionen zurück, die unter den Diasporajuden in Umlauf waren, 𝔐 dagegen bietet eine sorgfältige Rezension, die sich zu den Diasporatexten etwa so verhält wie die Klassikertexte der großen alexandrinischen Philologen zu den Vulgärtexten der klassischen Autoren, die uns jetzt die ägyptischen Papyrusfunde zugänglich gemacht haben.»[1]

Die Qumranfunde haben erwiesen, daß solche Vulgärrezensionen, die 𝔊 als Vorlage dienten, auch in Palästina vorhanden waren (s. S. 54f.).

An dieser Stelle mag noch ein Wort über die *Schrift* der Septuaginta-Vorlage angeschlossen werden, weil diese Frage das textkritische Problem eng berührt und bereits zu weitreichenden Konsequenzen in der textkritischen Praxis geführt hat. Darüber ist seit 1923 viel verhandelt worden. Damals trug F. X. Wutz in einem Aufsatz und später in umfangreichen Werken[2] die These vor, die Übersetzer der Septuaginta hätten nach einem mit griechischen Buchstaben transkribierten hebräischen Text übersetzt. Vielfach sei dieser Transkriptionstext durch Schreibfehler u. a. entstellt oder durch die Übersetzer falsch aufgefaßt worden. Von diesen Voraussetzungen aus glaubte Wutz, den ursprünglichen hebräischen Text herstellen zu können. Die Tatsache, daß es Transkriptionstexte gab, ist nicht zu leugnen. Doch sprechen so viele Gründe gegen die Annahme, daß 𝔊 ganz auf solche zurückgehe, daß sich Wutz' These nicht durchsetzen konnte. Nur für Einzelfälle mag sie zutreffen. Im großen ganzen war die Septuaginta-Vorlage wahrscheinlich in neu-aramäischer Schrift geschrieben, die sich aber in manchen Formen bereits der Quadratschrift stark näherte[3].

b) Wie ist 𝔊 als Übersetzung zu beurteilen? Welche Voraussetzungen brachten ihre Übersetzer für ihre Arbeit mit, von welchen Tendenzen wurden sie geleitet, wie treu spiegelt ihr Werk den Urtext[4]? Die Antwort auf diese Fragen ist wichtig für die Entscheidung, wie und wie weit 𝔊 in der Text-

[1] H. S. Nyberg, ZAW N. F. 11 (1934), S. 254.

[2] F. X. Wutz, Th Bl 2 (1923), Sp. 111ff.; später u. a. Systematische Wege von der Septuaginta zum hebräischen Urtext (1937). Vgl. dazu P. Kahle, Der Hebräische Bibeltext seit Franz Delitzsch (1961), S. 32ff.

[3] Vgl. die verschiedenen Arbeiten von J. Fischer, u. a.: In welcher Schrift lag das Buch Isaias den LXX vor? BZAW 56 (1930).

[4] Vgl. C. Rabin, The Translation Process and the Character of the Septuagint, Textus VI (1968), S. 1–26.

kritik herangezogen werden kann. Wir können hier nur auf ein paar besonders charakteristische Züge, die als Beispiele gewertet sein wollen, hinweisen.

α) *Die Sprache* von 𝔊 ist die sogenannte *Koine*, die griechische Gemeinsprache der hellenistischen Zeit. Natürlich fehlt es in einer von Juden stammenden Übersetzung aus dem Hebräischen nicht an Hebraismen und Aramaismen, aber ihre Zahl ist geringer, als man früher annahm, als man noch nicht die seit dem Ende des letzten Jahrhunderts aufgetauchten Papyri in der Koinesprache kannte.

Selbst da, wo die Übersetzer bemüht waren, sich möglichst wenig von dem Urtext zu entfernen, ging es doch mit Rücksicht auf die griechische Sprache nicht ohne Änderungen ab. So trat häufig die Subordination an Stelle der Koordination. Ein Beispiel für viele (Gn 24,28). 𝔐: ותרץ הנערה ותגד לבית אמה; 𝔊: καὶ δραμοῦσα ἡ παῖς ἀπήγγειλεν εἰς τὸν οἶκον τῆς μητρός.

Bei einem so umfassenden Wort wie dem hebräischen דבר begnügten sich die Übersetzer nicht immer mit der wörtlichen Wiedergabe (ῥῆμα, λόγος o. dgl.), sondern suchten nach griechischem Sprachempfinden und Denken gemäßen Ausdrücken. So lesen wir für דבר Ex 1,18 πρᾶγμα; 12,35 συντάσσειν; 18,16 ἀντιλογία; 18,22 κρίμα; 24,14 κρίσις; 8,8 ὁρισμός; 4,10 ἱκανός; 5,13.19 καθῆκον; 16,4 τὸ (τῆς ἡμέρας); 18,11.14 τοῦτο; 29,1 ταῦτα; 5,11 οὐδείς (c. neg.)[1]. Es wäre falsch, anzunehmen, die Übersetzer hätten an diesen Stellen einen anderen hebräischen Text vor sich gehabt.

Vielfach forderte auch der hebräische Text in lexikalischer und grammatischer Hinsicht mehr von den alten Übersetzern, als sie leisten konnten. So kannten sie offenbar nicht den genauen Sinn des doch ziemlich häufigen Wortes דֶּבֶר = Pest, sondern gaben es überall mit θάνατος wieder oder lasen es als דָּבָר (Hos 13,14 δίκη; Hab 3,5; ψ 90,3 λόγος; ψ 90,6 πρᾶγμα)[2]. Über den Übersetzer des Jesajabuches urteilt Ziegler, daß er «nicht ängstlich darauf bedacht ist, seine Vorlage genau, Wort für Wort wiederzugeben; er macht sich kein Gewissen daraus, schwere, seltene Wörter einfach auszulassen, wenn dadurch der Sinn des Satzes nicht gestört wird, oder auch einen Satz anders einzuteilen und zusammenzuziehen, wenn er nicht mit seiner Vorlage auskommt. Oftmals scheint er von irgendeinem Gedanken beherrscht zu sein und übersetzt dann unter dem Einfluß dieses Gedankens die betreffenden Stellen; dadurch begegnen uns bei Jes sehr viele Übersetzungen, die im eigentlichen Sinne ‹frei› genannt werden können.»[3]

[1] G. Bertram, ThR N. F. 10 (1938), S. 153; dort weitere Beispiele.
[2] G. Bertram a. a. O., S. 155f.
[3] J. Ziegler, Untersuchungen zur Septuaginta des Buches Isaias (1934), S. 7f.

β) Die Juden der griechischen Diaspora unterschieden sich nicht nur durch ihre Sprache von den Männern, auf die das hebräische Alte Testament zurückgeht. Sie lebten in einer Welt mit anderen soziologischen Bedingungen, mit einer anderen Art des Denkens und nicht zuletzt des Glaubens. Diese Umwelt verwandelte sie selber, «hellenisierte» sie. So sprechen sie abstrakter, philosophischer von Gott als die «Hebräer» und vermeiden die Anthropomorphismen und Anthropopathismen, die für das hebräische Alte Testament so charakteristisch sind. Ex 19,3 steigt Mose nicht zu Gott hinauf, sondern zum *Berg* Gottes; Ex 24,10 sehen die Ältesten nicht Gott, sondern den Ort, da Gott steht. Jos 4,24 wird יד יהוה mit δύναμις τοῦ κυρίου übersetzt. Die Aussage, daß Gott etwas reut, sucht man zu umgehen[1].

Besonders bedeutsam ist die Entschränkung der Gottesvorstellung, die darin liegt, daß man durchweg den Gottesnamen יהוה mit κύριος wiedergab: «Die Bibel, deren Gott Jahveh heißt, ist die Bibel eines Volkes; die Bibel, deren Gott κύριος heißt, ist die Weltbibel.»[2]

In anderen Fällen schalteten die Übersetzer durch Vermeidung der wörtlichen Übersetzung ein mögliches theologisches Mißverständnis aus. So haben sie das im Alten Testament häufige Bild von Gott als dem Felsen (צור) nicht übernommen, sondern durch andere Bezeichnungen ersetzt. Da in den hellenistischen Religionen Fels und Stein als Symbol, Sitz, ja Verkörperung der Gottheit begegnen, «hätte die Anwendung dieses Bildes im griechischen Alten Testament, in der LXX, die ja im Gegensatz zum hebräischen Urtext immer missionarisch, propagandistisch und apologetisch orientiert ist, zu schweren Mißverständnissen führen können, als ob im Alten Testament ein Fels als Gott verehrt würde. So weicht das Bild der Sache. Die LXX prägt den Text des Alten Testaments neu und bewahrt gerade dadurch den Geist der alttestamentlichen Gottesoffenbarung.»[3]

γ) Das Bestreben der Übersetzer, das Alte Testament den Menschen ihres ägyptischen Lebenskreises verständlich zu machen, ließ sie zu Begriffen ihrer ägyptisch-alexandrinischen Umwelt greifen, die keine eigentlichen Äquivalente für die hebräischen Ausdrücke darstellen. So werden

[1] E. Stauffer, ThWBzNT III (1938), S. 110; dort weitere Beispiele. – Vgl. besonders C. T. Fritsch, The Anti-anthropomorphisms of the Greek Pentateuch (1943) und die Besprechung von T. W. Manson, JTS 46 (1945), S. 78f.; zur Diskussion über das Problem s. J. W. Wevers, ThR N. F. 22 (1954), S. 174ff.

[2] A. Deißmann, Neue Jahrbücher für das klassische Altertum 11 (1903 I), S. 174.

[3] G. Bertram, ZAW N. F. 16 (1939), S. 101.

aus den נגשים («Menschentreiber») von Ex 5,6.10.13 die auch aus Papyri des hellenistischen Ägypten bekannten ἐργοδιῶκται, «Aufseher bei der Arbeit», «Werkmeister»[1]. Oder bei den besonders schwierigen und dem Übersetzer nicht genau bekannten Modeartikeln von Jes 3,18-24 half er sich, indem er in seiner Zeit und seiner Umgebung gebräuchliche Gegenstände einsetzte. «Wir können hier seine Arbeit eigentlich gar nicht als ‹Übersetzung› bezeichnen; denn bei den meisten Ausdrücken ist das Äquivalent nicht zu finden, sondern ein anderer Begriff an die Stelle gesetzt. So kommt es, daß vielfach die griechische Übersetzung ganz andere Gegenstände bringt und auch für die Bedeutung des hebräischen Wortes nicht verwertet werden kann.»[2]

In diesem Zusammenhang sei schließlich noch hingewiesen auf das Bestreben, die alten Worte durch Eingehen auf die Verhältnisse der ägyptischen Welt zu aktualisieren. Dt 23,18 lesen wir: «Nicht soll es unter den Töchtern Israels eine Geweihte (קדשה, 𝔊: πόρνη) geben, noch unter den Söhnen Israels einen Geweihten (קדש, 𝔊: πορνεύων).» Schon durch die Wahl der Worte πόρνη bzw. πορνεύων statt des dem קדש entsprechenden ἱερόδουλος verändert 𝔊 den Sinn der Stelle. Besonders bezeichnend aber ist, daß sie hinzufügt: οὐκ ἔσται τελεσφόρος ἀπὸ θυγατέρων Ισραηλ, καὶ οὐκ ἔσται τελισκόμενος ἀπὸ υἱῶν Ισραηλ. τελεσφόρος und τελισκόμενος beziehen sich auf die Teilnahme an den Mysterien. Wie im alten Israel Palästinas die heilige Prostitution, so waren im hellenistischen Ägypten die Mysterien die Verlockung, der entgegengetreten werden mußte[3]. Wie die Targumisten fühlten sich auch die ägyptischen Übersetzer berechtigt, den Text durch Erweiterung zu aktualisieren.

Auch Einflüsse der jüdischen Tradition, wie sie in Talmud und Midrasch niedergelegt wurden, lassen sich in 𝔊 nachweisen. So kann hinter einer von 𝔐 abweichenden Wiedergabe der 𝔊 eine Interpretation stehen, die ihre Parallele im jüdischen Schrifttum hat[4].

Zusammenfassend läßt sich sagen, daß 𝔊 sprachlich und sachlich aus der besonderen geschichtlichen und religionsgeschichtlichen Situation verstanden werden muß, aus der sie herausgewachsen ist und in die sie hineinwirken wollte. Das kompliziert ihre Verwendung in der Textkritik. Wohl bleibt sie auch uns ein außerordentlich wichtiger und unentbehrlicher

[1] Vgl. J. L. Seeligmann, Jaarbericht ex Oriente Lux II, 6–8 (1939/42), S. 388.
[2] J. Ziegler, Untersuchungen zur Septuaginta des Buches Isaias (1934), S. 208.
[3] Vgl. Seeligmann a. a. O., S. 390 d.
[4] Vgl. H. M. Orlinsky, BA (1946), S. 24 und L. Prijs, Jüdische Tradition in der Septuaginta (1948).

Textzeuge, der die Heilung mancher verderbten Stelle möglich macht. Aber nur nach sorgfältiger Vertiefung in ihren Geist, ihre jeweilige Übersetzungstechnik und ihre Geschichte kann man sie zu textkritischen Operationen heranziehen. Vor vorschnellem Retrovertieren in das Hebräische in der Meinung, damit ohne weiteres die hebräische Vorlage zu gewinnen, muß gewarnt werden. Mit Recht hat Bertram geurteilt: «Die Septuaginta gehört mehr in die Geschichte der Auslegung des Alten Testaments als in die des alttestamentlichen Textes. Als Textzeuge kann sie nur verwendet werden, wenn ihr eigenes Verständnis des alttestamentlichen Textes geklärt ist.»[1]

10. Handschriften. Die handschriftliche Überlieferung von 𝔊 ist sehr umfangreich. Schon Holmes-Parsons kollationierten für ihre Seite 79 zu nennende Ausgabe nach ihrer Zählung 311, in Wirklichkeit 297 Kodizes, darunter 20 Majuskeln. A. Rahlfs hat 1914 in seinem «Verzeichnis der griechischen Handschriften des Alten Testaments»[2] über 1500 vollständige und fragmentarische Handschriften (bis einschließlich 16. Jahrhundert) aufgezählt. Die in diesem Verzeichnis mit arabischen Zahlen bezeichneten Minuskeln werden in BHS unter dem Siglum $𝔊^{22.26 etc.}$ angeführt. Dazu treten noch die Kirchenväter-Zitate und Übersetzungen aus 𝔊 in andere Sprachen als indirekte Zeugen. Die letzten Jahrzehnte brachten eine wertvolle Bereicherung durch den Fund von Papyri, die älter sind als alles bisher bekannte Material. ⟨$𝔊^{22.26 etc.}$⟩

a) *Papyri.*

α) *Papyrus Greek 458 der John Rylands Library* (Tafel 28) in Manchester[3] aus der Mitte des 2. Jahrhunderts vor Christus bietet den *ältesten* erhaltenen griechischen Bibeltext. Die sechs aus Mumienkartonage herausgelösten Fragmente gehören mit *Papyrus Fouad* 266 (Tafel 29) und der 1952 gefundenen *Lederrolle mit dem griechischen Text der Kleinen Propheten* (Tafel 30) zu den wenigen Überresten der griechischen Bibel aus vorchristlicher Zeit, für die jüdische Herkunft wahrscheinlich oder sicher ist[4]. Sie enthalten Teile von Dt 23,24–24,3; 25,1-3; 26,12.17-19; 28,31-33,

[1] G. Bertram, BZAW 66 (1936), S. 109. Vgl. auch ders., Praeparatio evangelica in der Septuaginta, VT VII (1957), S. 255ff.

[2] Aus den Nachrichten der K. Ges. d. Wiss. zu Göttingen, Phil.-hist. Kl. (1914) Beiheft.

[3] C. H. Roberts, Two Biblical Papyri in the John Rylands Library (1936).

[4] Auch in Qumran, Höhle IV, sind einige Fragmente der griechischen Bibel zutage gekommen (vgl. P. W. Skehan, VTS IV [1957], S. 155ff. und dazu P. Kahle, Cairo Geniza [[2]1959], S. 223ff.; dt. S. 236ff.), ebenso in Höhle 7 Q (vgl. die S. 35, Anm. 3 genannte Textausgabe).

alles in allem etwa 15 Verse. Sie haben eine Reihe eigentümlicher Lesarten, die sie entweder allein oder nur mit verschwindend wenigen Zeugen bieten[1].

𝔊Beatty β) *Chester Beatty Papyri* (𝔊Beatty) (Tafel 31) sind die wegen ihres Alters und Umfangs wichtigsten Papyri, deren Entdeckung man seinerzeit das bedeutendste Ereignis für die biblische Textkritik seit dem Fund des Codex Sinaiticus nennen konnte. Es handelt sich um Reste von 11 Kodizes, die Teile von 9 alttestamentlichen und 15 neutestamentlichen Büchern, des Buches Henoch und einer Homilie des Kirchenvaters Melito von Sardes enthalten. Sie stammen aus dem 2.–4. Jahrhundert nach Christus und bilden wohl den Überrest einer christlichen, wahrscheinlich im Fajjum gelegenen Bibliothek. Den Hauptteil der von Eingeborenen gefundenen Handschriften erwarb etwa 1929 der Engländer Chester Beatty, andere Teile kamen in den Besitz der Universität Michigan und des Amerikaners John H. Scheide; kleinere Fragmente befinden sich in Wien, in Italien und in Privatbesitz[2], umfangreiche weitere Fragmente der Handschrift 967 in der Kölner Papyrussammlung (Ezechiel, Daniel, Esther) und in Madrid (Ezechiel)[3]. Vom Alten Testament sind darunter umfangreiche Teile der Gn, von Nu und Dt, Fragmente von Jes und Jer, Teile von Ez, Da, Esther und Fragmente von Jes Sir. Besonders bemerkenswert ist der Danieltext, weil in Da eine andere Übersetzung 𝔊 verdrängte (vgl. S. 57), so daß bisher nur *eine* Handschrift mit dem 𝔊-Text aus dem 11. Jahrhundert erhalten war.

γ) Ferner seien erwähnt die *Berliner Fragmente* (Tafel 32) einer Genesis-Handschrift (Ende 3. Jahrhundert; Gn 1,16–35,8), die zusammen mit Teilen eines Kleine-Propheten-Kodex aus dem späten 3. Jahrhundert 1927 veröffentlicht wurden[4], und der Papyrus Bodmer XXIV, ebenfalls aus dem 3. Jahrhundert nach Christus mit den Psalmen 17–118[5]. Aus dem

[1] Vgl. die eingehende Untersuchung von J. Hempel, ZAW N. F. 14 (1937), S. 115ff.

[2] Veröffentlichungen: F. G. Kenyon, The Chester Beatty Biblical Papyri, 7 Bände (1933–37; 1958); A. C. Johnson, H. S. Gehman, E. H. Kase, The John H. Scheide Biblical Papyri: Ezekiel, Princeton University Studies in Papyrology 3 (1938).

[3] A. Geissen, Der Septuaginta-Text des Buches Daniel Kap. 5–12 sowie Esther 1–2,15 (1968); W. Hamm, Der Septuaginta-Text des Buches Daniel Kap. 1–2, Papyrologische Texte und Abhandlungen, Bd. 10 (1969); M. Fernández-Galliano, «Nuevas páginas del códice 967 del A. T. griego (Ez 28,19–43,9)», Studia Papyrologica 10 (1971), S. 1–79.

[4] H. A. Sanders und C. Schmidt, The Minor Prophets in the Freer Collection and the Berlin Fragment of Genesis (1927).

[5] R. Kasser und M. Testuz, Papyrus Bodmer XXIV (1967).

4. Jahrhundert stammt der 1950 von C. H. Roberts herausgegebene Antinoopolis-Papyrus, der Fragmente namentlich zu den Sprüchen enthält. Relativ spät ist das Papyrusbuch des Britischen Museums London ($\mathfrak{G}^{\text{Pap Lond}}$ $\mathfrak{G}^{\text{PapLond}}$
⟨$\mathfrak{G}^{\text{U}}$⟩) aus dem 7. Jahrhundert. Es ist der erste biblische Papyrus, der ⟨$\mathfrak{G}^{\text{U}}$⟩
entdeckt wurde, seit 1836 im Britischen Museum (Papyrus 37). 32 Blätter eines Psalmenkodex enthalten den Text von Ps 10,2–18,6; 20,14–34,6. Er repräsentiert den sogenannten oberägyptischen Text.

b) *Handschriften.* Bei den griechischen Handschriften unterscheidet man zwischen Majuskeln oder Unzialen (Großschrift) und Minuskeln (Kleinschrift). Im Altertum verwandte man durchweg die sogenannten großen Buchstaben, die man in Büchern unverbunden nebeneinanderstellte, im täglichen Leben (Briefen usw.) miteinander verband (kursiv). Aus der Kursivschrift entwickelten sich im Mittelalter die sogenannten kleinen Buchstaben. Bis zum 8. Jahrhundert gab es nur Majuskeln, im 9. und 10. Jahrhundert Majuskeln und Minuskeln nebeneinander, vom 11. Jahrhundert ab ausschließlich Minuskeln. Wenn so auch die Minuskeln jünger sind, so können sie doch wertvolle Textzeugen sein, wenn sie auf gute untergegangene Majuskeln zurückgehen. Für die Textkritik ist wichtig zu wissen, daß man bis ins 8. Jahrhundert ohne jede Worttrennung Buchstaben neben Buchstaben stellte und ohne Akzente, Spiritus und Punkte schrieb.

Als *Sigel* für die Handschriften verwendeten Holmes-Parsons römische
Zahlen für die Majuskeln (z. B. $\mathfrak{G}^{\text{XI}}$), arabische Zahlen für die Minuskeln $\mathfrak{G}^{\text{XI}}$
(z. B. $\mathfrak{G}^{62.147}$). Später führte Lagarde für die Majuskeln große lateinische $\mathfrak{G}^{62.147}$
Buchstaben ein, von denen viele allgemein gebräuchlich geworden sind und auch in BH verwendet werden.

Wir führen hier die in BH begegnenden Handschriften in chronologischer Folge vor[1]:

α) *Codex Vaticanus* (B). 4. Jahrhundert. Vatikanische Bibliothek. Im $\mathfrak{G}^{\text{B}}$
Alten Testament vollständig, jedoch wurden Gn 1–46,28 und ψ 105,27–137,6 im 15. Jahrhundert nachgetragen. Die Handschrift genießt sehr hohes Ansehen. Rahlfs glaubte, sie nach Umfang und Text Unterägypten zuweisen zu sollen.

β) *Codex Sinaiticus* (א ⟨S⟩) (Tafel 33). 4. Jahrhundert. 1844 und 1859 $\mathfrak{G}^{\aleph}$ ⟨$\mathfrak{G}^{\text{S}}$⟩
von Tischendorf im Katharinenkloster auf dem Sinai entdeckt. Ein klei-

1 Auf Textgestalt und Wert der erhaltenen Papyri und Handschriften einzugehen, ist an dieser Stelle nicht möglich. Vgl. dazu die Einleitungen zur Göttinger Septuaginta.

nerer Teil in Leipzig (Codex Friderico-Augustanus), die Hauptmasse seit 1933 im Britischen Museum in London (vorher in Leningrad). Heimat vielleicht Palästina. Die Handschrift ist nach neueren Untersuchungen von 3 Schreibern geschrieben, von denen 2 zugleich als Korrektoren tätig waren. Weitere spätere Korrektorenhände lassen sich beobachten; die
𝔊$^{\aleph c.a,c.b,c.c}$ Korrektoren werden in BHK bezeichnet mit $\aleph^{c.a,c.b,c.c}$, in BHS mit
⟨𝔊$^{S1.2.3}$⟩ 𝔊$^{S\,1.2.3}$. Vom Alten Testament blieben erhalten: Gn 23,19–24,46; Nu 5,26–7,20 (beides lückenhaft); I Ch 9,27–19,17; Esr–Neh von Esr 9,9 an; Est; Tobit; Judith; I, IV Makk; Jes; Jer (bis Thr 2,20); Jo bis Mal (griechische Reihenfolge); Pss; Prv; Qoh; Cant; Sap Sal; Jes Sir; Hi.

𝔊^{A} γ) *Codex Alexandrinus* (A). 5. Jahrhundert. Britisches Museum London. 1627 an König Karl I. von England geschenkt, vorher der Patriarchal-Bibliothek von Alexandria gehörig (daher «Alexandrinus»). Es fehlt im Alten Testament: I S 12,17–14,9; ψ 49,20–79,11.

𝔊^{G} δ) *Codex Colberto-Sarravianus* (G) (Tafel 35). 4./5. Jahrhundert. Hauptteil in Leiden, ein kleinerer Teil in Paris, 1 Blatt in Leningrad. Enthält Gn 31,5 bis Jdc 21,12 in hexaplarischer Rezension mit aristarchischen Zeichen (vgl. S. 58f.).

𝔊^{F} ε) *Codex Ambrosianus* (F). 5. Jahrhundert. Biblioteca Ambrosiana Mailand. Enthält Gn 31,15–Jos 12,12 (mit Lücken).

𝔊$^{\Theta}$ ζ) *Codex Freer* (Θ). 5. Jahrhundert. Von Freer 1906 in Gizeh erworben, jetzt Smithsonian Institution Washington. Enthält Dt (5,16–16,18 fehlt) und Jos (3,3–4,10 fehlt).

𝔊^{C} η) *Codex Ephraemi Syri rescriptus* (C). Nationalbibliothek Paris. Palimpsest, benannt nach der oberen Schrift aus dem 13. Jahrhundert, die Werke des Ephraem Syrus enthält. In der unteren Schrift aus dem 5. Jahrhundert Fragmente von Hi, Prv, Qoh, Cant, Sap Sal, Jes Sir, NT.

𝔊^{D} θ) *Codex Cottonianus* (D). 5./6. Jahrhundert. Britisches Museum London. 150 Fragmente einer 1731 in Ashburnham House vom Feuer zerstörten Handschrift, von der noch eine alte Kollation aus der Zeit vor dem Brand existiert. Enthält nur Gn.

𝔊^{Q} ι) *Codex Marchalianus* (Q) (Tafel 36). 6. Jahrhundert. Vatikanische Bibliothek. Enthält Jes, Jer, Ez, Da und die 12 Propheten. Am Rande hexaplarische Lesarten, die den Wert der Handschrift erhöhen (vgl. S. 60).

𝔊^{M} κ) *Codex Coislinianus* (M). 7. Jahrhundert. Nationalbibliothek Paris. Enthält Gn–I R 8,40 (mit einigen Lücken) mit Scholien und hexaplarischen Noten (vgl. S. 60).

𝔊^{K} λ) *Codex Lipsiensis* (K). 7./8. Jahrhundert. Universitätsbibliothek Leipzig, früher Sabaskloster bei Jerusalem, 1844 von Tischendorf erworben. Palimpsest, 885/86 arabisch überschrieben. Die untere Schrift enthält nicht sehr umfangreiche Stücke aus Nu–Jdc. Zu dieser Handschrift gehören 6 Blätter in Leningrad, ebenfalls mit Fragmenten von Nu–Jdc.

μ) *Codex Basiliano-Vaticanus* (N). 8. Jahrhundert. Vatikanische Biblio- $\mathfrak{G}^{N}$
thek, vorher den Basilianern in Rom gehörend. Gehört mit $\mathfrak{G}^{V}$ zusammen und umfaßt mit diesem große Teile des Alten Testaments ohne Pss; es fehlt u. a. Gn 1–Lv 13,59.

ν) *Codex Venetus* (V). 2. Teil zum vorigen. $\mathfrak{G}^{V}$

ξ) *Codex rescriptus Cryptoferratensis* (Γ). Palimpsest, untere Schrift 8., $\mathfrak{G}^{\Gamma}$
obere Schrift 13. Jahrhundert. Grottaferrata im Albanergebirge. Die untere Schrift enthält Fragmente einiger kleiner Propheten und von Jes, Jer, Ez und Da.

ο) *Codex Bodleianus Geneseos* (E). 9./10. Jahrhundert. Bodleian Lib- $\mathfrak{G}^{E}$
rary Oxford. Enthält Gn 1–42,18 (mit Lücken) in Majuskeln geschrieben. Zur selben Handschrift gehören in Minuskeln geschriebene Blätter, die Gn 42,18–I R 16,28 umfassen; sie befinden sich in Cambridge (1 Blatt), Leningrad (146 Blätter) und London (16 Blätter). Die Handschrift wurde von Tischendorf entdeckt und stammt vermutlich vom Sinaikloster.

π) *Codex Atheniensis* (W). 13. Jahrhundert, Nationalbibliothek Athen. $\mathfrak{G}^{W}$
Umfaßt die historischen Bücher, Est, Judith, Tobit.

In BHS werden ferner berücksichtigt:

ρ) *Codex Veronensis* (R). Griechisch-altlateinischer Psalter der Kapitels- $\langle\mathfrak{G}^{R}\rangle$
bibliothek von Verona aus dem 6. Jahrhundert. Der Septuagintatext repräsentiert nach Rahlfs die abendländische Textform. Vgl. $\mathfrak{L}^{R}$, S. 92.

11. Ausgaben. Theoretisch ergeben sich für den, der einen alten, in verschiedenen Handschriften abweichend überlieferten Text herausgeben will, zwei Möglichkeiten: a) Man kann den Text *einer* Handschrift abdrucken und im Apparat abweichende Lesarten der handschriftlichen Überlieferung notieren. Die Benützung erfordert dann die Durcharbeitung des gesamten gebotenen Materials und selbständige Entscheidung. b) Man kann versuchen, einen Text zu rekonstruieren, indem man aus den differierenden Lesarten jeweils die auswählt, die als die älteste erreichbare erscheint; durch dieses eklektische Verfahren gelangt man zu einem wissenschaftlich rezensierten Text, der an Hand des im Apparat gebotenen Materials nachgeprüft werden kann. – Der erste Weg wurde in den bisherigen großen wissenschaftlichen Ausgaben beschritten, der zweite erstmals in der Göttinger Septuaginta. Die Diskussion darüber, welches Verfahren der Septuaginta-Überlieferung angemessen ist, ist gegenwärtig noch im Gang.

Die wichtigsten Ausgaben sind folgende:

a) Die Ausgabe der *Complutensischen Polyglotte* (1514–17): $\mathfrak{G}^{C(om)pl}$.
$\mathfrak{G}^{C(om)pl}$ Ihre Vorlage ist nicht erhalten. Für das Dodekapropheton hat J. Ziegler[1] öfteres Zusammentreffen mit der lukianischen Textform, mit dem von Sanders herausgegebenen Papyruskodex aus dem 3. Jahrhundert (s. S. 74), mit dem Rand von Minuskel 86 und mit der koptischen und altlateinischen Übersetzung festgestellt. Daraus ergibt sich, daß die Complutensis für den griechischen Text eine «Vorlage hatte, die ganz altertümliche Lesarten überlieferte, die heute in den uns bekannten Handschriften fehlen.»[2] So ist ihr Text von besonderem Wert (Tafel 47).

b) *Die Aldina*, Venedig 1518 ($\mathfrak{G}^{Vn}$) bietet einen jungen, wenig wertvollen
$\mathfrak{G}^{Vn}$ Text. J. Ziegler[3] hat für das Dodekapropheton nachgewiesen, daß der Text der Aldina aus einer heute verschollenen Handschrift stammt, die ihren Hauptanteil aus Minuskel 68, einen kleinen Rest aus 97 schöpfte. «Es war ein Verhängnis, daß der Herausgeber der Aldina eine Handschrift zugrundelegte, die einen jungen, auf die stark hexaplarisch und lukianisch bearbeitete Catenen-Gruppe zurückgehenden Text überlieferte, wie er uns in den beiden Handschriften 68 und 97 vorliegt.»[4]

c) *Die Sixtina*, Rom 1587, eine offizielle, im Auftrage des Paptes Sixtus V. veranstaltete Ausgabe. Geboten wird im wesentlichen der Text von $\mathfrak{G}^{B}$, wo er versagt, der einiger vatikanischer Handschriften; dazu eine reichhaltige Variantensammlung. Die Benützung von $\mathfrak{G}^{B}$ bedeutet einen wirklichen Fortschritt, der jedoch durch Abhängigkeit von der Aldina beeinträchtigt wird[5]. Die Sixtina ist maßgebend gewesen für viele Ausgaben bis ins 19. Jahrhundert, u. a. für die Ausgabe der Londoner Polyglotte (1654–57), Holmes und Parsons (1798ff.), van Eß (1824 u. ö.), die Polyglotte von Stier und Theile (1847–55), Tischendorf (1850 u. ö.) und die Ausgabe der Clarendon Press Oxford (1875), auf Grund deren die Konkordanz von Hatch und Redpath (1897ff.) gearbeitet ist.

[1] Bibl 25 (1944), S. 297–310.
[2] J. Ziegler a. a. O., S. 309.
[3] Bibl 26 (1945), S. 37–51.
[4] J. Ziegler a. a. O., S. 51.
[5] Nach Lagarde und Rahlfs, denen J. Ziegler zustimmt, stellt die Sixtina eine aus $\mathfrak{G}^{B}$ (und anderen Handschriften) korrigierte Aldina dar. Vgl. J. Ziegler, Bibl 26 (1945), S. 49f.

d) *Holmes and Parsons*, Vetus Testamentum Graecum cum variis lectionibus, 1798–1827. Dem Text liegt die Sixtina zugrunde, dazu werden die Varianten von etwa 300 eigens zu diesem Zweck kollationierten Handschriften notiert, auch Väterzitate und Tochterübersetzungen berücksichtigt – eine bis heute in ihrer Reichhaltigkeit unübertroffene Materialsammlung in 5 umfangreichen Foliobänden. Auf sie wird auch in BHK zurückgegriffen ($\mathfrak{G}^{\text{MSS(Holmes-)Parsons}}$ = Handschriften nach Holmes-Parsons).

$\mathfrak{G}^{\text{MSS(Holmes-)Parsons}}$

e) *H. B. Swete*, The Old Testament in Greek, 3 Bände, 1887–91, seitdem mehrere Auflagen. Handliche und viel benützte Ausgabe, die $\mathfrak{G}^{B}$ abdruckt (Lücken aus A und א ⟨S⟩ ergänzt) und im Apparat die Lesarten einiger wichtiger Majuskeln bringt.

f) *Brooke-McLean-Thackeray-Manson:* The Old Testament in Greek according to the Text of Codex Vaticanus, supplemented from other Uncial Manuscripts, with a critical Apparatus containing the Variants of the chief ancient Authorities for the Text of the Septuagint, Cambridge (1906ff.). Die Herausgeber, die die Zeit für eine kritische Ausgabe noch nicht für gekommen hielten, bieten das Material ganz objektiv dar. Der Text wird – unter Verbesserung offensichtlicher Fehler – nach $\mathfrak{G}^{B}$ [1] (Lükken nach A und א ⟨S⟩) gedruckt. Im Apparat werden berücksichtigt: alle Majuskeln, etwa 30 ausgewählte Minuskeln, Tochterübersetzungen, Philo, Josephus und frühchristliche Schriften. Erschienen sind bis jetzt Gn (1906) bis Tobit (1940); die Herausgabe weiterer Bände ist nicht geplant.

g) Die zweite Möglichkeit – Darbietung des Textes in einer kritischen Bearbeitung – wird zum erstenmal in der *Göttinger* Septuaginta verwirklicht: Septuaginta, Vetus Testamentum Graecum auctoritate Societatis Litterarum Gottingensis editum. Hier wird nicht der Text einer einzelnen Handschrift abgedruckt, sondern jeweils *die* Lesart aufgenommen, welche nach dem Gesamtstande der handschriftlichen Überlieferung und unter Vergleichung des hebräischen Textes als beste erscheint. Der Apparat, in dem ein umfangreiches handschriftliches Material – nach *Textgruppen* (Rezensionen) geordnet – geboten wird, gibt dem Leser die Möglichkeit, sich unabhängig von der Entscheidung des Herausgebers ein Bild der Überlieferung zu machen. Das Ziel ist der beste erreichbare Text, wobei nicht behauptet wird, daß in allen Fällen das Ursprüngliche gewonnen sei. Die Ausgaben sind mit wertvollen Einleitungen versehen. Zum Programm

[1] Von Ex an wird an Stelle der 1. Hand der Text des Korrektors von B aufgenommen, wenn er mit der Hauptüberlieferung übereinstimmt.

dieses Unternehmens, das letztlich auf Lagarde zurückgeht, und zur Kritik vgl. oben Seite 62ff. Es erschienen bisher: Psalmi cum Odis, herausgegeben von Rahlfs (1931), I Makk von Kappler (1936); Isaias (1939), Duodecim Prophetae (1943), Ezechiel (1952), Susanna, Daniel, Bel et Draco (1954), Ieremias, Baruch, Threni, Epistula Ieremiae (1957) von Ziegler; II Makk (1959) von Kappler-Hanhart, III Makk (1960) von Hanhart; Sap Sal (1962), Sap Jesu Filii Sirach (1965) von Ziegler; Esther (1966) von Hanhart. – In kleinerem Rahmen gab Rahlfs 1922 das Buch Ruth und 1926 die Genesis heraus.

Nach den gleichen Grundsätzen wie die Göttinger Septuaginta ist gestaltet: M. Margolis, The Book Joshua in Greek (1931–38).

h) Eine kritische Handausgabe der gesamten Septuaginta, die für den Gebrauch des Studenten und Pfarrers besonders geeignet und im Preis erschwinglich ist, brachte *A. Rahlfs* 1935 bei der Württembergischen Bibelanstalt heraus. Sie beruht in der Hauptsache auf den 3 wichtigsten Handschriften B, א ⟨S⟩, A.

Als unentbehrliches Hilfsmittel für die Arbeit mit 𝔊 sei noch erwähnt: *Hatch and Redpath*, A Concordance to the Septuagint, 2 Bände (1897); Supplement 1906.

Σαμ *12. Das Samareitikon.* Auch der samaritanische Pentateuch wurde in das Griechische übersetzt. Origenes hat diese Übersetzung mehrfach als *Samareitikon* zitiert. Reste sind in einer Handschrift aus dem 4. Jahrhundert nach Christus erhalten (vgl. P. Glaue und A. Rahlfs, Fragmente einer griechischen Übersetzung des samaritanischen Pentateuchs [Mitteilungen des Septuaginta-Unternehmens 2, 1911]). Eine Inschrift mit dem griechischen Text des Aaronitischen Segens (Num 6,22-27), die von einer samaritanischen, im 4. Jahrhundert nach Christus erbauten Synagoge in Thessalonich stammt, ist von B. Lifshitz und J. Schiby in RB 75 (1968) S. 368–378 veröffentlicht worden.

𝔗

VI Die aramäischen Targume (𝔗)[1]

1. Entstehung und Eigenart. Bekanntlich verlor im nachexilischen Judentum das Hebräische seine Bedeutung als gesprochene Volkssprache und

[1] Zu den Problemen der Targume vgl. R. Le Déaut, Introduction à la Littérature Targumique (1966), mit reichen Literaturangaben; ferner J. Bowker, The Targums and Rabbinic Literature. An Introduction to Jewish Interpretations of Scripture (1969); N. McNamara, The New Testament and the Palestinian Targum to the Pentateuch (1966).

wurde durch das Aramäische, das zur offiziellen Schriftsprache des westlichen Perserreiches geworden war, ersetzt. Zwar verstand und pflegte man das Hebräische noch in den intellektuellen Schichten, besonders auch unter den Theologen, aber mit Rücksicht auf weite Kreise der jüdischen Gemeinde wurde es notwendig, die jeweiligen synagogalen Schriftlesungen in hebräischer Sprache mit einer Übertragung ins Aramäische zu verbinden. Dieses Übersetzen nannte man *targem*, den Übersetzer *turgeman(a)* oder *meturgeman(a)*, die Übersetzung *targum*. Die Sitte ist, da das Bedürfnis schon früh einsetzte, gewiß alt und bestimmt vorchristlich. Vielleicht ist die jüdische Tradition, die sie auf Grund von Neh 8,8 mit Esra verbindet, im Recht.

Die Übersetzung sollte im Gottesdienst nur mündlich gegeben, nicht aus einer Rolle vorgelesen werden, wahrscheinlich damit der Abstand von dem hebräischen, dem eigentlich heiligen Text, gewahrt bliebe. Die Aufzeichnung von aramäischen Übersetzungen fiel freilich nicht unter das Verbot, und die Existenz schriftlicher Targume spätestens zu Beginn unserer Zeitrechnung ist heute unzweifelhaft. Von Rabbi Gamaliel, dem Lehrer des Paulus, wird erzählt, daß ihm ein Targum des Buches Hiob vorgelegt wurde, das er freilich verwarf und einmauern ließ. Auch in Qumran waren Targume vorhanden.[1] Aber die Entstehung aus der mündlichen Übersetzung läßt es verstehen, daß die Targume an verschiedenen Orten verschiedenen Wortlaut gewannen. Wohl war man durch den hebräischen Text und sein im Judentum maßgebendes Verständnis gebunden, aber es blieb die Möglichkeit individueller Gestaltung im Wortlaut, in dem Ausmaß der Paraphrasierung, Deutung, Vergegenwärtigung u. a. m. So kam es zunächst nicht zu einem einzigen, allein maßgebenden Targum, sondern es entstanden eine Reihe voneinander verschiedener aramäischer Übersetzungen.

Diesen Übersetzungen sind – im einzelnen in verschiedener Intensität – gewisse Züge gemeinsam, die sich aus ihrer praktischen Ausrichtung erklären. Die Gemeinde sollte belehrt und erbaut werden, es sollte ihr deut-

[1] So wurde ein Targum des Buches Hiob in Höhle 11 von Qumran gefunden (J. van der Ploeg, Le Targum de Job de la Grotte 11 de Qumran, Amsterdam (1962); A. S. van der Woude, Das Hiobtargum aus Qumran Höhle XI, VTS IX (1963), S. 322ff.; Ausgabe: Le Targum de Job de la Grotte XI de Qumran, édité et traduit par J. P. M. van der Ploeg et A. S. van der Woude avec la collaboration de B. Jongeling [1971]), sonst sind bisher nur Überreste einer wörtlichen aramäischen Übersetzung von Lev in Höhle IV zum Vorschein gekommen. Das sog. «Genesis Apocryphon» ist kein Targum. Vgl. J. T. Milik, Ten Years of Discovery in the Wilderness of Judaea (1959), S. 31.

lich werden, was der Text gerade ihr zu sagen habe. So ist das deutende Element in keiner Bibelübersetzung so stark wie in den Targumen: sie umschreiben, sie erläutern durch Einfügungen, sie verstehen den Text – zuweilen recht gewaltsam – nach der herrschenden Theologie ihrer Zeit, sie deuten ihn auf ihre Gegenwart und deren politische Verhältnisse u. a. m. Insbesondere suchen sie anthropomorphe und anthropopathische Aussagen über Gott zu umgehen. Diese Art der Textbehandlung in den Targumen, bei der unter Umständen wenig Rücksicht auf den Sinn des hebräischen Textes genommen wurde, mindert ihre positive Bedeutung als Textzeugen, macht sie aber zu wichtigen Dokumenten der Auslegungsgeschichte des Alten Testaments[1].

2. Die verschiedenen Targume. Aus der Fülle der einst vorhandenen, vielgestaltigen aramäischen Übersetzungen ist nur ein Teil erhalten geblieben. Zwei wesentlich verschiedene Gestaltungen sind zu unterscheiden: die das alte palästinische Targum repräsentierenden Texte und die in Babylonien redigierten Targume: Onkelos für den Pentateuch und Jonathan für die Propheten. Die meisten erhaltenen Targume enthalten Materialien aus sehr verschiedenen Zeiten; die Bestimmung und Datierung der verschiedenen Schichten ist nur nach sorgfältiger Untersuchung, die vielfach noch in den Anfängen steckt, möglich.[2]

a) *Das palästinische Targum* hat niemals eine offizielle Redaktion erfahren und ist deshalb auch nicht zu einem einheitlichen autoritativen Text gelangt. Alle Handschriften weichen in größerem oder geringerem Umfang voneinander ab. Die oben erwähnten, für das ältere Targum typischen Züge treten in ihnen besonders deutlich hervor.

Das palästinische Targum ist uns in den letzten Jahrzehnten durch glückliche Entdeckungen, die auch das historische Verständnis längst bekannter Texte förderten, in seiner Eigenart erst richtig faßbar geworden. Zunächst hat P. Kahle Reste des alten palästinischen Pentateuchtargums in Fragmenten von sieben aus dem 7.–9. Jahrhundert stammenden Handschriften der Geniza von Kairo erkannt und herausgegeben (P.
𝔗^{P} Kahle, Masoreten des Westens II (1930), zitiert in BH mit 𝔗^{P} = Targum palaestinense). Es handelt sich bei diesen Texten nicht um eine einfache

[1] Eine besonders gewaltsame Umdeutung hat sich unter dem Einfluß antichristlicher Polemik Jes 52,13–53,12 gefallen lassen müssen. Die Übersetzung ist jetzt bequem zugänglich bei J. Jeremias ThWBzNT V (1952), S. 691ff.

[2] Zum Problem der Datierung der targumischen Traditionen P. Wernberg-Møller, VT XII (1962), S. 312ff.; vgl. auch G. Vermes, Scripture and Tradition in Judaism (1961).

wörtliche Übersetzung aus dem Hebräischen, vielmehr sind umfangreiche Erklärungen midraschischer und homiletischer Art beigefügt. Wo zufällig in verschiedenen Fragmenten die gleiche Stelle erhalten ist, zeigen sie so viele Verschiedenheiten, daß von einem fixierten Text nicht die Rede sein kann. – Seitdem sind weitere Fragmente entdeckt worden, vor allem aber ist es A. Diéz Macho 1957 gelungen, in dem Manuskript Neofiti I der Biblioteca Vaticana eine vollständige, 450 Blatt in Pergament umfassende Handschrift des palästinischen Pentateuchtargums festzustellen[1]. Die Handschrift, die wahrscheinlich Anfang des 16. Jahrhunderts[2] in Italien geschrieben worden ist, ist angesichts des bisher nur fragmentarischen Materials für unsere Kenntnis des palästinischen Targums und der mit ihm verbundenen Probleme von großer Bedeutung. Bisher wurden von A. Diéz Macho veröffentlicht: Neophyti 1 Targum Palestinense Ms de la Biblioteca Vaticana, Vol. 1: Génesis (1968); Vol. 2: Exodus (1970) (Einleitung, aramäischer Text mit kritischem Apparat, spanische, französische (von R. le Déaut) und englische Übersetzung (von M. McNamara und M. Maher).

Diese Entdeckungen haben es ermöglicht, schon längst bekannte und veröffentlichte Targume historisch neu zu erfassen und ihre Verwandtschaft zum palästinischen Targum zu erweisen. Das gilt für das sogenannte Fragmententargum und das Targum Pseudo-Jonathan. Das *Fragmententargum*, auch *Jeruschalmi II* genannt und deshalb in BH mit $\mathfrak{T}^{J\,II}$ zitiert, $\mathfrak{T}^{J\,II}$
enthält nur midraschische Ausführungen zu einzelnen Versen, während die fortlaufende Übersetzung fehlt. Wir erkennen es jetzt «als eine Zusammenstellung von Midraschmaterial aus dem palästinischen Pentateuchtargum, das man nicht missen wollte, als das Targum Onkelos als maßgebendes Targum auch in Palästina eingeführt wurde.»[3] Es wurde herausgegeben von M. Ginsburger: Das Fragmenten-Targum (Targum Jeruschalmi zum Pentateuch), 1899. Eine neue Ausgabe wird durch M. Black vorbereitet.

Das Pentateuch-Targum *Pseudo-Jonathan*, auch *Jeruschalmi I* genannt

[1] A. Diéz Macho, der in VTS VII (1960), S. 222ff. einige Hauptprobleme des palästinischen Targums erörtert, bringt dort S. 236f. eine Zusammenstellung der heute bekannten Texte. – Zu «Codex Neofiti I» vgl. A. Diéz Macho, Estudios Biblicos XV (1956), S. 446f.; Ders., Christian News from Israel, XIII, 2 (July 1962), S. 19ff.; und M. Black, ThLZ 82 (1957), Sp. 662ff.

[2] M. F. Martin, The Palaeographical Character of Codex Neofiti 1, Textus III (1963), S. 1–35.

[3] P. Kahle, ZNW 49 (1958), S. 110.

(herausgegeben von M. Ginsburger nach MS Add 27031 des Britischen 𝔗J Museums, zitiert in BH mit 𝔗J; Korrekturen dazu: D. Rieder, On the Ginsburger Edition of the «Pseudo-Jonathan» Targum of the Tora (Lesh XXXII, 1967/68, S. 298–303), ist insofern eigenartig, als es mit dem Text des offiziellen Targums Onkelos (s. u.) midraschische Stoffe vereint, die sonst in diesem ausgemerzt waren. Früher nahm man an, daß das midraschische Material in das Targum Onkelos eingefügt wurde, nachdem sich dieses in Palästina durchgesetzt hatte – man war es gewohnt und vermißte es in dem neuen Targum. Neuerdings hat sich jedoch Diéz Macho mit zahlreichen Argumenten für eine gegenteilige Erklärung eingesetzt, wonach Pseudo-Jonathan ein mehr oder weniger konsequent nach dem Onkelos-Text überarbeitetes palästinisches Targum darstellt[1].

Das palästinische Targum geht in seiner Grundlage wahrscheinlich auf vorchristliche Zeit zurück und ist deshalb von großer Bedeutung für die Kenntnis des Judentums um die Zeit, da das Christentum entstand. Seine Sprache ist das in Palästina gesprochene Aramäisch, so daß wir hier wertvolles Material für das Studium des zur Zeit Jesu in Palästina gesprochenen Aramäisch besitzen.

b) *Targum Onkelos und Jonathan.* Von dem palästinischen Targum in seinen verschiedenen Gestalten heben sich sehr entschieden die Targume ab, die die bekanntesten und für das Judentum autoritativ sind: Targum 𝔗O Onkelos (𝔗O) für den Pentateuch und Targum Jonathan für die Propheten. Hier handelt es sich um *offizielle* Targume, deren endgültiger Wortlaut in Babylonien wahrscheinlich im 5. Jahrhundert nach Christus nach längerer Vorgeschichte festgelegt wurde; sie beruhen auf älterem Material, das letztlich wohl palästinischen Ursprungs ist. Ihre Namen gehen wahrscheinlich (irrtümlich) auf die griechischen Übersetzer Aquila (Onkelos) und Theodotion (hebräisch Jonathan) zurück, von denen man wußte, daß sie sich um wörtliche, der jüdischen Exegese entsprechende Übersetzungen bemüht hatten. In Wirklichkeit sind die beiden Targume wohl kaum das Werk einzelner Männer, sondern vermutlich von Kommissionen geschaffen, deren Aufgabe es war, eine offizielle, mit dem orthodoxen jüdischen Verständnis übereinstimmende, nach dem hebräischen Text revidierte und von midraschischen Erweiterungen weithin gereinigte Übersetzung an Stelle der verschiedenen im Umlauf befindlichen Textgestalten zu setzen. Sie bilden also in der Geschichte der Targume einen Abschluß und haben sich in Palästina erst in späterer Zeit durchzusetzen vermocht. Beide Tar-

[1] Diéz Macho, VTS VII (1960), S. 239.

gume bemühen sich um einen ziemlich wörtlichen Anschluß an den hebräischen Text, worunter, wie einst bei der griechischen Übersetzung des Aquila, die Sprache – ein literarisches Aramäisch, das in allen aramäisch sprechenden Ländern verstanden wurde – leiden mußte.

Die größere Autorität unter diesen beiden Targumen gewann naturgemäß das Pentateuchtargum Onkelos, dem, wie dem hebräischen Original selber, auch eine Masora[1] beigegeben wurde. Es wurde herausgegeben von A. Berliner (1884–1886) nach der Editio Sabioneta vom Jahre 1557.

Targum Jonathan, das viel mehr haggadisches Material enthält und teilweise bis in vorchristliche Zeit zurückreicht, wurde von P. de Lagarde nach dem Codex Reuchlinianus herausgegeben (Prophetae Chaldaice. Paulus de Lagarde e fide codicis reuchliniani edidit, Lipsiae (1872), zitiert in BH mit $\mathfrak{T}^{L}$ $\langle\mathfrak{T}^{f}\rangle$). $\mathfrak{T}^{L}$ $\langle\mathfrak{T}^{f}\rangle$

Das Targum zu den Büchern Josua und Richter in jemenischer Überlieferung edierte Fr. Prätorius 1899 und 1900 (zitiert in BHK mit $\mathfrak{T}^{Pr}$). $\mathfrak{T}^{Pr}$

Eine neue Targum-Ausgabe, von Alexander Sperber besorgt, liegt fast vollständig vor: The Bible in Aramaic; bisher erschienen: Band I: The Pentateuch according to Targum Onkelos (1959); Band II: The former Prophets according to Targum Jonathan (1959); Band III: The latter Prophets according to Targum Jonathan (1962); Band IV A: The Hagiographa. Transition from Translation to Midrash (1968); in BHS zusammengefaßt mit der Ausgabe der Hagiographen von Lagarde (s. u.) unter $\mathfrak{T}$.

c) Außer den genannten Ausgaben werden in BH berücksichtigt: Das Targum zu den *Ketubim*, das P. de Lagarde 1873 herausgab (Hagiographa Chaldaice, zitiert in BH mit $\mathfrak{T}^{L}$ $\langle\mathfrak{T}\rangle$); eine Auswahl von Targumtexten, die $\mathfrak{T}^{L}$ $\langle\mathfrak{T}\rangle$ auf Grund alter Handschriften und Drucke *A. Merx* mit Anmerkungen und Glossar 1888 veröffentlichte (Chrestomathia targumica, zitiert in BHK mit $\mathfrak{T}^{M}$); die Targume der Rabbinerbibel des *Jakob ben Chajim* von $\mathfrak{T}^{M}$ 1524/25 (zitiert BHK $\mathfrak{T}^{B}$) und die reiche Materialsammlung der Londoner $\mathfrak{T}^{B}$ Polyglotte des *Brian Walton* von 1654/57 (zitiert BHK $\mathfrak{T}^{W}$). $\mathfrak{T}^{W}$

3. Das samaritanische Targum (zitiert in BH mit ɯ^{T}). Auch bei den ɯ^{T} Samaritanern wurde ihr heiliger Text, der Pentateuch, ins Aramäische übersetzt. Zu einer offiziellen Redaktion kam es jedoch nicht. So bietet fast jede der erhaltenen Handschriften einen besonderen Text. «Wir haben hier ein ausgezeichnetes Beispiel eines Targums in seinem früheren Sta-

[1] Herausgegeben von A. Berliner (Leipzig, 1877) und von S. Landauer (Amsterdam, 1896).

dium, durch welches im allgemeinen Bibelübersetzungen hindurchgehen, bevor ein endgültiger Text geschaffen ist»[1].

Ausgaben: Pariser (1645) und Londoner Polyglotte (1657); C. Petermann, Pentateuchus Samaritanus (1872–91, wissenschaftlich nicht genügend). Fragmente edierte und erläuterte P. Kahle in der Zeitschrift für Assyriologie XVI (1901) und XVII (1902). Eine neue Ausgabe des samaritanischen Targums wird von Pater José Ramón Díaz auf Grund der besten, auf alte Vorlagen zurückgehenden Handschriften vorbereitet[2].

S

VII Die syrische Übersetzung (Peschitta [S])

1. Name und literarisches Problem. Die syrische Kirche bezeichnete – allerdings ziemlich spät – die in ihr gebräuchliche Übersetzung des Alten Testaments als Peschitta (jacobitische Aussprache Peschitto), d. h. «die einfache» (Übersetzung). In welchem Sinne dieser Name gemeint ist, ist nicht sicher. Vielleicht soll die Übersetzung damit als die gewöhnliche (vulgaris) gekennzeichnet werden, vielleicht auch als nicht paraphrasierende; oder will man sie als «einfache» von der auf die Hexapla zurückgehenden sogenannten «Syrohexaplaris» (vgl. S. 60) unterscheiden?

Das literarische Problem der Peschitta ist ziemlich verwickelt und leidet darunter, daß wir keine kritische, die handschriftliche Überlieferung darbietende Ausgabe besitzen. Syrische Nachrichten über die Entstehung der Peschitta sind legendärer Natur – eine Tradition z. B. datiert die Übersetzung in das Zeitalter des Königs Salomo, während andere christliche Herkunft behaupten – und helfen kaum weiter.

Die Peschitta hat, wie die handschriftliche Überlieferung und die in der patristischen Literatur überlieferten Bibelzitate mit ihren Abweichungen vom Standardtext zeigen, eine komplizierte Textgeschichte durchgemacht. Am besten erforscht sind bis jetzt die Verhältnisse im Pentateuch. Die schon seit einem Jahrhundert beobachtete Ähnlichkeit zwischen den Targumim und der Peschitta hat in den letzten Jahrzehnten zu der These geführt, daß diese aus einem in das Ostaramäische (Syrische) umgegossenen westaramäischen Targum hervorgegangen sei. Nachdem Baumstark, Kahle und Peters (s. Lit.) schon einzelne Nachweise für die Berührung zwischen Targumim und Peschitta gegeben hatten, ist es A. Vööbus durch

[1] Kahle, Cairo Geniza ([2]1959), S. 52 (dt. S. 56).

[2] Vgl. J. R. Diaz, Ediciones del Targum samaritano, Estudios Biblicos XV (1956), S. 105–108.

tiefes Eindringen in die handschriftliche Überlieferung und patristische Literatur gelungen, für den Pentateuch eine ältere Stufe der Peschitta nachzuweisen, die den Targumim so nahe steht, daß man auf direkte Abhängigkeit von einem altpalästinischen Targum schließen muß[1]. Für Jes kam Delekat zu ähnlichem Ergebnis[2]. Damit legt sich eine direkte jüdische Herkunft der Peschitta nahe, und diese wäre auch geschichtlich leicht begreiflich. Im ersten Jahrhundert nach Christus wurden für einige Jahrzehnte (etwa zwischen 40 und 70) Herrscherhaus und führende Kreise der Adiabene (östlich vom Tigris) für den jüdischen Glauben gewonnen. Sie benötigten nun eine Übersetzung des Alten Testaments, vor allem des Pentateuchs, in ihre Sprache, das Syrische. So würden also die Anfänge der Syrischen Übersetzung in die Mitte des 1. Jahrhunderts nach Christus fallen[3].

Nach anderen ist die Peschitta christlichen bzw. judenchristlichen Ursprungs, wofür eine gewisse Nachlässigkeit in der Wiedergabe der levitischen Gesetze und die syrische Tradition, die jedoch nicht einhellig ist (s. oben), geltend gemacht werden. Eine abschließende Antwort kann nicht gegeben werden, wie überhaupt viele Fragen der Frühgeschichte noch unbeantwortet sind.

Auch die weitere Textgeschichte ist kompliziert und nur teilweise erhellt. Daß die Urpeschitta eine oder mehrere einschneidende Revisionen erlebt hat, durch die das targumische Gepräge abgeschwächt wurde, wird aus der Überlieferung deutlich. Doch dauerte es lange, bis sich der revidierte Text ganz durchsetzte: weniger revidierte oder gar unrevidierte Bibelhandschriften blieben noch lange in Umlauf. Überhaupt haben auf syrischem Gebiet Jahrhunderte lang verschiedene Textgestalten miteinander gerungen: neben dem revidierten Text standen archaische Traditionen, aber auch die LXX und Syrohexaplaris mit Lesarten der jüngeren griechischen Übersetzungen am Rande sowie – wegen der wenig verbreiteten hebräischen Kenntnisse in geringerem Maße – der masoretische Text waren bekannt und machten ihren Einfluß geltend. Am stärksten war die Einwirkung der LXX. Das ist bei der textkritischen Verwertung der Peschitta besonders zu beachten. Übereinstimmungen zwischen ihr und LXX können durch nachträgliches Eindringen von LXX-Lesarten veranlaßt

[1] A. Vööbus, Peschitta und Targumim des Pentateuchs (1958); vgl. jedoch die kritische Rezension J. Zieglers, Theol. Revue 58 (1962), S. 304ff.

[2] L. Delekat, ZAW 69 (1957), S. 21ff.; Bibl 38 (1957), 185ff., 321ff.

[3] Vgl. P. Kahle, The Cairo Geniza, ([2]1959), S. 270ff. (dt. S. 285ff.).

sein. In solchem Fall kommt dem doppelten Zeugnis natürlich nur einfaches Gewicht zu.

So haben verschiedene Hände an der Peschitta gearbeitet, und sie ist in den verschiedenen Büchern sehr ungleichartig. Weitere Untersuchungen sind nötig, um hinsichtlich der Geschichte und der textkritischen Bedeutung *aller* Bücher des Alten Testaments zu fundierten Ergebnissen zu gelangen. Doch läßt sich schon heute sagen, daß unter den Textzeugen die Peschitta einen bedeutsamen Platz einnimmt und in der textkritischen Arbeit unbedingt beigezogen werden sollte.

2. Handschriften und Ausgaben. Da sich die syrische Kirche im 5. Jahrhundert in Nestorianer und Jacobiten spaltete, haben wir die nestorianische (ostsyrische) und jacobitische (westsyrische) Überlieferung zu unterscheiden. Es gibt eine Reihe von alten Peschitta-Handschriften[1] vom 5. Jahrhundert nach Christus an, so die Handschrift des Britischen Museums Add. 14, 425 aus dem Jahre 464 mit den Büchern Gen, Ex, Num, Dt. Die bedeutendste ist der westsyrische *Codex Ambrosianus* in Mailand aus dem 6. oder 7. Jahrhundert, der das gesamte Alte Testament enthält, photolithographisch herausgegeben von A. M. Ceriani: Translatio
$\mathfrak{S}^{A}$ Syra Pescitto Veteris Testamenti 1876 ($\mathfrak{S}^{A}$).

Von Bedeutung sind auch die Zitate syrischer Kirchenväter, wie Ephraems des Syrers († 373) und des Aphraates, die in die Zeit vor der Spaltung zurückreichen. In BHK sind Lesarten des Aphraates, dessen 23 Abhandlungen vom Jahre 337 und 345 die ältesten erhaltenen selbständigen
$\mathfrak{S}^{Aphr}$ Schriftwerke in syrischer Sprache darstellen, unter $\mathfrak{S}^{Aphr}$ angeführt.

Es gibt keine wissenschaftlichen Ansprüchen genügende *Peschittaausgabe.* Dem auch für andere Ausgaben maßgebend gewordenen Text der Pariser Polyglotte von 1645 lag als Hauptquelle eine schlechte Handschrift des 17. Jahrhunderts zugrunde. Obwohl man die Mängel dieser Ausgabe erkannte, wurde sie 1657 in der Londoner Polyglotte von Walton von
⟨$\mathfrak{S}^{W}$⟩ neuem, jedoch in verschlechterter Form abgedruckt ($\mathfrak{S}^{W}$); dazu brachte der sechste Band die Lesarten einiger syrischer Handschriften. Die folgenden Ausgaben sind alle zu praktischen Zwecken veranstaltet und sollten den Resten der alten Syrer in den kurdischen Bergen, am Urmiasee und in Nordpersien dienen. Ihr kritischer Wert ist gering. Die Ausgabe von Lee (1823) stützt sich im wesentlichen auf die Londoner Polyglotte (zitiert in
$\mathfrak{S}^{L}$ BH $\mathfrak{S}^{L}$), dazu hat Lee einige Handschriften herangezogen. Die Ausgabe

[1] Vgl. List of Old Testament Peshitta Manuscripts, edited by the Peshitta Institute Leiden University (1961); dazu Ergänzungen I–IX, VT XII (1962) – XX (1970).

von Urmia (1852, Neudruck 1954; zitiert $\mathfrak{S}^{U}$) der American Protestant $\mathfrak{S}^{U}$
Missionary Society und die 1887/91 veranstaltete Ausgabe der Dominikaner von Mossul (Neudruck Beirut 1951; zitiert in BHS $\mathfrak{S}^{M}$) gehen im $\langle\mathfrak{S}^{M}\rangle$
Unterschied zu den früher genannten auf die ostsyrische Überlieferung zurück.

Einzelausgaben veranstaltete u. a. W. E. Barnes. 1904 erschien «The Peshitta Psalter according to the West Syrian Text edited with an Apparatus Criticus», 1914 der für den praktischen Gebrauch bestimmte, aber Handschriftenstudien berücksichtigende «Pentateuchus Syriace post Samuelem Lee, recognovit, emendavit, edidit G. E. Barnes, adiuvantibus C. W. Mitchell, I. Pinkerton.»

Eine neue Ausgabe der Peschitta wird im Auftrage der International Organization for the Study of the Old Testament von P. A. H. de Boer am Peshitta-Institut der Universität Leiden vorbereitet. Bisher wurde vorgelegt: The Old Testament in Syriac according to the Peshitta Version, Sample edition: Song of Songs – Tobit – 4 Ezra (1966). – General preface to the complete work, by P. A. H de Boer and W. Baars (1972). – Part IV, fascicle 6 (enthält einige Apokryphen und Pseudepigraphen), hg. von H. Schneider, W. Baars, J. C. H. Lebram (1972).

C Die übrigen Übersetzungen

𝔏

VIII Die Vetus Latina (𝔏)

1. Entstehung und Problem. Während in Rom bis zu der im 3. Jahrhundert nach Christus einsetzenden Gegenbewegung das Lateinische auf dem Gebiet der Religion und Philosophie vom Griechischen verdrängt wurde, hat es sich in Südgallien und Nordafrika stärker behauptet. So stoßen wir zuerst in diesen Gebieten um 150 nach Christus auf lateinische Bibeltexte. *Tertullian* (geb. um 160 in Karthago) benutzte offenbar eine schriftliche Bibelübersetzung, deren Latein sich von seinem eigenen deutlich unterscheidet. Auch die lateinische Übersetzung ist durch praktische Bedürfnisse des Gottesdienstes und der privaten Erbauung veranlaßt. Zunächst wird man die im Gottesdienst verlesenen Texte für die des Griechischen Unkundigen mündlich ins Lateinische übersetzt, dann diese Übersetzung niedergeschrieben und auf alle Bücher ausgedehnt haben. Es steht fest, daß Cyprian († 258) seine Bibelzitate einer altlateinischen Bibel entnahm.

Die Vorlage für diese, zur Unterscheidung von der späteren Übersetzung des Hieronymus *Vetus Latina* genannte Übersetzung ist natürlich die in den christlichen Gemeinden gebräuchliche LXX gewesen; man hat sie deshalb als «Septuaginta im lateinischen Gewand» bezeichnet[1]. Für 𝔊 ist die Vetus Latina insofern ein besonders wichtiger Textzeuge, als man von ihr erwarten kann, daß sie uns in die Zeit vor die LXX-Rezensionen zurückführt. Ihrer textkritischen Verwertung stellen sich indes vorläufig noch große Schwierigkeiten entgegen, die nur durch eine alles Material zusammenfassende Ausgabe und davon ausgehende Untersuchungen zu überwinden sind. Das Grundproblem der Vetus-Latina-Forschung ist die Frage, ob es eine einzige Urübersetzung gegeben hat, auf die die verschiedenen Textformen zurückgeführt werden können, oder ob wir mit mehreren selbständigen Übersetzungen zu rechnen haben. Aussagen der Kirchenväter lassen an mehrere Übersetzungen denken, so wenn Augustin

[1] J. Ziegler, Antike und moderne lateinische Psalmenübersetzungen, SAM (1960), S. 5.

zwischen der Itala und mehreren anderen lateinischen Übersetzungen unterscheidet. Das Problem ist deshalb so schwer zu entscheiden, weil auch eine etwa vorhandene Urübersetzung keinen offiziellen Charakter trug und nicht als unantastbar galt: Eingriffe, die besonders auf Verbesserung des Vulgärlateins und auf engeren Anschluß an die griechische Vorlage zielten, konnten die Urgestalt unabhängig voneinander derart verändern, daß die entstandenen Texte kaum noch ihre gemeinsame Herkunft erkennen lassen. Deutlich läßt sich jedenfalls ein afrikanischer und ein wieder in Untertypen zerfallender europäischer Text unterscheiden. So muß der Name Vetus Latina mehr als Sammelname denn als Bezeichnung eines einzigen Textes verstanden werden. Angesichts der Buntheit der Überlieferung, die von steter Arbeit an den Texten zeugt, darf man nur von einem Teil des vorhandenen Materials erwarten, daß es von den Septuaginta-Rezensionen unbeeinflußt ist.

2. Ausgaben und Handschriften. Da die Vetus Latina im Laufe des Frühmittelalters von der Vulgata verdrängt wurde, verlor man das Interesse an ihrer handschriftlichen Überlieferung. So kommt es, daß sie nicht in vollständigen Handschriften vorliegt wie etwa 𝔊. Vielmehr muß man sie aus fragmentarischen Handschriften, liturgischen Büchern, Zitaten der Kirchenväter in Kommentaren, Predigten, Briefen usw. zusammensuchen. Eine Zusammenstellung des zu seiner Zeit bekannten Materials bot der Benediktiner *Pierre Sabatier* (1682–1742): Bibliorum sacrorum latinae versiones usw. (1739–49) (𝔏). Sabatier gibt in einer Kolumne den zusammenhängendsten Text der Vetus Latina, den er für die betreffende Stelle jeweils finden konnte, daneben die Vulgata, in den Anmerkungen sonstiges Material zu 𝔏. Natürlich blieben im 𝔏-Text viele Lücken. 𝔏

Eine Reihe nichtveröffentlichter altlateinischer Texte des Alten Testaments hat S. Berger zusammengestellt in Notices et Extraits des Manuscrits de la Bibliothèque Nationale et autres Bibliothèques, Tome 34, II (1893), S. 119–152 [BHK: 𝔏 (Berger)]. 𝔏 (Berger)

Eine den heutigen methodischen Anforderungen entsprechende und das seit Sabatier bekannt gewordene Material einbeziehende Ausgabe wurde 1949 begonnen: Vetus Latina. Die Reste der altlateinischen Bibel nach Petrus Sabatier neu gesammelt und herausgegeben von der Erzabtei Beuron (Herausgeber P. Bonifatius Fischer). Diese große Ausgabe soll umfassen: 1. alle altlateinischen Bibelhandschriften und Bibelfragmente; 2. alle Zitate in den Schriften der Kirchenschriftsteller bis zur Zeit Isidors von Sevilla (etwa 560–636), von denen der folgenden Zeit alles Wichtige bis zur karolingischen Epoche. Bisher erschienen vom Alten Testament: Band 1 (Sigel); Band 2, Genesis (in BHS unter $\mathfrak{L}$).

In BH sind neben den Sammlungen von Sabatier und Berger folgende Handschriften berücksichtigt:

a) *Konstanzer altlateinische Propheten- und Evangelienbruchstücke* (Tafel 40) mit Glossen nebst zugehörigen Prophetentexten aus Zürich und
$\mathfrak{L}^{D}$ St. Gallen, herausgegeben und bearbeitet von P. Alban Dold, 1923 ($\mathfrak{L}^{D}$). Zusammenfassende Ausgabe und Untersuchung von Fragmenten einer wahrscheinlich im 5. Jahrhundert in Oberitalien geschriebenen Konstanzer Prophetenhandschrift, die seit 1856 in den Einbänden von 26 Pergamenthandschriften zum Vorschein kamen. Fragmente von Hos, Am, Mi, Jo, Jon, Na, Ez, Da.

b) *Würzburger Palimpsestkodex*, veröffentlicht von Ernst Ranke: Par
$\mathfrak{L}^{h}$ palimpsestorum Wirceburgensium, 1871 ($\mathfrak{L}^{h}$). Die untere Schrift aus dem 5. Jahrhundert (Heimat mittleres Ostfrankreich) enthält Bruchstücke des Pentateuch und der Propheten.

$\mathfrak{L}^{L}$ c) *Codex Lugdunensis*, (Tafel 41) Stadtbibliothek Lyon ($\mathfrak{L}^{L}$). Ausgaben: U. Robert, Pentateuchi versio latina antiquissima e codice Lugdunensi (1881); Ders., Heptateuchi partis posterioris versio latina antiquissima e codice Lugdunensi (1900). Unziale des 7. Jahrhunderts, wahrscheinlich in Lyon geschrieben. Die heute verstümmelte Handschrift enthält Teile von Gn 16,9 bis Jdc 20,31.

$\mathfrak{L}^{Lg}$ d) *Codex Gothicus Legionensis*, Léon, S. Isidoro ($\mathfrak{L}^{Lg}$). Vulgatabibel aus dem Jahre 690; am Rand zahlreiche altlateinische Lesarten vom gleichen Schreiber, im Alten Testament zum Heptateuch, I und II S, I und II R, Ch.

e) *Palimpsestus Vindobonensis*, seit 1919 in der Biblioteca Nazionale in
$\mathfrak{L}^{Vind}$ Neapel ($\mathfrak{L}^{Vind}$). Untere Schrift aus dem 5. Jahrhundert, Heimat wahrscheinlich Italien. Erhalten sind Teile von Gn, Ex, Lv. Was davon Belsheim, Palimpsestus Vindobonensis, 1885 ediert hat, ist fehlerhaft (Dold, Fischer).

In BHS sind ferner berücksichtigt:

$\langle\mathfrak{L}^{G}\rangle$ f) *Codex Parisinus Latinus bibliothecae nationalis 11947* ($\mathfrak{L}^{G}$). Altlateinischer Psalter des 5./6. Jahrhunderts, vielleicht aus der Benediktinerabtei Corbie (Frankreich). Jetzt in der Bibliothèque Nationale in Paris.

$\langle\mathfrak{L}^{R}\rangle$ g) *Codex Veronensis* ($\mathfrak{L}^{R}$). Griechisch-altlateinischer Psalter der Kapitelsbibliothek von Verona aus dem 6. Jahrhundert. Den Psalmen sind folgende Cantica angefügt: Ex 15,1-21; Dt 32,1-44+31,30; 1S 2,1-10;

Jes 5,1-9; Jon 2,3-10; Hab 3,2-19; Lk 1,46-55; Da 3,51-90. S. auch 𝔊R S. 77.

h) *Fragmenta Sangallensia Prophetarum* (𝔏S). Sie entstammen einer ⟨𝔏S⟩
Bibelhandschrift des 9./10. Jahrhunderts, «deren Blätter einst als Buchbindematerial in Einbänden von St. Galler Codices Verwendung gefunden hatten» (Dold). Herausgegeben und bearbeitet von P. A. Dold: Neue St. Galler vorhieronymianische Propheten-Fragmente der St. Galler Sammelhandschrift 1398b zugehörig, Texte und Arbeiten 31 (1940). Fragmente zu Ez, Da, Hos, Am, Hab, Zeph; weitere Fragmente derselben Herkunft in der unter a) genannten Veröffentlichung.

Vielfach sind altlateinische Bibeltexte in Schriften der Kirchenväter erhalten, so z. B. in denen des Ambrosius, Bischof von Mailand († 397), zitiert in BHS als Ambr. ⟨Ambr⟩

IX Die Vulgata (𝔙) 𝔙

1. Die Übersetzung des Hieronymus. Wir sahen, daß der biblische Text in der lateinisch sprechenden Kirche in sehr verschiedenen Gestalten umlief. Ein einheitlicher und zuverlässiger Text wurde in Theologie und Praxis schmerzlich vermißt. So sah sich Papst Damasus I. (366–384) veranlaßt, den durch seine Kenntnis der lateinischen, griechischen und hebräischen Sprache besonders geeignet erscheinenden Hieronymus mit der Hie(r)
Herstellung eines zuverlässigen Textes zu beauftragen. Hieronymus war ⟨Hier⟩
etwa zwischen 340 und 350 in Dalmatien geboren, hatte in Rom Grammatik und Rhetorik studiert und sich dann, mit wechselndem Aufenthalt im Westen und Osten des Reiches, asketischen Übungen und theologischen Studien gewidmet. So hatte er, als Eremit in der Wüste Chalkis lebend, bei einem Judenchristen Hebräisch gelernt und später, bereits Priester, Apollinarius von Laodicea und Gregor von Nazianz gehört. 382 nach Rom zurückgerufen, wurde er mit der Arbeit an der lateinischen Bibel betraut, die er erst in Rom und vom Herbst 386 ab als Vorsteher eines Klosters in der Nähe von Bethlehem in einem weit über den ursprünglichen Plan hinausgehenden Umfang durchführte. Wir können hier nur auf seine Arbeit am Alten Testament eingehen.

Dabei sind verschiedene Stufen zu unterscheiden:

a) Zunächst überarbeitete Hieronymus den Psalter flüchtig (cursim) und teilweise nach der zu seiner Zeit in kanonischem Ansehen stehenden LXX. Diese Überarbeitung wurde in die Liturgie der Stadt Rom eingeführt und erhielt deshalb den Namen *Psalterium Romanum*. Sie wird noch heute im Offizium von St. Peter gebraucht und findet sich in den Psalmentexten älterer Meßformulare[1].

b) Eine zweite Überarbeitung des Psalters nahm Hieronymus in Palästina nach der in Cäsarea Palaestinae sich befindenden Hexapla des Origenes vor. Dieser Psalter, der zuerst in Gallien im Gottesdienst gebraucht
⟨Ga⟩ wurde und deshalb *Psalterium Gallicanum* ⟨Ga⟩ heißt, wurde bald überall eingeführt und bis heute in die offizielle römische Ausgabe der Vulgata übernommen[2]. Es handelt sich im wesentlichen um eine nach der 5. Kolumne der Hexapla revidierte Vetus Latina. Wie es scheint, revidierte Hieronymus in dieser Weise außer dem Psalter das ganze Alte Testament, aber nur das Buch Hiob und Fragmente von Prv, Cant und Qoh blieben erhalten.

c) Das Werk, das die eigentliche Tat des Hieronymus darstellt, seine Bedeutung in der Textgeschichte ausmacht und die weittragendste kulturgeschichtliche Wirkung ausübte, ist die *Übersetzung des Alten Testaments aus dem Hebräischen*, die er etwa in den Jahren 390–405 bewerkstelligte. Zu dieser Übersetzung aus dem Urtext war unter den abendländischen Christen allein er dank seiner hebräischen Kenntnisse imstande. Wie neuartig, ja geradezu unerhört sein Unternehmen war, können wir – um von massiven Angreifern, denen er als «falsarius» galt, zu schweigen – daran ermessen, daß selbst ein Augustin sehr beunruhigt war darüber, daß sich Hieronymus über die kanonisch gewordene, inspirierte LXX hinwegsetzte und auf einen Text zurückgriff, den außer ihm niemand in der Kirche verstehen konnte. Augustin befürchtet von diesem Werk geradezu eine Spaltung der griechischen und lateinischen Kirchen und hat seine Bedenken gegen den kirchlichen Gebrauch der Übersetzung aus dem Hebräischen nie aufgegeben. Die Diskrepanz zwischen Hieronymus und Augustin beruht letztlich auf einer verschiedenen Auffassung der LXX. Augustin sieht sie als inspiriert an («Spiritus enim, qui in prophetis erat, quando illa dixerunt, idem ipse erat etiam in septuaginta uiris, quando illa inter-

[1] Ausgabe: R. Weber, Le Psautier Romain et les autres anciens Psautiers Latins (Collectanea Biblica Latina X, 1953). – Die These von de Bruyne (Rev. Bénéd. 42, 1930), daß das Psalterium Romanum nichts mit dieser Revision des Hieronymus zu tun habe, ist umstritten.

[2] Veröffentlicht als zehnter Band der großen Vulgataausgabe (s. S. 97f.): Liber Psalmorum ex recensione Sancti Hieronymi (1953). Hier ist auch die «Epistula ad Sunniam et Fretelam» beigegeben, in der sich Hieronymus über die von ihm befolgte Methode und einzelne Psalmenstellen äußert. Vgl. auch J. Ziegler, Antike und moderne lateinische Psalmenübersetzungen (1960).

pretati sunt», De Civitate Dei, lib. XVIII cap. 43), während Hieronymus die Inspiration der Septuaginta bestreitet («Aliud est enim vatem, aliud esse interpretem: ibi Spiritus ventura praedicit, hic eruditio et verborum copia ea quae intellegit transfert», Praefatio in Pentateuchum, Biblia Sacra iuxta Latinam Vulgatam Versionem I, 1926, S. 67)[1].

Indes war Hieronymus kein Bilderstürmer, und man darf die Selbständigkeit seiner Übersetzung nicht überschätzen, auch wenn er nach neuerer Anschauung über bedeutendere Kenntnisse des Hebräischen verfügte, als man früher annahm[2]. Da Wörterbuch und Grammatik zu seiner Zeit fehlten, bestanden seine wichtigsten Hilfsmittel in den griechischen Übersetzungen der Septuaginta, des Aquila, Symmachus und Theodotion und in den Belehrungen, die ihm von jüdischer Seite zuteil wurden. Er war also schon von daher auf die Bahnen der Tradition geführt, und die Einflüsse der erwähnten Hilfsmittel lassen sich an seinem Werk deutlich beobachten[3]. Dazu nötigten ihn das Mißtrauen, das seiner Arbeit von den meisten Theologen entgegengebracht wurde, und doch wohl auch das eigene kirchliche Bewußtsein zur Rücksicht auf den geläufigen lateinischen Text[4]. Manche Stelle hat er auch ganz christlich uminterpretiert. Auf der anderen Seite verleugnet die Übersetzung nicht die griechisch-römische Bildung ihres Autors, wenn auch in der Sprache mancherlei auf die Rechnung späterer Bearbeiter gesetzt werden muß. So hat die im Gange befindliche römische Ausgabe (s. unten S. 97f.) darüber belehrt, «daß der ‹Ciceronianismus› der Vulgata zum guten Teil von Alkuin herrührt. Gewiß hat Hieronymus sich an vielen Stellen dem klassischen Latein wieder genähert, aber doch andererseits mehr (wirkliche oder vermeintliche) ‹Vulgarismen› beibehalten, als der bisherige Text vermuten ließ.»[5]

[1] Vgl. auch W. Schwarz: Principles and Problems of Biblical Translation, Cambridge (1955), S. 26ff.

[2] Vgl. B. Kedar-Kopfstein, The Vulgate as a Translation, Diss. Hebrew University Jerusalem 1968, S. 50ff.; J. Barr, St. Jerome's Appreciation of Hebrew, BJRL 49 (1966/67), S. 281ff.

[3] In wie großem Umfang Hieronymus den jüngeren griechischen Übersetzern, namentlich Aquila und Symmachus, verpflichtet ist, zeigt die mit reichem Belegmaterial versehene Untersuchung von J. Ziegler, Die jüngeren griechischen Übersetzungen als Vorlagen der Vulgata in den prophetischen Schriften, Vorl.-Verzeichnis Braunsberg (Wintersemester 1943/44).

[4] G. Q. A. Meershoek, Le Latin biblique d'après Saint Jérôme, Latinitas Christianorum Primaeva, Fasc. 20 (1966), S. 244 spricht von einer «fidelité à la consuetudo». Wie für die Evangelien verdiene für viele Bücher des Alten Testaments die Version des Hieronymus mehr den Namen einer Revision als einer Übersetzung.

[5] F. Stummer, ZAW N. F. 17 (1940/41), S. 258.

Das Werk des Hieronymus ist also von Anfang an ein durchaus komplexes Gebilde gewesen, und die späteren Schicksale, die weiter unten nur kurz angedeutet werden können, haben diese Komplexität noch vermehrt. Das beeinträchtigt die textkritische Verwertung sehr stark, denn von dieser Übersetzung auf die hebräische Vorlage des Hieronymus zu schließen, ist schwierig und nur nach eingehendem Studium möglich. Stummer hat mit Recht formuliert: «Wo Hieronymus mit der Septuaginta oder den späteren Übersetzern gegen unseren heutigen Masoratext übereinstimmt, scheidet er meines Erachtens überhaupt aus. Denn das beweist höchstens, daß die *Septuaginta* seiner Zeit oder einer der Späteren so und so las, nicht aber ohne weiteres, daß auch der hebräische Text, der ihm vorlag, von dem unseren verschieden war.»[1]

2. Die Geschichte der Vulgata[2]. Erst im Verlauf der Jahrhunderte hat sich die Übersetzung des Hieronymus die allgemeine Anerkennung errungen, die seit dem 16. Jahrhundert in dem Namen «Vulgata» ihren Ausdruck gefunden hat[3]. Anfang des 7. Jahrhunderts stand sie in Ansehen und Gebrauch auf einer Stufe mit der Vetus Latina, im 8. und 9. Jahrhundert hat sie sich dieser gegenüber durchgesetzt. Bei dem Nebeneinander zweier lateinischer Bibeltexte konnte es nicht ausbleiben, daß sich beide gegenseitig beeinflußten. Von großer Bedeutung wurde die Revision *Alkuins* (730/35–804), der Karl dem Großen nahestand und seit 796 Abt von St. Martin in Tours war. Er griff freilich, wie schon erwähnt, in stilistischer Hinsicht in die Übersetzung des Hieronymus ein. Sein Text wurde durch die Schreibschule von Tours zum «Normaltext im Frankenreich» und hat damit «den Schlußpunkt unter eine Entwicklung gesetzt, die nach wechselnden, Jahrhunderte währenden Kämpfen dem Vulgatatext des heiligen Hieronymus schließlich die unbestrittene Alleinherrschaft sicherte.»[4] Für die Zisterzienserklöster schuf der Abt *Stephan Harding* um 1100 eine wissenschaftlich bedeutende Rezension. Im späteren Mittelalter war der neu rezensierte Normaltext der sog. Pariser Bibel[5] von großem Einfluß.

[1] F. Stummer, Einführung in die lateinische Bibel (1928), S. 123.

[2] Vgl. dazu R. Loewe, The Medieval History of the latin Vulgate, CHB II (1969), S. 102–154.

[3] Zur Geschichte des Namens Vulgata vgl. E. F. Sutcliffe, Bibl 29 (1948), S. 345ff.; A. Allgeier, ebenda S. 353ff.

[4] B. Fischer, Die Alkuin-Bibel, Aus der Geschichte der lateinischen Bibel 1 (1957), S. 19.

[5] In einer nur leicht korrigierten Gestalt wurde dieser Pariser Text durch die erste Gutenbergbibel von 1452/55 und davon abhängige Drucke im 15. Jahrhundert weit verbreitet; vgl. H. Schneider, Der Text der Gutenbergbibel, Bonner Bibl. Beitr. 7 (1954.)

Durch sie fand die Kapiteleinteilung des Pariser Magisters Stephan Langton, des späteren Erzbischofs von Canterbury († 1228), allgemeine Aufnahme.

Epochemachend in der späteren Geschichte der Vulgata war das Dekret des Tridentinischen Konzils vom 8. April 1546, das die Vulgata gegenüber den vielerlei neuen Übersetzungen zur authentischen Bibel der katholischen Kirche erklärte, «d. h. in Sachen der Glaubens- und Sittenlehre beweiskräftig, ohne daß deshalb etwa die Septuaginta oder gar der hebräische Urtext bzw. beim Neuen Testament der griechische verworfen oder verboten würde.»[1]

Diese Auszeichnung der Vulgata erforderte auch eine offizielle Textausgabe, die jedoch fast ein halbes Jahrhundert auf sich warten ließ. Nach mancherlei Anläufen kam es 1589 zu der überstürzten, von ihm selbst redigierten Ausgabe Sixtus' V. (Sixtina), die nach seinem Tod zurückgezogen und durch die Ausgabe Clemens' VIII. (Clementina) ersetzt wurde (1. Ausgabe 1592; die 2. und 3. Ausgabe von 1593 bzw. 1598 brachten gewisse Verbesserungen). Obwohl auch diese Ausgabe keinen Anspruch erheben kann, den Text des Hieronymus wieder hergestellt zu haben, blieb sie der offizielle Text bis in die Gegenwart. Von den zahlreichen modernen Ausgaben der Clementina sei hier hervorgehoben: *Biblia Sacra Vulgatae Editionis. Editio emendatissima apparatu critico instructa cura et studio Monachorum Abbatiae Pontificiae S. Hieronymi in Urbe Ordinis S. Benedicti; Turin (1959)*. Der Apparat vergleicht, soweit erschienen, die kritischen Ausgaben von Rom (AT; s. unten) und Oxford (NT). Bei den Psalmen sind in Parallelkolumnen gedruckt: *Psalterium Gallicanum, Psalterium iuxta Hebraeos* (nach der kritischen Ausgabe von Dom H. de Sainte Marie, s. S. 98) und die *nova versio* des Päpstlichen Bibelinstituts von 1945.

Mit einer großangelegten, das reiche Handschriftenmaterial (ungefähr 8000 Handschriften) berücksichtigenden Ausgabe, die endlich ein Bild der Textüberlieferung gibt, ist seit 1907 der Benediktinerorden beauftragt. Nach eingehenden Vorarbeiten hat sie 1926 zu erscheinen begonnen unter dem Titel: *Biblia Sacra iuxta latinam vulgatam versionem ad codicum fidem ... cura et studio Monachorum Abbatiae Pontificiae S. Hieronymi in urbe ordinis S. Benedicti edita.* Erschienen sind bis jetzt der Pentateuch,

[1] F. Stummer, Einführung in die lateinische Bibel (1928), S. 172.

Jos, Jdc, Ru, Sm, Rg, Chr, Esra, Tobias, Judith, Est, Hi, Pss, Prv, Eccl, Cant, Sap Sal, Jes Sir[1].

Eine zweibändige Vulgata-Ausgabe hat die Württembergische Bibelanstalt veröffentlicht: Biblia Sacra iuxta Vulgatam Versionem; Adiuvantibus B. Fischer OSB, J. Gribomont OSB, H. F. D. Sparks, W. Thiele; Recensuit et brevi apparatu instruxit R. Weber OSB (1969). «Der Text gibt nicht die Clementina wieder, sondern ist eine wissenschaftliche Rezension nach den Handschriften mit Hilfe der großen kritischen Ausgaben» (S. XII), d. h. für das AT der oben genannten Ausgabe der Benediktiner, soweit erschienen. Deren Text ist, sorgfältig kontrolliert, in die Handausgabe übernommen und, wo es notwendig war, verbessert worden. Für die Propheten u. a. mußte der Text neu erstellt werden. Über die Editionsgrundsätze vgl. das Vorwort. Beim Psalter sind die Psalmen iuxta LXX (der gallikanische Psalter) und die Psalmen iuxta Hebraeos nebeneinander abgedruckt.

Eine kritische Ausgabe von Hieronymi Psalterübersetzung aus dem Hebräischen, die nicht in die Vulgata aufgenommen wurde, veranstaltete Henri de Sainte-Marie, Sancti Hieronymi Psalterium iuxta Hebraeos (Collectanea Biblica Latina XI, 1954).

𝔎

X Die koptischen Übersetzungen (𝔎)

Koptisch ist die Sprache der zum Christentum übergetretenen Nationalägypter, die in griechischen Buchstaben (Tafel 44) geschrieben wird. Zwar hat das Griechische in Ägypten eine sehr große Rolle gespielt, jedoch nicht unter der einheimischen Bauernbevölkerung. So mußte das Christentum bei der Ausbreitung in diesen Kreisen, die schon früh erfolgte, die durch griechischen Wortschatz bereicherte Volkssprache, das Koptische, verwenden. Da dieses in verschiedene Dialekte zerfällt, gab es mehrere, sprachlich unterschiedene Übersetzungen, in BH als koptische Übersetzung (𝔎) zusammengefaßt. Die älteste ist zweifellos die aus dem Griechischen über-
Sah ⟨Sa⟩ tragene *sahidische* (oberägyptische[2]) Übersetzung, die etwa um die Mitte

[1] Es sei noch darauf hingewiesen, daß einige in der Vulgata enthaltene Bücher von Hieronymus nicht bearbeitet wurden, weil er sie nicht für kanonisch hielt: Baruch (mit der Epistula Jeremiae), Weisheit, Jesus Sirach, I und II Makk. Diese Bücher liegen also in altlateinischer Übersetzung vor.

[2] Nach P. E. Kahle jr., Balaiza, Oxford (1954) war das Sahidische der offizielle Dialekt der einheimischen Bevölkerung Ägyptens und die offizielle Sprache von Alexandria lange vor der Christianisierung.

des 3. Jahrhunderts nach Christus wahrscheinlich von offiziellen kirchlichen Kreisen besorgt wurde. Ihr folgte die *achmimische*, aus dem Sahidischen übersetzt, und später, vielleicht im 4. Jahrhundert, die *bohairische* ⟨Bo⟩
(unterägyptische), die unabhängig von der sahidischen aus dem Griechischen übertragen wurde[1].

Für die textkritische Arbeit, besonders für das Studium der LXX, sind diese Übersetzungen wegen ihres altertümlichen Gepräges bedeutsam. Zahlreiche Handschriften und Handschriften-Fragmente, die vor dem Ende des 5. Jahrhunderts nach Christus geschrieben wurden, sind uns erhalten, nicht wenige gehen bis in das 3./4. Jahrhundert zurück. – Auf Grund des Materials, das von Grossouw und Ziegler für die Kleinen Propheten vorgelegt worden ist[2], hat P. Kahle vermutet, «daß der offizielle Septuaginta-Text, den Origenes für die 5. Kolumne der Hexapla festgestellt hat, die Grundlage der sahidischen Übersetzung gebildet hat.» «In der sahidischen Version der Kleinen Propheten haben wir also sehr wahrscheinlich einen Zeugen für den Septuaginta-Text des Origenes zu sehen, der vielleicht noch zu Lebzeiten des Origenes oder jedenfalls sehr bald nach seinem Tode übersetzt worden ist und der uns bereits im 4. Jahrhundert handschriftlich belegt ist (Jona in Budge, Biblical Texts – vgl. Abb. 44), ein Zeuge, der fast 400 Jahre älter ist als die von Paul von Tella im Jahre 616/17 übersetzte Syro-Hexaplaris, die bisher als die Hauptquelle für die Septuaginta des Origenes gegolten hat.»[3] Ziegler selber ist vorsichtiger. Er sieht in diesem und verwandten Textzeugen Hinweise darauf, «daß bereits vor Origenes verschiedene Stellen nach dem hebräischen Text verbessert worden sind; man muß sich also hüten, bei Übereinstimmung mit 𝔐 gleich an hexaplarischen Einfluß zu denken».[4]

XI Die äthiopische Übersetzung (𝔄) 𝔄

Um die Mitte des 4. Jahrhunderts wurden der König des aksumitischen Reiches (Hauptstadt Aksum) in Abessinien und sein Volk für das Christentum gewonnen. Eine Bibelübersetzung, für die nach dem in den ein-

[1] Zur Geschichte der koptischen Dialekte und der koptischen Bibelübersetzungen vgl. R. Kasser, Les dialectes coptes et les versions coptes bibliques, Biblica 46 (1965), S. 287–310.

[2] W. Grossouw, The Coptic Versions of the Minor Prophets. A contribution to the Study of the Septuagint. Roma (1938). – Ziegler, Bibl 25 (1944), S. 105ff.

[3] P. Kahle, ThLZ 79 (1954), Sp. 94. (Opera Minora [1956], S. 127).

[4] J. Ziegler, Duodecim Prophetae (1943), S. 34.

zelnen Texten differierenden Befunde neben der griechischen auch eine syrische und hebräische Vorlage möglich scheinen,[1] wird bald nach diesem Ereignis begonnen worden sein, ihre Vollendung dürfte aber längere Zeit, nach manchen mehrere Jahrhunderte, in Anspruch genommen haben. Wie weit diese ursprüngliche Übersetzung in den vorhandenen Handschriften (Tafel 45), deren älteste dem 13. Jahrhundert angehört, erhalten ist, ist fraglich. Jedenfalls muß mit weitgehender späterer Überarbeitung, meist unter arabischem Einfluß, gerechnet werden. Für das Dodekapropheton hat Ziegler festgestellt, daß die äthiopische Übersetzung häufig mit der alexandrinischen Gruppe der LXX zusammengeht. «Öfters zeigt Aeth eine sehr freie Wiedergabe; sie ist teils dadurch bedingt, daß dem Übersetzer der griechische Wortschatz nicht vertraut war, teils dem Bestreben entsprungen, geläufiger wiederzugeben und die schwere griechische Vorlage lesbarer zu gestalten»[2] (Vgl. auch S. 208).

Arm

XII Die armenische Übersetzung (Arm)

Nachdem die armenische Nationalkirche zunächst das Griechische und Syrische als Literatur- und Kirchensprachen verwendet hatte, schuf der armenische Priester Mesrop (etwa 361–439) Anfang des 5. Jahrhunderts das armenische Alphabet, wodurch erst eine armenische Literatur möglich wurde. In diesem Zusammenhang wurde auch die Bibel übersetzt. Die erste Übersetzung der Bibel, die etwa 414 vorlag, ist nach armenischer Nachricht aus der Peschitta geflossen, wofür mancherlei Argumente sprechen, und bald überarbeitet worden. Die endgültige offizielle Übersetzung, die auf uns gekommen ist, beruht auf der LXX, zeigt aber auch Einflüsse der Peschitta. Vielleicht handelt es sich bei dieser offiziellen Übersetzung auch nur um eine Revision der ersten Übersetzung mit Hilfe von LXX, zumindest in einigen Büchern[3].

[1] E. Ullendorff, Ethiopia and the Bible (1968), S. 56 denkt an ein «Team von Übersetzern». Er schreibt: «Work on one single linguistic Vorlage was, perhaps, the exception rather than the rule in the peculiar circumstances that obtained in the Aksumite kingdom of the fourth-sixth centuries.»

[2] J. Ziegler, Duodecim Prophetae (1943), S. 25.

[3] Freundlicher Hinweis von Prof. A. Vööbus-Chicago. – Auf den Einfluß hexaplarischer Handschriften auf die armenische Bibelübersetzung hat B. Johnson, Die armenische Bibelübersetzung als hexaplarischer Zeuge im 1. Samuelbuch, Coniectanea Biblica, Old Testament Series 2 (1968) aufmerksam gemacht.

XIII Die arabischen Übersetzungen (𝔄) 𝔄

Mit dem Siegeszug des Islam breitete sich die arabische Sprache aus und wurde auch für Juden und Christen in den eroberten Ländern zur Umgangssprache. So erwuchs das Bedürfnis nach arabischen Bibelübersetzungen, dem in mehreren, meist unabhängigen und auf Interpretation bedachten Versionen Rechnung getragen wurde (Tafel 46). Auf dem hebräischen Text beruhte die (teilweise erhaltene) Übersetzung des Saadja Gaon[1] (aus Ägypten, 928 Haupt der jüdischen Schule von Sura in Babylonien). Sie wurde auch von den Samaritanern ursprünglich übernommen, ist aber dauernd Änderungen unterworfen gewesen, die wir an Handschriften erkennen können. Der textus receptus der heute bei den Samaritanern gebräuchlichen arabischen Übersetzung wird einem Abu Saʿid zugeschrieben, der um die Mitte des 13. Jahrhunderts lebte[2].

Der textkritische Wert der arabischen Übersetzungen ist gering. Doch liefern sie einen Beitrag zur Geschichte der Exegese und vermögen Licht auf das Werden älterer Übersetzungen zu werfen und damit Anregungen zur Lösung ihrer Probleme zu geben[3].

Auch aus der Septuaginta, Peschitta und anderen Übersetzungen wurde in das Arabische übersetzt. Die Handschriften und Ausgaben (besonders der Polyglotten) vereinigen zumeist Übersetzungen ganz verschiedener Herkunft. Hinter dem Sigel 𝔄 der BH steht also keineswegs eine einheitliche arabische Übersetzung.

[1] R. Ecker, Die arabische Job-Übersetzung des Gaon Saadja ben Josef al-Fajjumi, Studien z. AT u. NT IV (1962).

[2] P. Kahle, The Cairo Geniza (^{2}1959), S. 55 (dt. S. 58).

[3] Vgl. R. Edelmann, Studia Orientalia I. Pedersen dicata (1953), S. 75.

D Die Textkritik

XIV Das Ziel der Textkritik

Die Textgeschichte hat deutlich gemacht, daß alle Textzeugen zeitlich und überlieferungsmäßig weit von dem ursprünglichen Text abstehen. Sie enthalten darum mannigfache Schreibfehler, wie sie die handschriftliche Überlieferung immer mit sich bringt, aber auch sonstige – beabsichtigte und unbeabsichtigte – Umgestaltungen des Ursprünglichen. Mit diesem Zustand kann sich die Wissenschaft vom Alten Testament nicht zufrieden geben. In der Arbeit der Textkritik sucht sie alle Änderungen aufzuspüren und den ältesten erreichbaren Text wiederherzustellen. Damit ist nicht der Wortlaut der einzelnen Sätze des Alten Testaments gemeint, in dem sie erstmals konzipiert wurden, sondern die Textgestalt, in der die alttestamentlichen Bücher vorlagen, als sie ihre heutige Gestalt nach Umfang und Inhalt bereits erreicht hatten und zu kanonischen Schriften wurden, was – im einzelnen verschieden – seit dem 4. Jahrhundert vor Christus geschah. Auch wenn man das Ziel so begrenzt, wird man sich keinen Illusionen über seine Erreichbarkeit im einzelnen hingeben dürfen. Einmal gibt es korrupte Stellen, deren Heilung wohl immer problematisch bleiben wird, wenn nicht neue Funde neue Möglichkeiten eröffnen. Dann aber ist zu bedenken, daß erst mit Abschluß der letzten Phase der Kanonisierung das Verhältnis zum Text ein so mechanisch gebundenes wurde, daß wir mit einer buchstäblichen Genauigkeit der Abschreiber rechnen dürfen. Dieser Epoche ging eine Zeit voraus, in der offensichtlich unbedeutende Änderungen im Wortlaut keinen Anstoß erregten, wenn nur der Sinn gewahrt blieb[1].

Die *Vor*geschichte unserer heutigen alttestamentlichen Bücher liegt außerhalb des Bereichs der Textkritik. Etwa die ipsissima verba der Propheten in ihrer vermutlichen Urgestalt zu rekonstruieren, die Schichten des Pentateuchs voneinander zu sondern, der Echtheitsfrage nachzugehen

[1] Vgl. dazu das zu den Vulgärtexten Gesagte (S. 18) und G.Douglas Young, Oudtestamentische Studiën VIII (1950), S. 295, aber auch schon J. Wellhausen, Der Text der Bücher Samuelis (1871), S. 16ff.

und ähnliches – das sind Aufgaben, die, neben anderen, von der sogenannten höheren Kritik, der Literarkritik und Exegese, zu behandeln sind. Auch wenn im praktischen Vollzug Textkritik, Literarkritik und Exegese sich oft eng berühren und zuweilen ineinander übergreifen, so ist doch grundsätzlich an der Unterscheidung dieser Arbeitsgebiete um der methodischen Sauberkeit willen festzuhalten.

XV Ursachen der Textverderbnis

1. Allgemeines. Besteht das Ziel der Textkritik darin, Textfehler auszumerzen und ursprüngliche Lesarten wiederherzustellen, so muß der Textkritiker eine klare Vorstellung davon haben, mit welchen Arten von Textfehlern er rechnen darf. Nun können Irrtümer beim Abschreiben eines Textes auf alle mögliche Weise entstehen, wie wir aus eigener Erfahrung wissen: zuweilen ist uns später selber nicht mehr klar, wie wir beim Abschreiben oder Nachschreiben zu diesem oder jenem Fehler kamen. Wir dürfen also von vornherein kaum erwarten, alle Fehler, die den alten Abschreibern – etwa infolge Ermüdung – unterlaufen sein mögen, aufklären und erklären zu können. Auch eine Lücke in der Vorlage durch schadhaft gewordenes Schreibmaterial, ein unleserlich gewordenes Wort oder eine ganze Wortgruppe können einen heute zweifelhaften oder als verderbt anzusehenden Text veranlaßt haben; ein Fehler kann mehrere andere nach sich gezogen haben, ohne daß wir in der Lage wären, die Entstehung exakt nachzuweisen. Die Annahme einer nicht mehr aufklärbaren Textverderbnis hat also in vielen Fällen ihr gutes Recht. Dennoch wird man aus naheliegenden Gründen versuchen, so wenig als möglich Gebrauch von ihr zu machen.

Neben diesen für uns nicht mehr durchschaubaren, weil auf dem irrationalen Zufall beruhenden Textverderbnissen gibt es eine Reihe von Fehlern, die immer wieder auftauchen, wo Texte handschriftlich verbreitet werden. Wo wir solche typischen Fehler aufweisen können, befinden wir uns in der Textherstellung auf verhältnismäßig sicherem Boden. Denn die begründete Diagnose der «Krankheit» zeigt auch den Weg zur Heilung. Unter den typischen Fehlern lassen sich zwei große Gruppen unterscheiden: Fehler, die als unbewußte, mechanische Versehen der Abschreiber zu beurteilen sind (Lese- und Schreibfehler), und Änderungen, denen ein Denkvorgang zugrunde liegt, der zu einer Abweichung von der Vorlage geführt hat (absichtliche Änderungen).

2. Lese- und Schreibfehler[1]. Darunter fallen alle Textfehler, die durch Verlesen und Verschreiben (auch durch Verhören beim Diktat) entstanden sind. Um deutlich zu machen, daß solche Fehler nicht nur von der modernen Textkritik angenommen werden, sondern tatsächlich unterlaufen sind und daß wir also mit ihrem Vorkommen auch in anderen Fällen rechnen dürfen, entnehmen wir nach Möglichkeit unsere Beispiele einem Vergleich zwischen 𝔐 und der Jesaja-Rolle 𝔔ᵃ (im folgenden = J-R). Da es sich dabei nur um einen Nachweis möglicher Fehler an Hand von Beispielen handelt, begnügen wir uns mit der Vorführung der Varianten, ohne sie im einzelnen zu diskutieren[2].

a) *Verwechslung ähnlich aussehender Buchstaben* ist die häufigste Ursache von Lese- und Schreibfehlern. Besonders häufig wurden in der Quadratschrift verwechselt:

α) ב *und* כ: Jes 28,20 𝔐 כהתכנס – J-R בהתכנס; Jes 28,21 𝔐 כהר, כעמק – J-R בהר, בעמק.

β) ד *und* ר: Jes 9,8 𝔐 וידעו – J-R וירעו; Jes 14,4 𝔐 מדהבה – J-R richtig מרהבה; Jes 47,10 𝔐 ברעתך – J-R בדעתך; Jes 33,8 𝔐 ערים – J-R richtig עדים.

γ) ה *und* ח: Jes 30,33 𝔐 תפתה – J-R תפתח; Jes 42,16 𝔐 מחשך – J-R מהשוכים; Jes 47,13 𝔐 (K) הברו – J-R חוברי (gleichzeitig י statt ו wie Q); Jes 51,9 𝔐 רהב – J-R רחוב.

δ) ה *und* ת: Jes 42,25 𝔐 חמה אפו – J-R richtig חמת אפו; Jdc 7,8 lies צדת העם statt צדה העם.

ε) ו *und* י: Jes 5,29 𝔐 ושאג – J-R ישאג (so auch Q); Jes 11,6 𝔐 ומריא – J-R ימרו; Jes 33,13 𝔐 ודעו – J-R ידעו.

ζ) ע *und* צ: II R 20,4 𝔐 העיר – nonn MSS Q Vrs חצר (gleichzeitig Verwechslung von ה und ח).

η) כ *und* נ: Jes 33,1 𝔐 כנלתך – J-R ככלותך.

Bei einem großen Teil des Alten Testaments müssen wir auch die Verwechslungsmöglichkeiten der althebräischen Schrift in Rechnung stellen. So dürfte in Ps 19,5 בהם aus בים durch Verwechslung von althebräischem י und ה, die sich graphisch nahestehen, entstanden sein. Wie die Ostraka von Lachis zeigen, stehen sich ferner א und ת, כ und נ, ע und ד im althe-

[1] F. Delitzsch, Die Lese- und Schreibfehler im Alten Testament (1920) bietet eine Fülle von Material.

[2] Zahlreiche Beispiele für Schreiberversehen bei J. Hempel, Der textkritische Wert des Konsonantentextes von Kairener Genizafragmenten in Cambridge und Oxford zum Dt, NAG I (1959), S. 220ff.

bräischen Alphabet verhältnismäßig nahe, außerdem ב und ר, ה und ח, מ und נ (vgl. die Schrifttafel S. 213).

Zur Beurteilung von 𝔊-Lesarten ist es oft wichtig, sich an die graphischen Verwechslungen der griechischen Majuskelschrift, wie sie auch in der neutestamentlichen Textüberlieferung begegnen, zu erinnern.

b) *Umstellung von Buchstaben* wurde durch das Fehlen der Vokalzeichen begünstigt und begegnet ebenfalls nicht selten. Jes 9,18 𝔐 נעתם – J-R נתעם; Jes 32,19 𝔐 העיר – J-R היער; Jes 28,1.4 𝔐 גיא – J-R גאי (so auch der Vorschlag von L. Rost ZAW N. F. 12 [1935], S. 292).

c) *Haplographie* (haplogr ⟨hpgr⟩; Einfachschreibung): von zwei gleichen oder graphisch ähnlichen Buchstaben, Buchstabengruppen oder Wörtern, die unmittelbar aufeinander folgen, wurde versehentlich ein Teil ausgelassen. haplogr ⟨hpgr⟩

α) *Auslassung eines Buchstabens:* Jes 5,8 𝔐 בית בבית – J-R בית בית; Jes 8,11 𝔐 בחזקת היד – J-R כחזקת יד; Jes 8,19 𝔐 בעד החיים – J-R בעד חיים.

In den Ostraka von Lachis findet sich (III,9) die Schreibung חיהוה = חי יהוה, was darauf hinweist, daß zwei gleiche, unmittelbar aufeinanderfolgende Buchstaben gelegentlich nur einmal geschrieben werden konnten, auch wenn sie zu zwei verschiedenen Wörtern gehörten. Dem Leser wurde die richtige Auflösung zugetraut. Es liegt nahe, die zahlreichen Haplographien des hebräischen Alten Testaments mit dieser Möglichkeit des Schreibens in Zusammenhang zu bringen[1].

β) *Auslassung eines von zwei gleichen oder ähnlichen Wörtern:* Jes 26,3f. 𝔐 בך בטוח בטחו – J-R בך בטחו; Jes 38,11 𝔐 יה יה – J-R יה.

d) *Dittographie* (dittogr ⟨dttg⟩): versehentliche Doppelschreibung eines Buchstabens, einer Buchstabengruppe, eines Wortes oder einer Wortgruppe; Jes 30,30 𝔐 והשמיע – J-R השמיע השמיע; in Jes 38,20 hat J-R den ganzen vorhergehenden Vers fast wörtlich wiederholt. dittogr ⟨dttg⟩

e) *Ausfall durch Homoioteleuton* (homoeotel ⟨homtel⟩; gleiches Ende): Standen zwei gleiche, graphisch ähnliche oder mit den gleichen Buchstaben endigende Wörter nahe beieinander, so konnte das Auge des Abschreibers vom ersten dieser Wörter auf das zweite abirren, wodurch sich der Ausfall mehrerer Worte ergeben mußte. Jes 4,5f.: ברא יהוה .... ענן ויומם ועשן ונגה אש להבה לילה כי על כל כבוד חפה וסכה תהיה לצל] יומם מחרב. homoeotel ⟨homtel⟩

[1] Zum Prinzip der Doppelwertigkeit von Buchstaben und Buchstabengruppen, das sich vom 6. Jahrhundert vor Christus bis in das 1. Jahrhundert nach Christus beobachten läßt, vgl. jetzt I. O. Lehman, A forgotten Principle of Biblical Textual Tradition rediscovered, JNES 26 (1967), S. 93–101.

Die in Klammern stehenden Worte fehlen in der J-R: das Auge des Abschreibers geriet von יומם in Vers 5 auf יומם in Vers 6. Weitere Beispiele in J-R: Jes 16,8-9; 23,15; 37,29; vielleicht auch 40,7f., wo das Ausgefallene nachträglich eingefügt wurde. – Seltener ist der Ausfall durch gleichen Wortanfang (Homoioarkton).

Warum nicht auch beim Wortanfang? ⟨homark⟩

f) *Fehlerhafte Wortverbindung und Worttrennung.* Im Unterschied zum Griechischen, wo man bis ins Mittelalter fortlaufend ohne Zwischenraum oder Trennungszeichen zwischen den einzelnen Wörtern schrieb (scriptio continua), läßt sich im Hebräischen kein strikter Beweis für die scriptio continua führen. In der Siloahinschrift und in den Ostraka von Samarien ist regelmäßig ein Trennungszeichen gesetzt, in den Ostraka von Lachis häufig. In der Quadratschrift ließ man, wie die neugefundenen Handschriften zeigen, regelmäßig einen Zwischenraum, der freilich manchmal so gering ausfiel, daß es zweifelhaft werden konnte, wo ein Wort endete und ein neues begann. Dadurch konnten zwei Wörter fälschlich zu einem verbunden werden. Die Ostraka von Lachis bieten auch Beispiele dafür, daß ein Schreiber, um mit dem zur Verfügung stehenden Raum auszukommen, zwei Wörter ohne Zwischenraum schrieb (IV, 9; V, 10). Andererseits konnte ein einzelnes Wort auf zwei Zeilen verteilt werden. Beide Verfahren konnten leicht zu Mißverständnissen und zu falscher Verbindung oder Trennung führen.

Falsche *Wortverbindung* liegt offensichtlich Am 6,12 vor. Die allgemein angenommene Lesung בבקר ים statt בבקרים stellt den synonymen Parallelismus und den Sinn her.

Falsche *Worttrennung* hat 𝔐 in Jes 2,20 לחפר פרות; J-R richtig לחפרפרים In Jer 2,21 ist der Text durch die falsche Worttrennung לי סורי הגפן unverständlich geworden; lies mit Duhm und vielen anderen: לסוריה גפן (zur stinkenden Rebe).

g) *Fehler durch Vokalbuchstaben.* Schon frühzeitig und – wie die neugefundenen Handschriften lehren – eine Zeit lang in reicher Fülle wurden Konsonanten als Vokalbuchstaben verwendet. Wurde später ein solcher Vokalbuchstabe als Konsonant mißverstanden, so führte das natürlich zu einem fehlerhaften Text. So wurde, wie aus der J-R hervorgeht, א als Vokalbuchstabe für a verwendet (z. B. 1,17.23 יאתום für יתום; 1,4 עאון für עון u. ö.). In Am 2,7 wurde ein solches א fälschlich als Stammkonsonant aufgefaßt; lies השפים statt השאפים.

h) G. R. Driver hat nachgewiesen, daß *Abkürzungen* bereits in dem hebräischen Vorseptuagintatext eine beträchtliche Rolle spielten und, mißverstanden, zu Textentstellungen führten.[1] Ebenso hat S. Talmon zahlreiche *Doppellesungen* aufgezeigt, die durch Einfügung synonymer Wendungen usw. entstanden sind.[2] Manche dunkle oder korrupte Stelle läßt sich heilen, wenn man auch diese beiden Möglichkeiten der Textverderbnis in Betracht zieht.

3. Absichtliche Änderungen. Da der Text des Alten Testaments vor der autoritativen Feststellung des Konsonantentextes nicht als unantastbar galt, müssen wir von vornherein damit rechnen, daß von denen, die sich mit der Textüberlieferung beschäftigten, auch dann und wann bewußt und mit Absicht in den Text eingegriffen wurde. Um solche Änderungen richtig zu würdigen, muß man den Begriff der «Fälschung» fernhalten. Sie wurden bona fide vorgenommen und wollten ihrer Absicht nach keineswegs etwas Fremdes in den Text hineinbringen, vielmehr nur das Richtige herstellen oder ein – nach Ansicht der Überlieferer – falsches Verständnis ausschließen. Sie müssen aus einer Zeit stammen, da man noch am Buchstaben zu ändern wagte, um dem Geist zu dem für den betreffenden Leser- und Hörerkreis verständlichsten Ausdruck zu verhelfen.

Viele dieser Änderungen sind für uns nur schwer oder gar nicht erkennbar, da die Überlieferung von 𝔐 abweichende Lesarten nur in geringem Umfang bewahrt hat. Andere fallen in den Bereich der höheren Kritik, nach der hin hier überhaupt die Grenzen fließend sind. Einiges ist jedoch an dieser Stelle zu nennen.

So wurden gern gewisse kleine und häufige Wörter in den Text eingesetzt wie ו, כל, אחד, עתה, אשר, שם, לאמר. Wir haben darauf schon bei den Vulgärtexten hingewiesen, aber auch die handschriftliche Überlieferung von 𝔐 hat Beispiele dieser Gewohnheit bewahrt. «Diese Wörter werden allerdings fast immer nur eingesetzt auf Grund einer an sich möglichen Deutung, aber der Schade ist groß genug, wenn, was ohne sie bloß eine Möglichkeit neben andern war, durch sie zur Notwendigkeit gemacht wird, um so größer, da sie z. T. auf die Konstruktion von Einfluß sind und das Verhältnis ganzer Sätze bestimmen.»[3]

[1] Abbreviations in the Masoretic Text, Textus I (1960), S. 112–131; Textus IV (1964), S. 76–94.

[2] Double Readings in the Massoretic Text, Textus I (1960), S. 144–184; vgl. auch Ders., Aspects of the Textual Transmission of the Bible in the Light of Qumran Manuscripts, Textus IV (1964), S. 95–132.
Ders., Synonymous Readings, Scripta Hier. VIII (1961), S. 335ff.

[3] J. Wellhausen, Der Text der Bücher Samuelis (1871), S. 26.

Bei einem Text, der nicht nur Gegenstand gelehrter Studien war, sondern immer wieder in der ganzen jüdischen Gemeinde gelesen und gehört werden wollte, ist es verständlich, daß er auch den sprachlichen Bedürfnissen dieser Gemeinde angeglichen wurde. So mußte ein seltenes oder in einem ungewöhnlichen Sinn gebrauchtes Wort einem geläufigeren weichen. Z. B. steht Jes 39,1 in 𝔐 חזק im Sinne von «gesund werden, genesen»; das gewöhnlich dafür gebrauchte Verb ist jedoch חיה, und dieses hat in der Tat in der J-R an der betreffenden Stelle חזק verdrängt. Auf sonstige Angleichungen an die Umgangssprache wurde schon Seite 18 hingewiesen. Es fehlt uns das Vergleichsmaterial aus alter Zeit, um solche Änderungen in 𝔐 in größerem Umfang nachweisen zu können. Doch zeigen die Paralleltexte, daß auch er sich nicht frei davon gehalten hat. Als Regel ist festzuhalten, daß da, wo die Überlieferung seltenere und geläufige Wörter, umständlicheren und glatteren Text nebeneinander bietet, jeweils das erstere als ursprünglich zu gelten hat.

Da der Text vor seiner definitiven Festlegung in seinem Wortlaut schwankte, war es auch möglich, religiös oder sittlich anstößige Ausdrücke durch andere zu ersetzen. Wie das in bezug auf den Gottesnamen בעל geschah, ist Seite 20 gezeigt worden. Hier noch ein anderes Beispiel. In Hi 1,5.11; 2,5.9 lesen wir jetzt ברך «segnen» (Objekt Gott), wo wir קלל o. ä. «fluchen» erwarten sollten: die Schriftgelehrten haben den anstößigen Ausdruck «Gott fluchen» durch einen Euphemismus ersetzt[1].

In das Kapitel der absichtlichen Änderungen gehören auch die *Zusätze*
gl(oss) *und Glossen*[2] zum Text. So sind I R 18,19 neben 450 Baalspropheten 400
⟨gl⟩ Astartepropheten erwähnt. Da sie in Vers 22 und 40, wo sie nicht fehlen dürften, wenn sie dem ursprünglichen Erzählungszusammenhang angehören würden, nicht genannt sind, handelt es sich um einen späteren Einschub, der wohl einer gelehrten Reflexion entsprang. – Zuweilen wurde ein Ausdruck am Rand oder zwischen den Zeilen näher erläutert und diese Glosse später in den Text aufgenommen. I R 8,6 lesen wir so neben dem älteren Ausdruck דביר הבית den später geläufigen קדש הקדשים. Manchmal gibt sich eine solche Glosse dadurch zu erkennen, daß sie nicht genau an die gehörige Stelle in den Text aufgenommen wurde und so jetzt den Zusammenhang stört. So geriet z. B. in Gn 10,14 die Randbe-

[1] Vgl. A. Geiger, Urschrift und Übersetzungen der Bibel (1857; Neudruck 1928), S. 267ff.; dort überhaupt reichhaltiges Material zu unserem Thema.

[2] Zu den Glossen vgl. den instruktiven Aufsatz von G. Fohrer über Die Glossen im Buche Ezechiel, ZAW N. F. 22 (1951), S. 33ff.

merkung «von welchen die Philister kommen» vor das Beziehungswort «die Kaphtorer», nach welchem sie stehen müßte, wenn sie ursprünglich wäre.

Bei der Arbeit am Text, in die uns die beabsichtigten Änderungen hineinblicken lassen, handelt es sich um einen vielfach *amtlichen* Prozeß, der in frühe Zeit zurückreicht[1]. Es ist ein weites Gebiet, das leider noch nicht so systematisch durchforscht ist, wie man es um der Sache willen wünschen sollte.

XVI Die Methode der Textkritik[2]

1. Allgemeines. Die textkritische Arbeit kann, wie alle Wissenschaft, nicht zu überzeugenden Ergebnissen gelangen, wenn sie sich nicht an eine ihrem Gegenstand angemessene und von ihm her bestimmte Verfahrensweise hält. Willkürliches Vorgehen, das sich voreilig und ohne Not über den überlieferten Text hinwegsetzt und eigene Einfälle an seine Stelle rückt, führt zu einer subjektiven Textgestalt, die historisch unsicher bleibt und keine theologische Relevanz beanspruchen kann. Es ist außerdem geeignet, grundsätzliches Mißtrauen gegen die textkritische Arbeit zu erwecken, auch da, wo sie berechtigt und notwendig ist.

Ein genau umrissenes Verfahren für die alttestamentliche Textkritik ist bisher nicht formuliert worden. Es ist auch fraglich, ob es möglich wäre, da der Zustand unserer Überlieferung sehr bunt ist und das, was in einem Falle sich bewährt, nicht auch in einem anderen zum Ziel führen muß. Wohl aber gibt es gewisse Grundsätze, die, wenn noch nicht praktisch, so doch theoretisch weithin anerkannt werden und die geeignet sind, die textkritische Arbeit auf einen festen Boden zu stellen und Auswüchsen der Willkür und Subjektivität zu steuern. Diese Grundsätze sind nicht etwa spezifisch theologisch, sondern sind erwachsen aus der Anwendung der allgemeinen wissenschaftlichen Textkritik auf die besonderen Verhältnisse des Alten Testaments. Schon der Anfänger tut gut, sich mit ihnen vertraut zu machen, weil sie ihm gewisse Maßstäbe für die Beurteilung der Ergebnisse fremder textkritischer Arbeit, denen er bei seinen exegetischen Studien auf Schritt und Tritt begegnet, in die Hand geben und ihn darüber hinaus zu eigenen Überlegungen und praktischen Übungen anleiten können. Sie seien deshalb hier kurz skizziert.

[1] P. Volz ZAW N. F. 13 (1936), S. 103f.

[2] A. Jepsen, Von den Aufgaben der alttestamentlichen Textkritik, VTS IX (1963), S. 332ff.

2. Feststellung des überlieferten Textes. Ausgangspunkt für jegliche Arbeit am Text muß die Überlieferung sein. Deshalb muß man zuerst feststellen, welcher Text als überliefert anzusehen ist. Man muß also die verschiedenen Textzeugen verhören – zunächst 𝔐, dann die übrigen, wobei sich nach der Bedeutung für die Textkritik etwa folgende Reihenfolge aufstellen läßt: ɯ, 𝔊, A, Σ, Θ, 𝔖, 𝔗, 𝔙, 𝔏, Sah, 𝔎, 𝔄, 𝔄 Arm (zur Begründung dieser Rangordnung vgl. das in der Textgeschichte zu den einzelnen Textzeugen Ausgeführte). Dabei sollte jeweils das gesamte handschriftliche Material, soweit es zugänglich ist, berücksichtigt werden[1].

Bei 𝔐, dessen Handschriften-Varianten man bei Kennicott, de Rossi und Ginsburg verzeichnet findet, ergibt sich im allgemeinen ein ziemlich einfaches Bild, da wirkliche Varianten sehr selten sind. Schon bei der Sammlung des Materials wird man zugleich eine erste Sichtung vornehmen, indem man Lesarten, die sich als Schreiberversehen (Verlesen, Verschreiben, Omissio, Dittographie usw.) oder leicht erkennbare absichtliche Änderungen (Einsetzung von ו, כל usw.) begreifen lassen, ausscheidet. Um eine möglichst objektive Grundlage für die spätere Beurteilung der nach dieser Sichtung verbleibenden Lesarten zu haben, muß man sich ein Bild von dem Gesamtcharakter der Handschriften, denen sie jeweils entstammen, zu verschaffen suchen. Je weniger Fehler eine Handschrift aufweist, je mehr sie sich im Ganzen als zuverlässig und auf guter Tradition beruhend erweist und (im allgemeinen) je älter sie ist, desto mehr verdient im Einzelfall eine – sprachlich und sachlich mögliche – Lesart Beachtung: manuscripta ponderantur, non numerantur. Das Verfahren der BH, die hebräischen Handschriften nach Kennicott oder de Rossi zu zählen, kann deshalb nicht genügen, da es nicht erkennen läßt, *welche* Handschriften für eine bestimmte Lesart eintreten, und Handschriften ganz verschiedenen

[1] Das bedeutet natürlich, daß man sich bei der textkritischen Arbeit nicht mit dem Apparat der BHK begnügen darf, sondern zu Spezialausgaben greifen muß. Zudem ist der Apparat nicht frei von Ungenauigkeiten und Fehlern (vgl. etwa J. Ziegler, Studien zur Verwertung der Septuaginta im Zwölfprophetenbuch, ZAW 60 [1944], S. 107ff., wo freilich auch die Zuverlässigkeit anderer [Septuaginta-]Ausgaben beanstandet wird). So ist in den letzten Jahren manche Kritik erhoben worden, am schärfsten von Orlinsky (vgl. z. B. The Textual Criticism of the Old Testament, The Bible and the Ancient Near East, Essays in Honor of W. F. Albright [1961], S. 113ff.). Diese schießt jedoch da über das Ziel hinaus, wo sie die BHK an einem Maßstab mißt, der auf eine für Studienzwecke gedachte Ausgabe nicht anwendbar ist. Daran hat mit Recht J. Hempel gegen Orlinsky erinnert (ZAW 71 [1959], S. 259).

Alters und Wertes berücksichtigt werden. Überhaupt sind die hebräischen Handschriften noch nicht so auf ihren Wert, ihre Eigenart und ihre Verwandtschaft untereinander untersucht, wie das für die textkritische Verwertung notwendig ist[1].

Bei den *Übersetzungen*, besonders bei 𝔊, ist die handschriftliche Überlieferung viel komplizierter. Sie muß zuerst geklärt werden, bevor ein Rückschluß auf die hebräische Vorlage gezogen wird. Dabei leisten bei 𝔊 die Ausgaben der Göttinger LXX, mit Verständnis benützt, wertvolle Lotsendienste durch das Meer der Varianten. Auch hier verbindet man mit der Sammlung eine Sichtung. Varianten innerhalb der 𝔊-Überlieferung z. B., die sich als innergriechische Verderbnisse (z. B. Buchstabenverwechslung) oder beabsichtigte Änderungen (etwa zur Erreichung eines besseren Griechisch) erkennen lassen, scheiden von vornherein aus. Bei der Beurteilung von Varianten in der handschriftlichen Überlieferung einer bestimmten Übersetzung muß man sich auch daran erinnern, daß manche Übersetzungstexte gern an 𝔐 angeglichen wurden. Eine mit 𝔐 übereinstimmende Lesart neben einer von 𝔐 abweichenden steht deshalb unter dem Verdacht, Resultat einer nachträglichen Angleichung an 𝔐 zu sein. Im übrigen gilt das «manuscripta ponderantur, non numerantur» hier ebenso wie bei hebräischen Handschriften[2].

Es versteht sich von selbst, daß von einer Übersetzung (im allgemeinen 𝔊) abhängige oder beeinflußte Übersetzungen nur dann als selbständige Textzeugen mitgezählt werden dürfen, wenn sich im Einzelfall wahrscheinlich oder sicher ausmachen läßt, daß sie den ursprünglichen Text einer

[1] Darauf hat mit Recht u. a. M. H. Goshen-Gottstein, Bibl 35 (1954), S. 429ff. (= Text and Language in Bible and Qumran [1960], S. 51ff.) erneut hingewiesen. – Eine Untersuchung zum Deuteronomium hat J. Hempel, ZAW 52 (1934), S. 254ff., zum Dodekapropheton H. Gese, ZAW 69 (1957), S. 55ff. vorgelegt. – Eine Prüfung ist jetzt im Zusammenhang mit der HUBP-Ausgabe der hebräischen Bibel für einen großen Teil des Alten Testaments vorgenommen worden. In seinem Aufsatz «Hebrew Biblical Manuscripts», Biblica 48 (1967), S. 243–290 kommt Goshen-Gottstein zu einem sehr negativen Urteil über die gewonnenen Resultate: «Among all the MSS and the fragments known so far there is not even one the deviations of which can be significantly connected with any non-Massoretic tradition. We possess no medieval manuscript which, on the strength of its readings, may be termed ‹valuable› or be worthy of our attention more than any other» (S. 277). Vgl. auch oben S. 44.

[2] Es ist oft kritisiert worden, daß im Apparat der BHK von den Übersetzungen, insbesondere 𝔊, ein zu weitgehender, unkritischer und undifferenzierter Gebrauch gemacht werde. Mit Recht wird deshalb in BHS in dieser Hinsicht viel größere Zurückhaltung geübt.

später geänderten, etwa an 𝔐 angeglichenen Übersetzung bewahrt haben. So kann z. B. eine Lesart, die von 𝔊 und 𝔏 geboten wird, nur als einfach bezeugt gelten, da 𝔏 eine Tochterübersetzung von 𝔊 ist.

3. Prüfung des überlieferten Textes. Nach der Feststellung dessen, was als überlieferter Text zu gelten hat, eine Arbeit, die, wie wir sahen, nicht nur mechanische Sammlung, sondern bereits kritische Sichtung erfordert, hat die eigentliche Prüfung der Überlieferung einzusetzen. Sie wird zweckmäßig nach sprachlichen und sachlichen Gesichtspunkten getrennt vorgenommen. Das Hauptinteresse konzentriert sich dabei zunächst auf 𝔐. Da er auf direkter Überlieferung in der Grundsprache beruht und mit großer Sorgfalt tradiert wurde, verdient er auf alle Fälle ganz besondere Beachtung. Es ist denn auch heute die früher beliebte Geringschätzung von 𝔐 zugunsten der griechischen Übersetzung oder gar moderner Konjekturen fast ganz allgemein aufgegeben worden, da 𝔐 sich immer wieder als bester Textzeuge erwiesen hat. Es sollte deshalb über jede Abweichung von ihm Rechenschaft gegeben werden. Dennoch darf man nicht unter allen Umständen an 𝔐 festhalten, da auch er zweifellos Fehler enthält, die sich zum Teil mit Hilfe der übrigen Textzeugen heilen lassen. Daß der von 𝔐 gebotenen Vokalisation nicht die gleiche Bedeutung zukommt wie dem Konsonantenbestand und daß Änderungen der Vokalzeichen nicht als eigentliche Emendationen anzusehen sind, ergibt sich aus der Textgeschichte (vgl. S. 23ff.).

Als allgemeine Regel muß gelten, daß 𝔐 da, wo er sprachlich und sachlich einwandfrei ist, den Vorzug vor jeder anderen Überlieferung verdient, es sei denn, es sprächen für diese im Einzelfall besondere Gründe. Die Frage nun, ob 𝔐 sprachlich und sachlich einwandfrei ist, läßt sich zuweilen nur nach sehr eingehenden Untersuchungen entscheiden. Insbesondere setzt ein verwerfendes Urteil über eine von 𝔐 gebotene Lesart voraus, daß alle Möglichkeiten der Interpretation ernsthaft geprüft worden sind. Es kann nicht als wissenschaftlich gelten, wenn eine Lesart von 𝔐 nur deshalb beanstandet wird, weil sie zu einer vom Textinterpreten mitgebrachten Vorstellung nicht stimmt. Im Konfliktsfalle sollte eine wissenschaftliche Theorie der Überlieferung weichen, nicht umgekehrt.

Die *sprachliche* Prüfung erstreckt sich zunächst auf grammatische und lexikalische Möglichkeiten. Da die Forschung auf diesen Gebieten noch im Fluß ist, muß oft nach neuen Möglichkeiten der Interpretation, die in den gängigen Grammatiken und Wörterbüchern noch nicht verzeichnet sind, ausgeschaut werden. Welche Bedeutungsmöglichkeiten z. B. ein

Wort umschließt, sieht man oft erst, wenn man die Konkordanz[1] heranzieht und alle Vorkommen des betreffenden Wortes im Alten Testament untersucht. Nicht selten wird man durch solche «interne Interpretation», bei der vor allem auch der parallelismus membrorum gute Dienste leisten kann, auf eine Möglichkeit der Textauffassung aufmerksam, die bisher noch nicht gesehen wurde und die gestattet, dem überlieferten hebräischen Text einen guten Sinn abzugewinnen. Schon manche beliebte Emendation ist auf diesem Wege als überflüssig erwiesen worden. – Ein weiteres wichtiges Hilfsmittel bei der sprachlichen Interpretation ist das Studium verwandter semitischer Sprachen. Von ihnen fällt oft ein Licht auf Wörter, deren Bedeutung im Alten Testament noch dunkel ist. Neben das Arabische, das seit langem herangezogen wird, ist im Laufe der Zeit u. a. das Akkadische, das Altsüdarabische und Ugaritische getreten, und das Ägyptische, eine semitisch-hamitische Mischsprache, ist für alttestamentliche Lehnworte von Bedeutung. Diese Arbeit, deren Material durch die Ausgrabungen noch ständig vermehrt wird (neuerdings z. B. durch die Texte von Ugarit und Mari), ist naturgemäß noch in vollem Fluß und läßt noch manches gute Ergebnis erhoffen. Als Beispiel sei Hab 3,6b–7a angeführt: in dem unverständlichen לו תחת און steckt das aus dem Ugaritischen wiedergewonnene Wort תחתאון «Zerstörung» samt der Präposition לְ[2].

Schließlich ist in diesem Zusammenhang darauf zu achten, ob ein Text aus stilistischen, metrischen, gattungsgeschichtlichen u. a. Gründen als wahrscheinlich gelten darf oder nicht. Anstöße, die sich dabei ergeben, führen häufig zur Erkenntnis von Zufügungen, Glossen, Umstellungen und anderen Störungen des ursprünglichen Textes. Da unsere Erkenntnisse jedoch auf manchen dieser Gebiete, z. B. dem der Metrik, noch beschränkt und umstritten sind und subjektive Urteile hier besonders leicht unterlaufen, ist selbstkritische Zurückhaltung mehr am Platze, als sie im allgemeinen geübt wird.

[1] Gebräuchlich ist S. Mandelkern, Veteris Testamenti Concordantiae Hebraicae atque Chaldaicae, (²1937; Neudruck 1955) und G. Lisowsky, Konkordanz zum hebräischen AT (²1966). Für viele Wörter ersetzen die Angaben in dem Handwörterbuch von Gesenius-Buhl (¹⁷1915; letzter Neudruck 1962) und in dem Lexicon in Veteris Testamenti Libros von L. Köhler – W. Baumgartner (²1958) die Konkordanz.

[2] Vgl. K. Elliger im ATD z. St.; der Vorschlag geht auf Albright zurück. – Zum Ganzen vgl. G. R. Driver, L'interprétation du texte masorétique à la lumière de la lexicographie hébraique, An. Lov., Sér. 2,18 (1950); J. Barr, Comparative Philology and the Text of the Old Testament (1968).

Die *sachliche* Prüfung hat zu untersuchen, ob eine Sache, ein Gedanke, eine Aussage nach dem, was uns sonst aus der alttestamentlichen Welt in ihren verschiedensten Bereichen bekannt ist, an der betreffenden Stelle als ursprünglich gelten darf oder nicht. Dieser Gesichtspunkt führt zur Erkenntnis nachträglicher Änderungen wie zur Ausscheidung späterer Zufügungen. Hier ist ein Punkt, wo die Textkritik sich eng mit der Literarkritik und Exegese berührt. Gerade deshalb ist es um der methodischen Sauberkeit willen nötig, sich darüber klar zu werden, ob man einen Text aus textkritischen, literarkritischen oder exegetischen Erwägungen beanstandet. An die oben Seite 102f. gezeigte Grenze der Textkritik sei in diesem Zusammenhang nochmals ausdrücklich erinnert. Schließlich ist gerade bei der sachlichen Prüfung daran zu denken, wie lückenhaft unser Wissen von der Welt des Alten Testaments noch ist. Man muß deshalb mit der Möglichkeit rechnen, daß ein Text uns vielleicht nur deshalb (noch) unverständlich ist, weil unsere Erkenntnis beschränkt ist. Je mehr sie wächst – und sie wächst mit jeder Ausgrabung –, desto mehr dürfen wir hoffen, auch einmal einer noch dunklen Stelle einen Sinn abzugewinnen. Schon darum ist es für den Alttestamentler geboten, seine Aufmerksamkeit allen neuen Funden im Umkreis der alttestamentlichen Welt zuzuwenden und bereit zu sein, bisherige Lösungen durch neue Erkenntnisse korrigieren zu lassen.

Neben 𝔐 müssen auch die Übersetzungen einer eingehenden Prüfung unterzogen werden, da es denkbar ist, daß selbst da, wo 𝔐 einen einwandfreien oder erträglichen Sinn bietet, eine abweichende Übersetzung den ursprünglichen Text bewahrt hat. Von besonderer Wichtigkeit bei der Verwertung der alten Übersetzungen für die Textkritik ist es, daß man nicht sporadisch verfährt, d. h. jeweils nur einzelne Lesarten in den Blick faßt, ohne den Gesamtcharakter der betreffenden Übersetzung, ihre Übersetzungstechnik, ihre Tendenz, ihre geistigen Voraussetzungen usw. zu berücksichtigen. Die Angaben im Apparat der BH sollten deshalb nur als Hinweise aufgefaßt und durch eingehende Beschäftigung mit den Übersetzungen selbst ergänzt werden. Nur Lesarten, die sich auf keine Weise als Übersetzungsfehler, Versehen oder durch die Sprache, den Geist, die Tendenz und Übersetzungstechnik der Übersetzung veranlaßte Abweichungen von 𝔐 begreifen lassen, dürfen – rückübersetzt – als wirkliche Varianten neben 𝔐 gestellt werden.

4. Entscheidung. Nach der Sammlung und Prüfung der Überlieferung muß die Entscheidung darüber getroffen werden, welcher Text als Urtext oder ihm am nächsten stehender Text angesehen werden muß. Bei der Gegenüberstellung der verschiedenen Textzeugen ergeben sich in der Hauptsache folgende Konstellationen:

a) 𝔐 und die übrigen Textzeugen bieten den gleichen, sinnvollen und unanstößigen Text. Hier hat man selbstverständlich anzunehmen, daß die Überlieferung das Ursprüngliche bewahrt hat, und hat ihr unbedingt zu folgen. Es mag verwunderlich erscheinen, daß diese Forderung hier erhoben wird, da sie als selbstverständlich erscheint. Wer indes in der Geschichte der alttestamentlichen Wissenschaft etwas Bescheid weiß, wird sie nicht für überflüssig halten.

b) Weichen 𝔐 und die übrigen Textzeugen oder ein Teil von ihnen nach genauer Sichtung voneinander ab, stehen sich also wirkliche Varianten gegenüber, so sind folgende Fälle denkbar:

α) 𝔐 erweist sich mit Sicherheit oder Wahrscheinlichkeit als ursprünglich, die Varianten der übrigen Textzeugen als sekundär (Verlesung, Mißverständnis, bewußte oder unbewußte Korrektur). Hier ist 𝔐 zu folgen.

β) Die Lesarten von 𝔐 und den übrigen Textzeugen ergeben zwar einen verschiedenen, aber in gleicher Weise möglichen oder erträglichen Sinn, ohne daß sich sekundärer Ursprung einer der Lesarten sicher oder wahrscheinlich machen läßt. Hier wird man aus grundsätzlichen Erwägungen im allgemeinen 𝔐 den Vorzug geben. Doch sind auch andere Gesichtspunkte zu beachten. So kann die Regel, daß die sprachlich und sachlich schwierigere Lesart (lectio difficilior) der leichteren vorzuziehen ist, wirksam werden. Oder die andere, wonach unter zwei Lesarten diejenige zu wählen ist, die die Entstehung der anderen am leichtesten begreiflich macht. Häufig wird man es auch bei dieser Lage der Überlieferung bei einem non liquet bewenden lassen müssen.

γ) Der Text von 𝔐 ist aus sprachlichen oder sachlichen Gründen bedenklich oder unmöglich, die anderen Textzeugen bieten eine Lesart, die befriedigt. Lassen sich Gründe für die Ursprünglichkeit dieser Lesart beibringen, läßt sich insbesondere zeigen, wie der Text von 𝔐 aus ihr verderbt wurde, so darf man mit vollem Recht 𝔐 nach ihr korrigieren. Der Einwurf, 𝔐 biete doch in diesem Fall die lectio difficilior, kann nicht verfangen, da sich nicht leichtere und schwierigere Lesart gegenüberstehen, sondern sinnlose, verderbte und sinnvolle. – Scheint jedoch die sinnvolle Lesart einer Übersetzung nur dadurch zustande gekommen, daß der Übersetzer den bereits ihm verderbt vorliegenden hebräischen Text auf seine Weise zu heilen versuchte, handelt es sich also mit anderen Worten um nichts anderes als eine alte Konjektur, so muß man feststellen, daß der ursprüngliche Text von der Überlieferung nicht bewahrt wurde.

c) In diesem Fall und ebenso, wenn weder 𝔐 noch die übrigen Textzeugen einen sprachlich und sachlich möglichen oder wahrscheinlichen Text bieten, kann man die Heilung durch Vermutung (Konjektur) versuchen oder feststellen, daß eine Heilung auf diesem Wege nicht zu erhoffen ist (crux). Zu einer Konjektur ist man deshalb berechtigt, weil eine Textverderbnis so früh eingetreten sein kann, daß sie schon den ältesten Übersetzern vorlag. Entschließt man sich zu einer Heilung durch Konjektur, so wird man sie in möglichster Anlehnung an das überlieferte Schriftbild vornehmen unter Beachtung der in XV. skizzierten Ursachen der Textverderbnis (vgl. z. B. die Konjektur zu Jer 2,21, S. 106). Auch dann muß man sich der Unsicherheit des auf diese Weise gewonnenen Textes bewußt sein.

5. Psychologische Erwägungen. Abschließend sei noch einmal betont, daß bei allen textkritischen Operationen auch dem psychologischen Gesichtspunkt genügend Beachtung geschenkt werden muß. Das heißt: wo immer ein Fehler angenommen wird, muß man Überlegungen darüber anstellen, wie dieser Fehler entstanden sein kann, wobei die in XV. dargelegten Möglichkeiten der Textentstellung, die natürlich nicht das ganze weite Gebiet erschöpfen können, als Anregungen dienen mögen. Läßt sich aufzeigen, wie ein Fehler entstanden ist, so läßt sich auch der Weg zu dem ursprünglichen Text mit einer gewissen Sicherheit gehen. So gibt gerade die gewissenhafte Beachtung des psychologischen Gesichtspunktes textkritischen Operationen die nötige Sicherheit, vorgeschlagenen Verbesserungen eine größere Überzeugungskraft und der gesamten textkritischen Arbeit die zu erstrebende Abrundung. Und keinen geringen Dienst leistet sie, wenn sie vor allzu gewaltsamen Textoperationen bewahrt.

Kein Buch der Weltliteratur ist so oft abgeschrieben, gedruckt, übersetzt, gelesen und erforscht worden wie die Bibel. An keines ist so viel Mühe gewendet worden wie an sie, um sie treu zu überliefern, zu verstehen und anderen verständlich zu machen. Denken wir an die Sopherim und Masoreten mit ihren strengen Vorschriften und tüfteligen Untersuchungen, an die Übersetzer, an die mittelalterlichen Mönche, die in ihren stillen Zellen Buchstaben um Buchstaben malten, an die Ausleger, allen voran Luther, der bekanntlich dem Alten Testament den größten Teil seiner Auslegungstätigkeit widmete.

Was war der tiefste Beweggrund aller dieser Bemühungen um das biblische Wort? Gewiß nicht das Interesse an einer ehrwürdigen Reliquie, die man ihres Alters wegen zu konservieren trachtete: wie viele Literatur, die ebenso alt war und älter als das Alte und Neue Testament, ist untergegangen, und nur dürftige Nachrichten und gelegentliche glückliche Funde von Überresten zeugen von ihrer einstigen Existenz. Es war ein anderes, das dazu veranlaßte, sich immer wieder mit der Bibel zu beschäftigen und dafür zu sorgen, daß sie Zeitgenossen und Nachfahren erhalten blieb: die Erkenntnis ihrer Bedeutung für jede Gegenwart, das Wissen darum, daß hier die Quelle des Lebens fließt, weil Gott selber in ihr spricht.

Das ist es auch, was uns Heutige zur Arbeit an der Bibel treibt. Es wäre ein Mißverständnis, würden unsere Ausführungen, die sich mit den menschlichen Schicksalen des alttestamentlichen Textes beschäftigen, so verstanden, als wären sie allein aus gelehrtem Interesse an vergangenen Dingen geschrieben oder gar, um auf die Mängel aufmerksam zu machen, die der Bibel als einem von Menschen überlieferten Buch nun einmal anhaften. Freilich hat es auch seinen tiefen theologischen Sinn, wenn wir uns an die Knechtsgestalt des Wortes Gottes, die auch in seiner Überlieferungsgeschichte ihren Ausdruck findet, erinnern lassen. Aber es geht uns nicht um die Mängel und Fehler, sondern um ihre Überwindung. Wir mühen uns um die Urgestalt des alttestamentlichen wie des biblischen Wortes überhaupt, weil wir diesem Wort selber und nicht dem, was fehlsame Menschen bei der Tradierung da und dort aus ihm gemacht haben, zu begegnen wünschen. Textgeschichte und auf ihr beruhende Textkritik gehören darum unaufgebbar auch zu einer alttestamentlichen Wissenschaft, die bewußt theologisch sein will. «Ohne Textkritik keine Erkenntnis der alttestamentlichen Religion, keine saubere alttestamentliche Theologie. Jeder, der in die Textkritik tiefer eindringt, weiß, daß Theologie und Textkritik nicht zwei gesonderte Arbeitsgebiete sind, sondern daß sie, auch im tiefsten Grund, miteinander zusammenhängen.»[1]

Aber führt die Beschäftigung mit dem Buchstaben – so mag gerade heute mancher fragen – wirklich zur Begegnung mit der in der Bibel gemeinten Sache? Wird diese nicht auf ganz anderem Wege erschlossen? Vielleicht beruft man sich in diesem Zusammenhang auf einen – mißverstandenen! – Luther, wenn dieser z. B. in De servo arbitrio (W. A. 18, S. 609) sagt, «daß kein Mensch auch nur ein Jota der Schrift versteht, ohne daß

[1] P. Volz, ZAW N. F. 13 (1936), S. 113.

er den Geist Gottes hat». Aber erinnern wir uns daran, daß derselbe Luther dem «Geist, Geist, Geist» der Schwärmer das «Wort, Wort, Wort» entgegendonnerte und daß er immer wieder darauf hinwies: Gott «will niemand den Geist noch Glauben geben ohn das äußerliche Wort und Zeichen, so er dazu eingesetzt hat» (W. A. 18, S. 136). Luther will mit seinen sich nur scheinbar widersprechenden Sätzen dies sagen: Gott hat seinen Geist an das geschriebene und gesprochene Wort gebunden; aber er hat die Wirkung des Geistes im Wort seinem ungebundenen souveränen Willen vorbehalten[1]. «*Verständnis des ‹Buchstabens› und geistliches Verständnis sind darum nicht ‹auseinanderzuspalten›. Man kann das eine nicht gewinnen, ohne auch das andere zu haben.*»[2]

Weil es sich so verhält, hat die Bemühung um den Buchstaben, zu der dieses Buch hinführen will, echte theologische Relevanz.

[1] H. Bornkamm, Das Wort Gottes bei Luther (1933), S. 12.
[2] K. Holl, Gesammelte Aufsätze I (⁷1948), S. 558.

Bildtafeln

1 Schale mit Inschrift aus Lachis

s. S. 5. – Abbildung nach Lachish IV (Tell ed-Duweir): The Bronze Age by O. Tufnell u. a. (1958)

Die 1935 gefundene Schale wird jetzt von D. Diringer dem 13. Jahrhundert v. Chr. zugewiesen (Writing [1962], S. 240; in Lachish IV, S. 129 hatte Diringer das zweite Viertel des 14. Jahrhunderts vorgeschlagen). Die mit einem Pinsel in weißem Kalk aufgemalte Inschrift diene hier als Beispiel der protokanaanäischen Schrift. Von den elf Zeichen sind sieben gut erhalten. Die Inschrift dürfte von rechts nach links zu lesen sein:

In den ersten fünf Zeichen finden die meisten Forscher die Buchstaben b š l š t, d. h. eine Form des Zahlwortes «drei» mit vorgesetzter Präposition b. Doch gibt es für den ersten Buchstaben noch andere Vorschläge; auch ist erwogen worden, die Inschrift von links nach rechts zu lesen (vgl. die Übersicht bei Diringer in Lachish IV, S. 129).

Das sechste Zeichen ist wohl ein Trennungsstrich, das siebente Anfang eines weiteren, nicht mehr lesbaren Wortes.

2 Denkstein des Königs Mescha von Moab (um 840 v. Chr.)

s. S. 4 – Abbildung nach Kenyon, Bible and Archaeology ([2]1949)

1868 entdeckte Missionar Klein in Diban (Dibon), der Hauptstadt Meschas, nördlich vom Arnon im Ostjordanland, diese Siegesinschrift auf schwarzem Basalt. Der Stein wurde später von Beduinen zerschlagen, der Text konnte aber nach einem vorher gemachten Papierabklatsch wieder zusammengefügt bzw. ergänzt werden. Höhe 1 m, Breite 0,6 m. Heute im Louvre in Paris.

Von den 34 Zeilen in phönizisch-althebräischer Schrift (vgl. S. 4, 215) sind 27 ganz erhalten. Sie feiern den Sieg Moabs über Israel nach einer Zeit der Demütigung Moabs (vgl. II R 3,4ff.) und berichten von Städtebauten Meschas.

«Diese Stele des Königs Mescha von Moab ist von großer Bedeutung als das einzige historische Denkmal des moabitischen Königreiches und als Bericht über historische Beziehungen zwischen Moab und Israel, die im Alten Testament beschönigt oder nicht erwähnt wurden. Sie zeigt ferner, daß das Moabitische ein mit dem Hebräischen fast identischer semitischer Dialekt war, und beweist die hohe Entwicklung der Schrift in einem kleinen Reich abseits der historischen Hauptstraßen im 9. Jahrhundert v. Chr.» (G. R. Driver, Semitic Writing [[2]1954], S. 109).

Die Schrift ist bemerkenswert entwickelt, mit einer Tendenz zur Kursive und Vereinfachung. Singulär ist, daß sowohl Wörter wie Sätze getrennt werden, die Wörter durch Punkte, die Sätze durch Striche.

Text mit Übersetzung und Kommentar: H. Donner – W. Röllig, Kanaanäische und Aramäische Inschriften (1962–64), Nr. 181; J. C. L. Gibson, Textbook of Syrian Semitic Inscriptions I (1971), S. 71–84. Übersetzung: H. Greßmann, Altorientalische Texte zum Alten Testament ([2]1926), S. 440ff.; W. F. Albright in: Ancient Near Eastern Texts relating to the Old Testament ed. by J. B. Pritchard ([2]1955), S. 320f.; K. Galling, Textbuch zur Geschichte Israels ([2]1968), S. 51–53.

3 Siloah-Inschrift aus Jerusalem (etwa 700 v. Chr.)

s. S. 4 – Abbildung nach D. Diringer, The Alphabet (1948)

1880 wurde in der Felswand an der Ausmündung des Felsenkanals, welcher von der Giḫonquelle (heute Marienquelle) zum Siloahteiche hinabführt, eine Inschrift in althebräischen Buchstaben (vgl. S. 4) entdeckt. Sie berichtet von der glücklichen Vollendung des Durchstiches. Das Original wurde später ausgebrochen und befindet sich heute im Museum in Konstantinopel.

Der Bericht, der weder Namen noch Datum enthält, bezieht sich höchstwahrscheinlich auf die von König Hiskia (725–697 v. Chr.) gebaute Wasserleitung (II R 20,20; II Ch 32,30), stammt also aus der Zeit um 700 v. Chr. Dazu stimmt auch der paläographische Befund. «Die Schrift kann etwa derselben allgemeinen Entwicklungsstufe zugeschrieben werden, wie sie durch den Moabiterstein repräsentiert wird; aber sie ist leichter und flüssiger, während einige Buchstaben ihre Gestalt beträchtlich geändert haben» (G. R. Driver, Semitic Writing [²1954], S. 119).

Der Text (6 Zeilen) ist 38 cm hoch und 72 cm breit. Zu seiner Aufnahme wurde der Fels in einer Fläche von ungefähr 70 cm im Quadrat geglättet. Die Inschrift befindet sich auf der unteren Hälfte. Sollte auf der geglätteten Fläche darüber noch eine bildliche Darstellung zugefügt werden (Greßmann) oder ist der Anfang verloren gegangen (Albright)?

Text mit Übersetzung und Kommentar: H. Donner – W. Röllig, Kanaanäische und Aramäische Inschriften (1962–64), Nr. 189; J. C. L. Gibson, Textbook of Syrian Semitic Inscriptions I (1971), S. 71–84.

Übersetzung: H. Greßmann, Altorientalische Texte zum Alten Testament (²1926), S. 445; W. F. Albright bei Pritchard, Ancient Near Eastern Texts relating to the Old Testament (²1955), S. 321 (mit Literaturangabe).

K. Galling, Textbuch zur Geschichte Israels (²1968), S. 66f.

4 Lachis-Brief Nr. IV

s. S. 4 – Abbildung nach Lachish I (Tell ed-Duweir): The Lachish Letters by H. Torczyner, L. Harding, A. Lewis, J. L. Starkey (1938)

Bei Ausgrabungen wurden in einem Raum der Toranlage von Tell ed-Duweir, der Stätte des biblischen Lachis, 1935 18 und 1938 weitere 3 beschriftete Topfscherben in althebräischer Schrift gefunden (vgl. S. 7.). Sie befanden sich in einer Brandschicht, die offenbar von der Zerstörung der Stadt durch die Babylonier beim Untergang des judäischen Staates (588/87) herrührt, entstammen also der letzten Zeit des Südreiches. Dem Inhalt nach handelt es sich zumeist um Briefe aus einer militärischen Korrespondenz, die uns ein Bild der bedrängten Lage Judas während der babylonischen Invasion vermittelt.

«Wie in anderen Ländern, wo Topfscherben für Nachrichten gebraucht wurden, beginnt der Schreiber seinen Brief auf der Außenseite der Scherbe und fährt nur wo notwendig auf der weniger glatten inneren Seite fort. Die Schreiber der Lachis-Briefe gebrauchten eine Schilfrohrfeder und schrieben mit Eisen-Kohle-Tinte, wie die chemische Analyse gezeigt hat» (H. Torczyner, Lachish I [1938], S. 204).

Die Schrift ist schön und kursiv, das Ergebnis einer Jahrhunderte alten literarischen Tradition. Der Worttrenner ist sehr unregelmäßig gesetzt. Zur Schreibung von חיהוה in III, 9 vgl. S. 105. Die Sprache ist die des biblischen Hebräisch, besonders an Jer und Dt erinnernd. Sie macht gewiß, daß die biblischen Bücher in 𝔐 überwiegend in der Sprache des vorexilischen Juda überliefert wurden. Die Ostraka sind als einzige bekannte Gruppe von Dokumenten in klassischem Hebräisch von großer philologischer, paläographischer und historischer Bedeutung. Sie befinden sich jetzt in Jerusalem und London.

Umschrift in Quadratschrift (Auswahl): K. Galling. Textbuch zur Geschichte Israels (1950), S. 63ff. – Übersetzung: J. Hempel in ZAW N. F. 15 (1938), S. 126ff.; W. F. Albright in Ancient Near Eastern Texts relating to the Old Testament ([2]1955), S. 321f. Gesamtausgabe: H. Torczyner, תעודות לכיש, Library of Palestinology of the Jewish Palestine Exploration Society XV/XVII (1940), dem Verfasser nicht zugänglich.

IV 6025

5 Elephantine-Papyrus

s. S. 3f. – Abbildung nach Ed. Sachau, Aramäische Papyrus und Ostraka aus einer jüdischen Militär-Kolonie zu Elephantine (1911), Tafel 1 – Inhalt: Brief an Bagoas, Zeile 1–17

Bei Grabungen, die in den Jahren 1907 und 1908 auf der Nilinsel Elephantine gegenüber Assuan im Auftrage der Berliner Papyruskommission vorgenommen wurden, kamen u. a. zahlreiche Papyri in aramäischer Sprache und Schrift zum Vorschein. Sie gehören dem 5. Jahrhundert v. Chr. an und enthalten Briefe, Rechtsurkunden, Fragmente des Achikar-Romans, Bruchstücke einer aramäischen Übersetzung der Dariusinschrift von Behistun u. a. Durch sie erfuhren wir von der Existenz einer «jüdischen Militärkolonie» in Elephantine mit einem Tempel, in dem neben Jahu (Jahwe) eine Göttin Anathbethel und ein Gott (אשמביתאל, Aussprache unsicher) verehrt wurden (vgl. M. Noth, Geschichte Israels [^{5}1963], S. 266f.)[1].

Diese Papyri bezeugen die weite Verbreitung der aramäischen Sprache und Schrift im persischen Reich (vgl. S. 4). Die aramäische Schrift, aus der sich außer der Quadratschrift u. a. die Schriften der Nabatäer, Palmyrener und Syrer (Estrangelo) entwickelt haben, stellt einen zweiten Zweig des nordsemitischen Alphabets neben der phönizisch-althebräischen Schrift dar. Sie hat ihre ältesten Zeugen in Inschriften des 9. Jahrhunderts v. Chr. aus dem Raum von Aleppo. «Die aramäische Schrift gewann nach und nach einen besonderen Charakter, der durch die folgenden Haupttendenzen gekennzeichnet ist: 1. Die Öffnung der Spitzen und Seiten einiger Buchstaben (beth, daleth und resch, ʿayin) ist ein charakteristisches Merkmal. 2. Das Bemühen, die Zahl der einzelnen Striche, z. B. in cheth und teth, zu vermindern, ist ebenfalls wahrnehmbar. 3. Ecken werden abgerundet und Ligaturen entwickeln sich. Diese Tendenzen wurden während der persischen Periode vollendet. Im 5. Jahrhundert ist die Umformung abgeschlossen, wie wir ... besonders aus der kursiven aramäischen Schrift auf Papyrus ersehen können, wie sie in Ägypten zwischen 500 und 200 v. Chr. verwendet wurde» (D. Diringer, The Alphabet, 1948 [4th impr. 1952], S. 259).

[1] Zur Militärkolonie von Elephantine vgl. E. G. Kraeling, RGG^3, Bd. II (1958), Sp. 415–18 (Lit.); B. Porten, Archives from Elephantine. The Life of an ancient Jewish Military Colony (1968).

6 Papyrus Nash

s. S. 37 – Vergrößerte Infrarot-Photographie nach BASOR 115 (1949)
In () nach Ex 20 und Dt 5 ergänzter Text

(אנכי י)הוה אלהיך אשר (הוצא)תיך מארץ מ(צרים)
(לוא יהיה ל)ך אלהים אחרים (על־פנ)י לוא תעשה (לך פסל)
(וכל תמונה) אשר בשמים ממעל ואשר בארץ (מתחת)
(ואשר במים) מתחת לארץ לוא תשתחוה להם (ולוא)
(תעבדם כי) אנכי יהוה אלהיך אל קנוא פק(ד עון אבות)
(על בני)ם על שלשים ועל רבעים לשנאי (ועשה חסד)
(לאלפים) לאהבי ולשמרי מצותי לוא ת(שא את שם)
(יהוה א)להיך לשוא כי לוא ינקה יהוה (את אשר)
(ישא את ש)מה לשוא זכור את יום השבת ל(קדשו)
(ששת ימים) תעבוד ועשית כל מלאכתך וביום (השביעי)
(שבת ליהוה) אלהיך לוא תעשה בה כל מלאכ(ה אתה)
(ובנך ובתך) עבדך ואמתך שורך וחמרך וכל ב(המתך)
(וגרך אשר) בשעריך כי ששת י(מי)ם עשה י(הוה)
(את השמי)ם ואת הארץ את הים ואת כל א(שר בם)
(וינח ביום) השביעי עלכן ברך יהוה את (יום)
השביעי ויקדשיו כבד את אביך ואת אמ(ך למען)
ייטב לך ולמען יאריכון ימיך על האדמה (אשר)
יהוה אלהיך נתן לך לוא תנאף לוא תרצח לו(א)
(תג)נב לוא תענה ברעך עד שוא לוא תחמוד (את)
(אשת רעך לו)א תתאוה את ב(י)ת רעך שד(הו ועבדו)
(ואמתו וש)ורו וחמרו וכל אשר לרעך
(ואלה החק)ים והמשפטים אשר צוה משה את (בני)
(ישראל) במדבר בצאתם מארץ מצרים שמ(ע)
(ישרא)ל יהוה אלהינו יהוה אחד הוא וא(הבת)

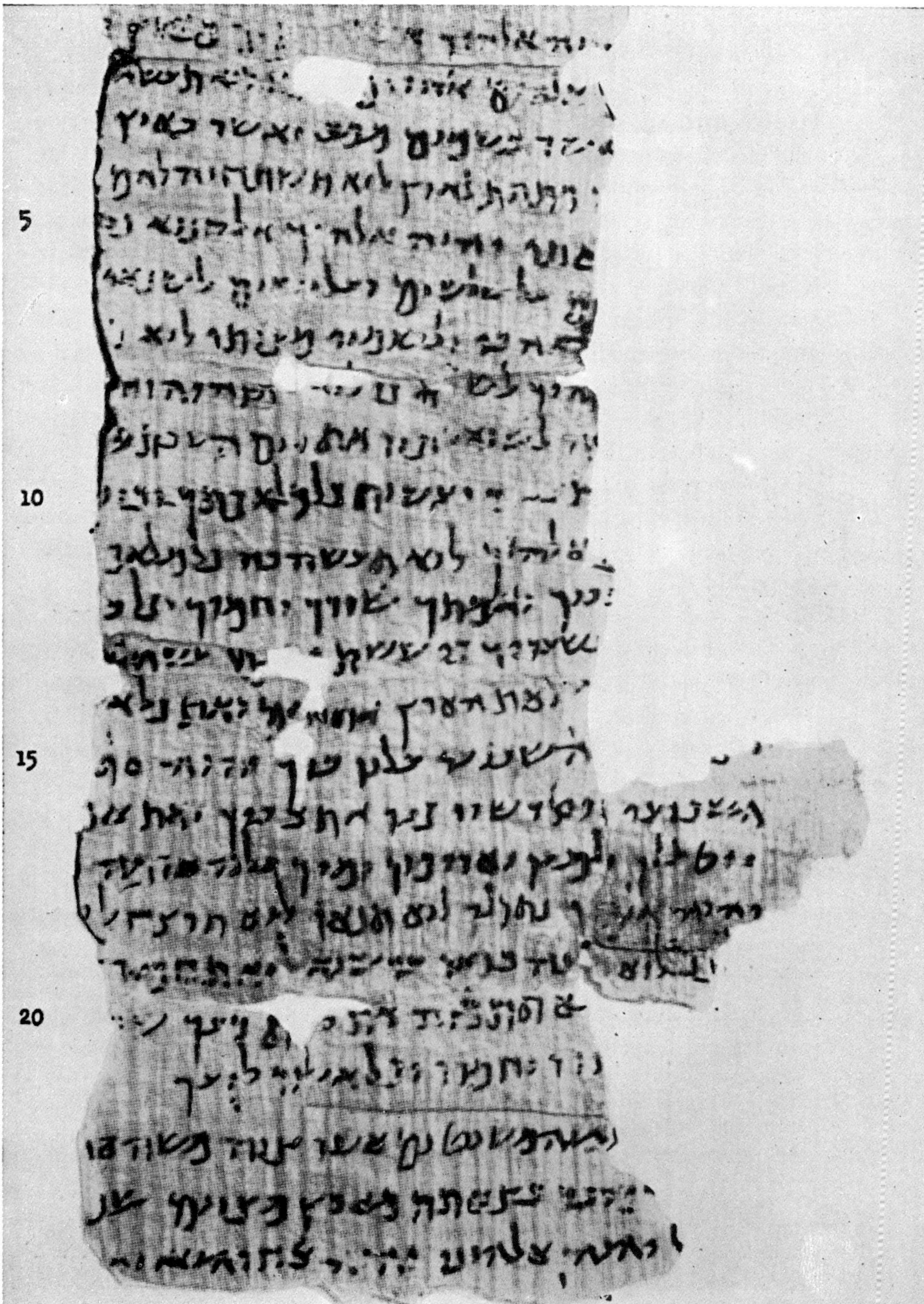

7 Eingang der Höhle I von Qumran

s. S. 13 – Abbildung nach Sukenik, אוצר המגילות הגנוזות (1954)

Im Frühjahr 1947 tauchten in Jerusalem die nun bereits berühmten Handschriften aus einer in der Nähe des Toten Meeres gelegenen Höhle auf. Diese selber konnte infolge des Krieges in Palästina erst zu Beginn des Jahres 1949 ausfindig gemacht und unter Leitung von L. Harding und P. de Vaux untersucht werden, wobei jedoch umfangreichere Texte nicht mehr gefunden wurden. Die Höhle liegt in einer besonders trockenen Gegend Palästinas, 12 km südlich von Jericho, 1 km nördlich von *Chirbet Qumran*, 150 m über der Ebene an einem mühsam zu erkletternden Steilhang. Sie wurde zufällig von einem Hirten bei der Suche nach einer verlaufenen Ziege entdeckt. Bei späteren Untersuchungen wurden in der Umgebung etwa 30 andere Höhlen festgestellt, die Spuren antiker Benutzung aufwiesen. In zehn von ihnen wurden wiederum Handschriftenreste, z. T. bedeutenden Umfangs, geborgen (Höhlen II–XI).

Alle diese Höhlen stehen in engstem Zusammenhang mit der antiken Siedlung von Chirbet Qumran. Nach den Ergebnissen der von 1951 bis 1956 durchgeführten Ausgrabungen wurde Qumran unter Johannes Hyrkanus (135–104 v. Chr.) oder Alexander Jannäus (103–76 v. Chr.) gegründet[1]. Es war «Verwaltungszentrum, Versammlungsort und Begräbnisstätte einer Gemeinschaft, die zerstreut in der Umgebung wohnte» (de Vaux), bis es im Verlauf des ersten jüdischen Krieges (66–70 n. Chr.) im Jahre 68 n. Chr. von römischen Truppen zerstört wurde. Höchstwahrscheinlich wurden die seit 1947 gefundenen Rollen im Zusammenhang mit diesen kriegerischen Ereignissen in den Höhlen verborgen. Später scheint Qumran als römischer Militärposten und schließlich als Stützpunkt für jüdische Aufständische des 2. jüdischen Krieges gedient zu haben[2].

Die Ergebnisse der Ausgrabungen und viele Einzelheiten in dem gefundenen Schrifttum sprechen dafür, daß wir es in Qumran mit jenem Ort in der judäischen Wüste «oberhalb Engedi» zu tun haben, den Plinius d. Ä. als Zentrum einer Gemeinschaft frommer Juden beschreibt, die ehelos in der Einsamkeit lebten – der Essener[3].

[1] Eine erste Besiedlung in der späteren judäischen Königszeit (8. bis 7./6. Jahrhundert v. Chr.), wahrscheinlich identisch mit ʿIr-hammelach («Salzstadt» Jos 15,62), hatte mit einer völligen Zerstörung geendet.

[2] Zu den Ausgrabungen von Ch. Qumran vgl. jetzt R. de Vaux, L'Archéologie et les Manuscrits de la Mer Morte, Schweich Lectures 1959 (1961).

[3] Gegen diese Identifizierung hat K. H. Rengstorf, Hirbet Qumran und die Bibliothek vom Toten Meer, Studia Delitzschiana 5 (1960), Einwände erhoben. Er möchte die Bibliothek eher als eine Bibliothek des Tempels von Jerusalem begreifen.

8 Zwei Krüge aus Höhle I

s. S. 9 – Abbildung nach Sukenik, מגילות גנוזות II (1950)

Die abgebildeten unversehrten Krüge wurden bei der Entdeckung der Höhle von den Beduinen mitgenommen und konnten später von Professor Sukenik (Jerusalem) erworben werden. Sie haben eine Höhe (ohne Deckel) von 65,7 bzw. 47,5 cm und einen Durchmesser von 25 bzw. 26,5 cm. Sie waren dazu bestimmt, die Rollen vor äußeren Einwirkungen zu schützen.

Bei der wissenschaftlichen Untersuchung der Höhle wurden Scherben von etwa 50 anderen Krügen gleicher oder ähnlicher Art gefunden. Da jeder Krug drei und mehr Rollen fassen konnte, könnte Höhle I einmal 150–200 Rollen beherbergt haben. Aber «der einzig sichere Beweis für die mögliche Menge ist die Zahl der verschiedenen Bücher, die identifiziert werden können, und diese beträgt etwa 75. Wie oder wann so viele dieser Dokumente entfernt oder beschädigt wurden, das ist eine Frage, die gegenwärtig nicht beantwortet werden kann»[1]. Denkt man an eine vor Jahrhunderten erfolgte Ausräumung, so könnte man einen Brief des nestorianischen Patriarchen Timotheos I. von Seleucia (727–823) darauf beziehen. Darin heißt es nämlich, ein jagender Araber sei durch seinen Hund in eine Höhle geführt worden, in der sich zahlreiche Bücher befanden. «Der Jäger ging nach Jerusalem und teilte es den Juden mit. Sie kamen in Menge heraus und fanden die Bücher des Alten (Testamentes) und andere in hebräischer Schrift.»[2] Etwas Sicheres läßt sich jedoch nicht sagen.

Krüge gleicher oder ähnlicher Art wurden auch in den benachbarten Höhlen und in Ch. Qumran selber gefunden. Sie sind für die Datierung von Wichtigkeit. «Alle diese Keramik entstammt der hellenistischen und römischen Epoche, und es gibt nichts Jüngeres. Wenn man bedenkt, daß die Handschriften zahlreich sind und die Keramik von großem Umfang ist, daß die Handschriften ein homogenes Ganzes bilden und die Keramik einer einzigen Epoche entstammt, kann man schwerlich den Schluß vermeiden, daß die Handschriften zur gleichen Zeit in den Höhlen deponiert oder aufgegeben wurden wie die Töpferware.»[3]

[1] L. Harding, Qumran Cave I, Discoveries in the Judaean Desert I (1955), S. 3.

[2] Der Brief wurde mitgeteilt von O. Eißfeldt, ThLZ 74 (1949), Sp. 597f.

[3] R. de Vaux, L'Archéologie et les Manuscrits de la Mer Morte, Schweich Lectures 1959 (1961), S. 79.

9a Samuelis-Fragment aus Höhle 4 (4 Q Sam^{b})

Abbildung 9a und 9b nach Milik, Ten Years of Discovery in the Wilderness of Judaea (1959) – Text: 1. Sam 23,9-13

Die Fragmente 4 Q Sam^{b} gehören zu den ältesten Bibeltexten aus Qumran und werden von Cross der Zeit um 200 v. Chr. oder eher etwas früher zugewiesen (vgl. JBL 74 [1955], S. 147ff.).

9b Fragment des Moseliedes (4 Q Dt 32)

Die stichisch geschriebenen Fragmente einer Moselied-Rolle, von denen P. Skehan 1954 (BASOR 136, S. 12ff.) Dt 32,8.37-43 veröffentlicht hat, sind besonders bemerkenswert, weil sie (mit 𝔊) einen ursprünglicheren Text bieten als 𝔐, der gekürzt und «entmythologisiert»[1] ist. Der hier abgebildete Vers 43 lautet:

4 Q	𝔐
הרנינו שמים עמו	הרנינו גוים עמו
והשתחוו לו כל אלהים	
כי דם בניו יקום	כי דם-עבדיו יקום
ונקם ישיב לצריו	ונקם ישיב לצריו
ולמשנאיו ישלם	
ויכפר אדמת עמו	וכפר אדמתו עמו

Jubelt, ihr Himmel, mit ihm,	Macht jubeln (oder: preist?), ihr [Heiden, sein Volk!
und werft euch vor ihm nieder, [alle ihr Götter!	
Denn das Blut seiner Söhne [rächt er,	Denn das Blut seiner Knechte [rächt er,
und Rache übt er an seinen [Feinden.	und Rache übt er an seinen [Feinden.
Und seinen Hassern vergilt er,	
und entsühnt das Land seines [Volkes.	Und er entsühnt sein Land, sein [Volk (?).

[1] So R. Meyer, der in «Verbannung und Heimkehr», Rudolph-Festschrift (1961), S. 197ff. das Fragment ausführlich besprochen hat.

4cm

0 1 2

10 Die erste Jesaja-Rolle (1 Q Is^a ⟨$\mathfrak{Q}^a$⟩)
s. S. 9, 36 – Abbildung nach Sukenik, מגילות גנוזות II (1950)

Die erste Jes-Rolle ist aufgerollt bei Kol. 32 und 33 (Jes 38,8–40,28). Man sieht deutlich, wie die Rolle aus einzelnen Lederstücken zusammengeheftet ist. Auch die Handhabung läßt sich erkennen: rechts befindet sich der Anfang, links das Ende der Rolle. Zur bequemeren Benützung und Schonung wurde bei Thora-Rollen je ein Stab am Anfang und Ende angebracht, auf die die Rollen aufgewickelt wurden; bei anderen Büchern begnügte man sich mit einem Stab am Anfang. Am Ende sollte ein Stück unbeschrieben gelassen werden, damit es die ganze Rolle als Schutz umhüllte.

Nach der Feststellung und Untersuchung des Fundorts (vgl. S. 132, 134) darf es als gewiß gelten, daß die aufgefundenen Rollen alt und echt sind. Zweifel an Alter und Echtheit, wie sie z. B. zu wiederholten Malen von S. Zeitlin in «Jewish Quarterly Review» (1949 f.) erhoben wurden, können durch den Fortgang der Untersuchung als erledigt gelten. Auch in der Frage der Datierung sind wesentliche Fortschritte erzielt worden. Da die Handschriften-Verstecke in engem Zusammenhang mit der antiken Siedlung von Ch. Qumran stehen und deren Zerstörung wahrscheinlich in das Jahr 68 n. Chr. fällt (s. S. 132), ist damit ein terminus ante quem für die Abfassung der Rollen gefunden. Aber sie konnten natürlich zur Zeit ihrer Deponierung in den Höhlen schon ein beträchtliches Alter haben, und sie zeigen in der Tat teilweise Spuren starker Benützung in alter Zeit (vgl. die Rückseite der Rolle in der Tafel). Hier ist nun von Bedeutung, daß das reiche Schriftmaterial aus den Höhlen der Wüste Juda zu einem raschen Aufblühen der hebräischen Paläographie geführt hat. Durch die Forschungen von Albright, Sukenik, Trever, Birnbaum, Cross u. a. ist es uns möglich, die Schriftentwicklung vom 3. Jahrhundert v. Chr. bis in das 2. Jahrhundert n. Chr. zu verfolgen[1] und die einzelnen Dokumente in diese Entwicklung einzureihen, was natürlich nicht bedeutet, sie auf das Jahr genau festzulegen. Die erste Jes-Rolle dürfte nach dem Schrifttyp die älteste Rolle aus Höhle I sein und in das 2. Jahrhundert v. Chr. zu datieren sein. Für kaph, pe und ṣade fehlen noch die Finalbuchstaben.

[1] Vgl. die Übersicht über den Stand der Forschung von N. Avigad, Scripta Hierosolymitana IV (1958), S. 56ff. und besonders F. M. Cross, Albright-Festschrift (1961), S. 133 ff.

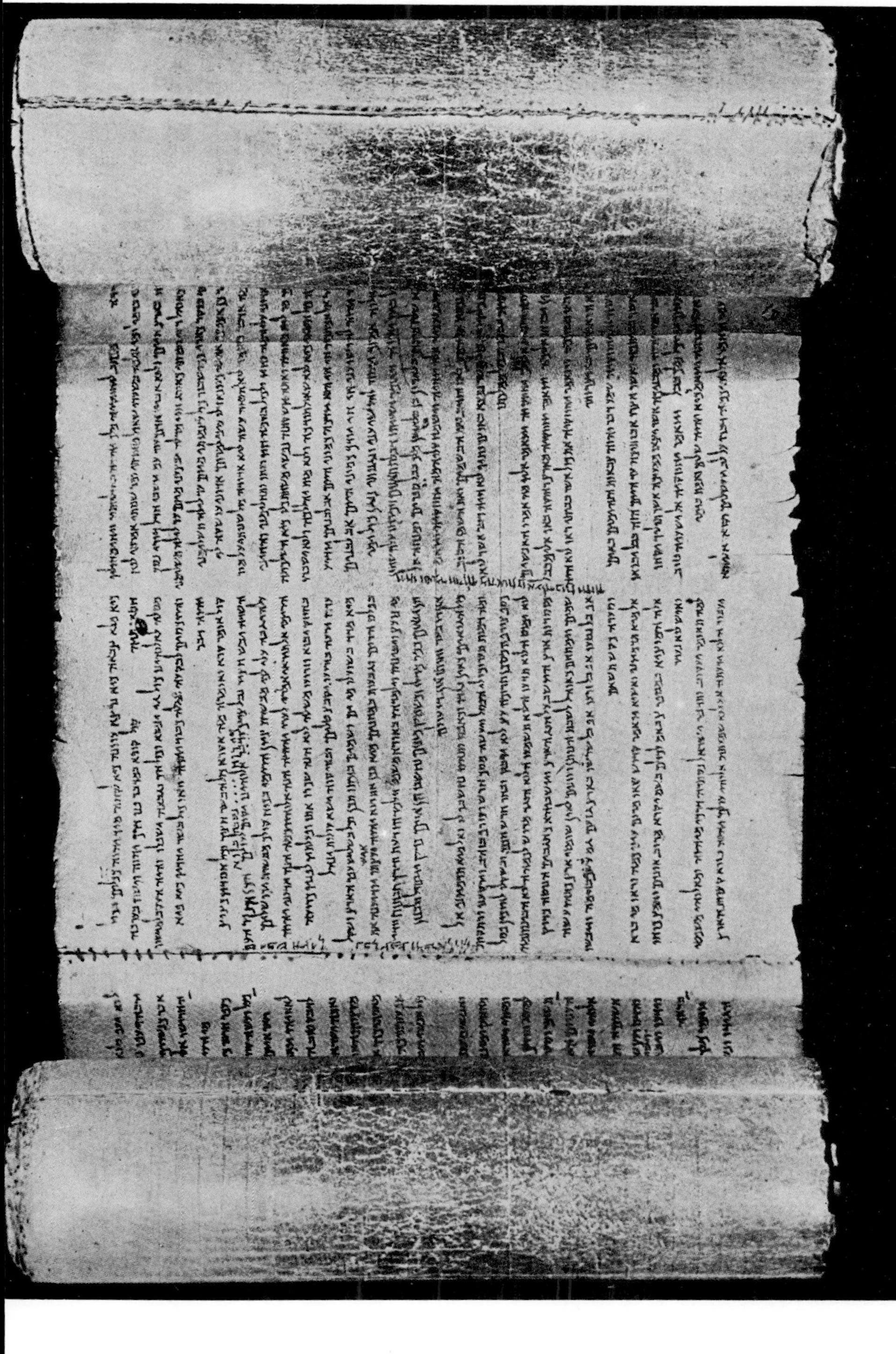

11 Erste Jesaja-Rolle (1 Q Is[a] ⟨𝔔[a]⟩; Ausschnitt Jes 40,6-20)

s. S. 36 – Abbildung (etwas vergrößert) nach der S. 35 genannten Ausgabe

Im ursprünglichen Text der Jes-Rolle fehlten, wie die Abbildung zeigt, in Vers 7f. folgende Worte von 𝔐: כי רוח יהוה נשבה בו אכן חציר העם יבש חציר נבל ציץ. Eine spätere Hand hat sie in unschöner Schrift zwischen den Zeilen und am linken Rand der Kolumne nachgetragen. Die Erklärung liegt nahe, die Auslassung sei durch Homoioteleuton verursacht: Das Auge des Abschreibers irrte von נבל ציץ in Vers 7 auf die gleichen Worte in Vers 8 ab. Auffallend ist jedoch, daß der ausgelassene Passus auch in 𝔊 fehlt, Origenes hat ihn mit Asteriskos (vgl. S. 59) versehen. Es ist denkbar, daß die Übereinstimmung zwischen dem ursprünglichen Text der Jes-Rolle und 𝔊 zufällig ist, das Homoioteleuton konnte da und dort zur Auslassung führen. Möglich ist aber auch, daß der Text von 𝔐 Resultat einer späteren Erweiterung ist, die sich in den Vorlagen von 𝔊 und der Jes-Rolle noch nicht fand. Gegen den Satz אכן חציר העם wurden schon bisher allgemein Bedenken geltend gemacht.

In dem Nachtrag stehen statt des Gottesnamens Jahwe vier Punkte. Empfand der Schreiber solche Scheu vor dem Gottesnamen, daß er ihn nicht zu schreiben wagte? Näher liegt es, anzunehmen, daß der Raum zunächst ausgespart wurde, damit der Gottesname später – und dann gewiß in anderer Schrift – eingetragen würde. So wurde ja auch in anderen Texten der Name Jahwe jeweils mit althebräischen Buchstaben geschrieben (vgl. S. 6; S. 144f.).

Bei דבר in Vers 7 findet sich unter jedem Buchstaben ein Punkt, was wohl bedeutet, daß dieses Wort gestrichen werden soll.

In 40,14-16 (vom 2. וילמדהו bis zum Ende von Vers 16) unterscheidet sich die Schrift von der der Umgebung. Aber es findet sich kein Anhaltspunkt dafür, daß hier ursprünglich fehlender Text nachgetragen wurde. «Entweder hat ein anderer Schreiber für kurze Zeit das Abschreiben übernommen, oder der Schreiber hat einfach seine Feder gespitzt oder eine neue genommen» (Burrows, BASOR 113 [1949], S. 32).

Von den zahlreichen Varianten dieses Abschnittes sind zwei von besonderer Wichtigkeit: in 40,6 bestätigt ואומרה (𝔐 ואמר) die Richtigkeit der üblichen Verbesserung *wa'omar* (mit 𝔊 𝔙), in 40,17 spricht וכאפס (𝔐 מאפס) für die Konjektur כאפס (vgl. den II. Apparat der BHK bzw. den Apparat der BHS).

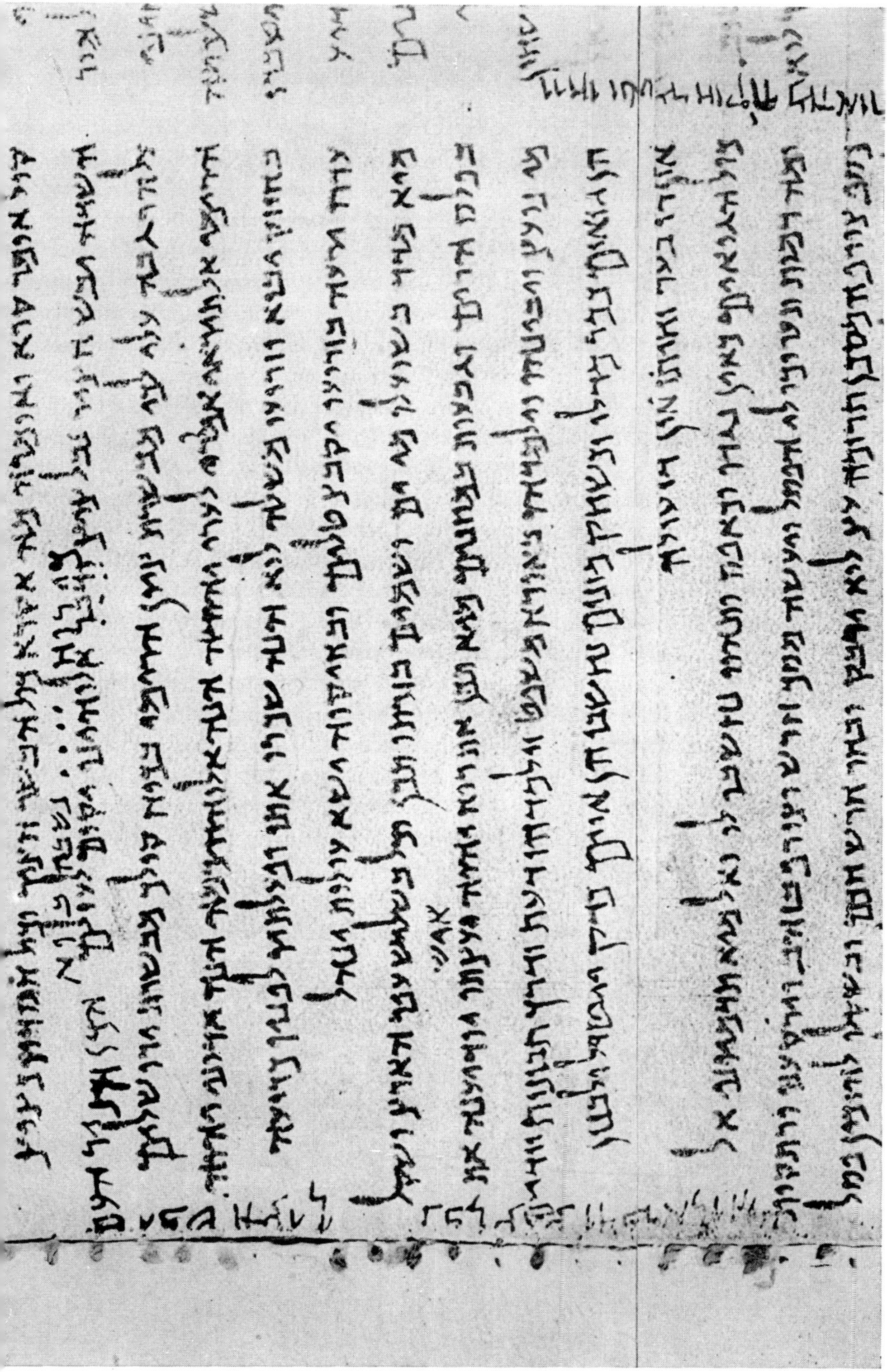

12 Die zweite Jesaja-Rolle (1 Q Is^{b} ⟨𝔔^{b}⟩)

s. S. 36 – Abbildung nach Sukenik, מגילות גנוזות II (1950)

Die zweite Jes-Rolle befindet sich, wie auch die Abbildung (1. Kol. Jes 48,17–49,7; 2. Kol. Jes 50,7–51,8) zeigt, in einem schlechten Zustand. Das Leder ist z. T. verfault, so daß von jeder Kolumne ein Stück zerstört ist. Daß das Leder vielfach zusammengeklebt war, machte die Öffnung der Rolle besonders schwierig. Die erhaltenen Stücke gehören zu Deutero-Jes, während aus dem ersten Jes nur Fragmente vorliegen.

Die Schrift ist verhältnismäßig klein, aber schön und deutlich. Kommt man von der ersten Jes-Rolle, so ist man überrascht, wie sehr der Text der zweiten Jes-Rolle mit 𝔐 übereinstimmt. Zum Teil sind die Vokalbuchstaben noch spärlicher gesetzt als in 𝔐: שלמך (𝔐 שלומך) 48,18; צר (צור) 48,21; כלתי (כליתי) 49,4. Umgekehrt findet sich ein Plus von Vokalbuchstaben gegenüber 𝔐: יוצרי (יצרי) 49,5; גואל (גאל) und קדוש (קדש) 49,7.

Abweichungen gegenüber 𝔐: 48,17 מדרכיך (מדריכך); 49,4 אך (אכן); 49,6 הנקל (נקל) und ארץ (הארץ); 49,7 mit der ersten Jes-Rolle אדני יהוה (אדני); יקומו (וקמו); 50,11 ומאזרי (מאזרי). Die zweite Jes-Rolle bietet also bedeutend weniger Abweichungen von 𝔐 als die erste, und sie gehen nicht über das hinaus, was sich auch in mittelalterlichen Handschriften an Differenzen beobachten läßt. Kahle hat deshalb geschlossen, daß 1 Q Is^{b} dem maßgebenden Konsonantentext angeglichen sei und erst nach dem Vorhandensein dieses Konsonantentextes geschrieben worden sein könne[1]. Da aber die Rolle aus archäologischen Gründen spätestens in den sechziger Jahren des 1. Jahrhunderts n. Chr. geschrieben sein kann, aus paläographischen Argumenten aber wahrscheinlich sogar noch einige Jahrzehnte früher zu datieren ist und ihrerseits auf eine ältere Vorlage zurückgehen kann, wird sie von anderer Seite als Beweis dafür gewertet, daß die Textform, die wir als die masoretische bezeichnen, lange vor dem masoretischen Zeitalter vorhanden war[2]. So führt diese Rolle, deren Text an sich nicht viele Fragen aufwirft, zu dem grundsätzlichen und gegenwärtig noch ungelösten Problem des Alters des masoretischen Textes.

[1] Kahle, Die hebräischen Handschriften aus der Höhle (1951), S. 81.

[2] Vgl. bes. B. J. Roberts, BJRL 42, 1 (1959), S. 144, der von der «wahrscheinlichen Existenz eines vormasoretischen ‹Masoretischen› Textes» spricht, s. auch S. 17.

13 Habakuk-Kommentar (Kol. IX und X – Hab 2,7-14)

s. S. 36 – Abbildung nach der S. 35, Anm. 2 genannten Ausgabe

Die Rolle ist von besonderer religionsgeschichtlicher Bedeutung, weil sie uns – wie die Sektenrolle und andere Qumrantexte – neue Erkenntnisse über eine religiöse Bewegung des vorchristlichen Judentums schenkt. Für Textgeschichte und Textkritik des Alten Testaments ist sie wichtig, weil hier die Prophetenworte Hab 1 und 2 Satz um Satz zitiert und kommentiert werden. Ähnlich wie der Text der ersten Jes-Rolle weicht der in dieser Rolle zitierte von 𝔐 ab. Der III. Apparat der BHK führt etwa 60 Varianten auf, wobei rein orthographische Abweichungen (Pleneschreibung!) nicht berücksichtigt sind. An einigen Stellen gehen auch Zitat und Kommentar hinsichtlich des Hab-Textes auseinander (vgl. 1,8.11; 2,16).

Besonders bemerkenswert ist, daß der Gottesname Jahwe in althebräischer Schrift geschrieben wird (vgl. linke Kol., Z. 7 und 14). So wird auch in anderen Rollen **אל** und **אלי** behandelt. Von dieser besonderen Schreibung des Gottesnamens berichtet auch Origenes und eine jüdische Überlieferung. Auch unter den in der Geniza von Kairo gefundenen Fragmenten sind solche der Aquilaübersetzung, in denen mitten im griechischen Text Jahwe in althebräischer Schrift geschrieben wird. Es muß sich also dabei um eine einst weit verbreitete Übung handeln. – In seinem eigenen Text vermeidet der Kommentator das Tetragramm und gebraucht statt dessen **אל**. Zur Zeit der neugefundenen Handschriften sprach man offenbar schon *adonaj* statt Jahwe, was daraus hervorgeht, daß die erste Jes-Rolle u. a. **אדני** überliefert, wo 𝔐 **יהוה** hat (3,17) und umgekehrt (6,11; 7,14; 9,7; 21,16; 28,2). **יהוה** – ob in althebräischer oder Quadratschrift geschrieben – hatte also nur noch die Bedeutung eines Ideogramms für **אדני** (vgl. Eißfeldt, ThLZ 74 [1949], Sp. 225; Kahle, Handschriften, S. 63ff.).

In der Abbildung beachte auch die deutlich sichtbaren waagrechten Linien, an denen die Buchstaben aufgehängt sind, und die vertikalen, die die Kolumnen begrenzen. Schriftgelehrten des 3. Jahrhunderts n. Chr. galten die Linien als notwendiger Bestandteil eines Buches. Sie führten die Liniierung auf Adam zurück, sahen sie also als uralt an (L. Blau, Studien zum althebräischen Buchwesen [1902], S. 142ff.).

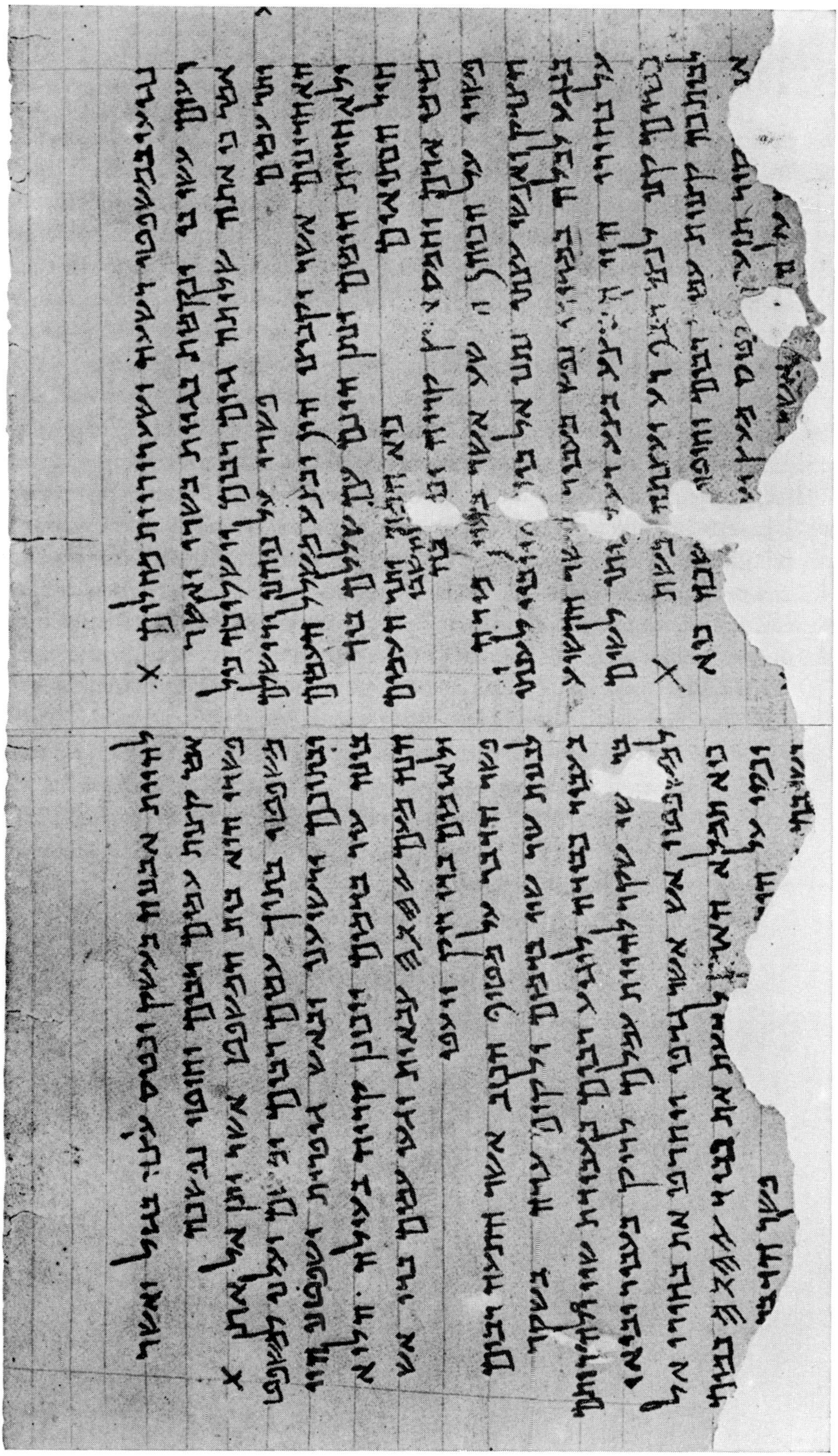

14 Leviticus-Fragmente in althebräischer Schrift

s. S. 5f. – Abbildung (mit Umschrift) nach Sukenik, מגילות גנוזות II (1950)

Die abgebildeten Texte enthalten Teile von Lev 19,31-34; 20,20-23; 21, 24–22,3; 22,4.5. Sie wurden bei der im Februar 1949 von R. de Vaux und L. Harding geleiteten Untersuchung der Höhle I zutage gefördert. Zum erstenmal tritt uns in diesen Fragmenten die althebräische Schrift auf Leder geschrieben entgegen. Auch hier wird ein Punkt als Worttrenner verwendet. Es findet sich eine Variante zu 𝔐: In 20,21 steht היא statt des masoretischen הוא mit Qere perpetuum.

Die Vermutung, daß die Fragmente samaritanischer Herkunft seien, lag insofern nahe, als die Samaritaner bekanntlich für ihre Thora die althebräische Schrift verwendeten. Kahle hat jedoch darauf aufmerksam gemacht, daß in Lev 20,22, wo die jüdische und samaritanische Überlieferung auseinandergehen, die Fragmente dem jüdischen Text folgen. Die Datierung verursachte zunächst große Schwierigkeiten, da Vergleichsmaterial fehlte; die Ansätze schwankten zwischen dem 5. und 1. Jahrhundert v. Chr. Der Gebrauch althebräischer Schrift besagt an sich noch nichts für das Alter, da es Rollen in dieser Schrift noch in den ersten Jahrhunderten n. Chr. gab (vgl. S. 6). Heute besteht unter den Qumran-Experten Einmütigkeit darüber, daß die Texte in althebräischer Schrift dem selben Zeitraum entstammen wie die Texte in Quadratschrift. Es ist möglich, daß diese Schrift, die sich aus vorexilischer Zeit erhalten hatte, in der makkabäischen Zeit mit ihrem nationalen Hochgefühl eine Erneuerung erlebte (Cross, ALQ, S. 34 = ABQ, S. 48). Wie der samaritanische Text seine Parallelen in Qumran hat, so also auch die von den Samaritanern gebrauchte und allein weiter tradierte Schrift.

אלהיכם . מפנ[י]

מאלהיך . אני . יהו[ה]

את[ו] כאזרח . מכם

ישאו

[א]חיו . נדה . היא . [ער]ות

[ושמרת]ם . את . כל . חקתי . ואת . כל .

אתכם . הארץ . אשר . אני .

תלכו

אל[ה]

ישראל

. בניו .

. אשר .

[לדרתיכ]ם . כל . איש . אשר .

[א]שר . י[קדישו] . בני .

[מלפ]ני . [א]דנ[י]

נפ[ש]

בכל . ש[רץ]

15a Fragment mit Stücken von Dt 29,14-18 und 30,20–31,5
Abbildung nach L. Harding, Palestine Exploration Quarterly (1949)

Das Fragment wurde von einer «outside source» erworben (Harding). Durch seinen Text in Dt 31,1 hat es besonderes Aufsehen erregt. Dieser Vers lautet:

𝔐: וילך משה וידבר את[1] הדברים

Fragment: ויכל משה לדבר את כל

𝔊: καὶ συνετέλεσεν Μωυσῆς λαλῶν πάντας τοὺς λόγους τούτους.

𝔊 und der Fragment-Text stimmen also gegen 𝔐 völlig überein. «Damit begegnet uns zum ersten Male in der Geschichte der Bibel eine hebräische Deuteronomiums-Rolle, in der tatsächlich ein ganzer Vers der Septuaginta-Lesart folgt» (Leveen, The Listener, Aug. 25 [1949], S. 323). Die Vermutung, daß hier 𝔊 auf eine von 𝔐 abweichende hebräische Vorlage zurückgeht, wird dadurch zur Gewißheit. Schon früher haben Bertholet, Marti und Steuernagel 𝔐 auf Grund von 𝔊 verbessert, während König für die Ursprünglichkeit von 𝔐 eintrat (vgl. die Kommentare). Die Variante entstand durch Buchstabenumstellung im ersten Wort. Für die Lesart von 𝔐 spricht, daß sie «lectio difficilior» ist, gegen sie, daß sie nur einen gezwungenen Sinn ergibt. M. E. wiegt das letzte Argument hier so schwer, daß man 𝔐 aufgeben muß.

[1] 28 hebräische Handschriften + כל.

15b Teil einer ungeöffneten Rolle
Aus den Funden von 1949 – Abbildung nach L. Harding, Palestine Exploration Quarterly (1949)

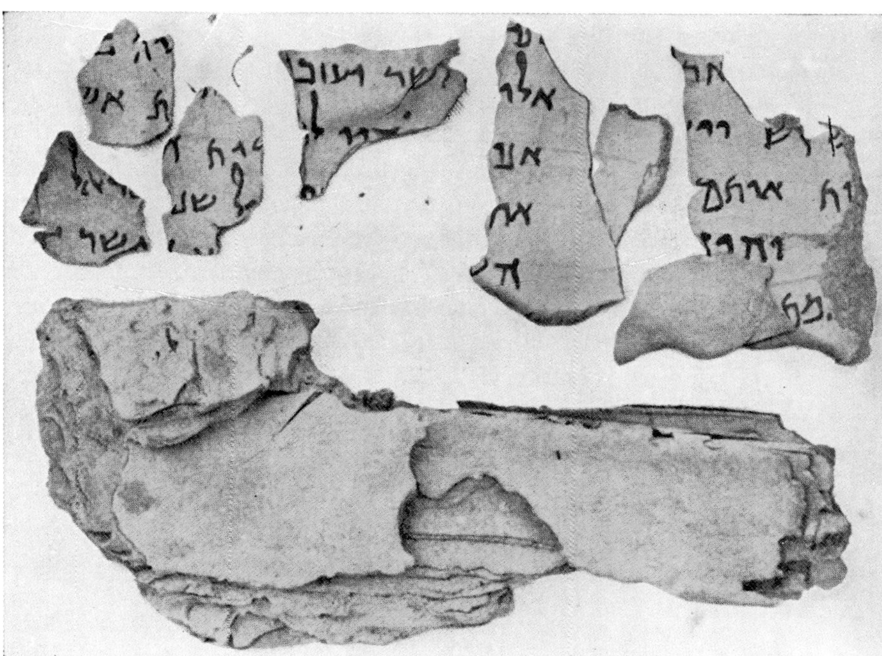

16 Zwölfprophetenrolle Murabba'at 88

Abbildung (Am 8,11–9,15) nach Benoit, Milik, de Vaux, Les Grottes de Murabba'at, Discoveries in the Judaean Desert II (1961)

Im Herbst 1951 wurden von Beduinen in dem tief eingeschnittenen Wadi Murabba'at in der Wüste Juda, 17 km südlich von Qumran und ohne Zusammenhang mit diesem, vier Höhlen entdeckt und im Frühjahr 1952 von L. Harding und R. de Vaux eingehend untersucht. Aus den Fundgegenständen ergab sich, daß die Höhlen zwischen dem 4. Jahrtausend v. Chr. und der arabischen Zeit mehrmals bewohnt waren. Aus der Besiedlung im 8. Jahrhundert v. Chr. stammt das Seite 8 erwähnte Papyruspalimpsest in althebräischer Schrift, die älteste Handschrift aus Palästina. Während des zweiten jüdischen Aufstandes (132–135) dienten die Höhlen – wie aus zahlreichen Dokumenten, darunter zwei Briefen Simons ben Kosiba (Bar Kochba), hervorgeht – einer Gruppe jüdischer Aufständischer als Zufluchtsort.

Die Zwölfprophetenrolle, von der hier Kol. VIII abgebildet ist, wurde 1955 von Beduinen in einer fünften Höhle, die als Grab benützt wurde, entdeckt. Sie wird in das 2. Jahrhundert n. Chr. datiert. Der Schriftduktus ist entwickelter, wie er auch in den Murabba'at-Texten einheitlicher ist als in den Qumran-Texten. Er erinnert schon stark an die Schrift mittelalterlicher Handschriften (Milik, a. a. O., S. 71).

Der Text stimmt fast völlig mit 𝔐 überein, was dafür spricht, daß bereits in der ersten Hälfte des 2. Jahrhunderts nach Christus ein autoritativer Standardtext vorliegt (vgl. S. 15f.).

Beachte in der Abbildung: In Am 8,11 (Z. 1) sind die drei Worte והשלחתי רעב בארץ über der Zeile nachgetragen; 9,5 (Z. 15) ואבל כל יושב gegen den Plural in 𝔐; in 9,8 (Z. 22) ist in השמיד ein י nachgetragen.

Zur Markierung des Endes des Buches Amos sind drei Zeilen am Ende der Kolumne (und die zwei ersten Zeilen der folgenden Kolumne) freigelassen. Einzelne freie Zeilen (Z. 6, 18, 22) deuten auf Textabschnitte hin; vgl. in BH ס nach 8,14, פ nach 9,12; der neue Abschnitt nach 9,6 findet sich in 𝔐 nicht.

17 Blatt mit babylonischer Punktation
(Hi 37,17–38,15; Berlin Ms. or. qu. 680 = Ec 1)
s. S. 24f. – Abbildung nach P. Kahle, Masoreten des Ostens (1913)

Die in Berlin befindlichen 94 Pergamentblätter bilden den Überrest einer ehemals vollständigen Handschrift der Hagiographen. Sieben weitere Blätter befinden sich in der Glaser-Collection in New York. Die ursprünglich rein babylonische Punktation wurde später von jemenischer Hand überarbeitet. «In der Reproduktion ist die ursprüngliche Punktation oft sehr schlecht zu erkennen, während die Überarbeitung deutlich hervortritt» (Kahle). Die Masora parva ist zum großen Teil in den Text geschrieben über dem Wort, zu dem sie gehört. Am unteren Rand befindet sich die Masora magna, in dem abgebildeten Blatt nicht zu erkennen, weil durch Fäulnis verdorben. Eingehende Untersuchung bei Kahle, Der masoretische Text des Alten Testaments nach der Überlieferung der babylonischen Juden (1902); vgl. auch Masoreten des Ostens (1913), S. 140.

18 Haphtaren-Fragment mit babylonischer Punktation
(Jes 62,8f.; Hos 14,2f. mit Targum; Cambridge B 15 1 = Kb 7,1)
s. S. 24f. – Abbildung nach P. Kahle, Masoreten des Ostens (1913)

Im jüdischen Gottesdienst wurden, neben der Thora, einzelne Stücke aus den Propheten vorgelesen. Ein solches Stück wurde Haphtara genannt. Der Name (von hebr. הפטיר «abschließen») erklärt sich wahrscheinlich daraus, daß die Bibelvorlesung mit der Prophetenlektion abgeschlossen wurde (I. Elbogen, Geschichte des jüdischen Gottesdienstes [[2]1924], S. 174ff.). Schon früh wurden die Haphtarot in eigenen Rollen bzw. Büchern zusammengestellt.

Das abgebildete Blatt enthält Verse aus der Haphtara zum Sabbat vor dem Neujahrsfest und zum Sabbat nach Neujahr. Nach Kahle gehört es zu den Resten einer Prachthandschrift in der Art des Petersburger Prophetenkodex und bildet ein Beispiel für die vollkommenste Gestalt der östlichen Punktation.

Wie üblich folgt auf jeden Vers in hebräischer Sprache das Targum. An den Rand wurde von späterer Hand Jes 63,7-16, ebenfalls Vers für Vers mit Targum, geschrieben.

אשר בגדיך חמים | בהשקט ארץ מדרום
תרקיע עמו לשחקים | חזקים כראי מוצק
הודיענו מה נאמר לו | לא נערך מפני חשך
היספר לו כי אדבר | אם אמר איש כי יבלע:
ועתה לא ראו אור בהיר הוא בשחקים | ורוח עברה ותטהרם:
מצפון זהב יאתה | על אלוה נורא הוד
שדי לא מצאנהו | שגיא כח
ומשפט ורב צדקה | לא יענה
לכן יראוהו אנשים | לא יראה כל חכמי לב

לח
כ״ד 24

ויען יהוה את איוב מן הסערה ויאמר:
מי זה מחשיך עצה במלין | בלי דעת
אזר נא כגבר חלציך | ואשאלך והודיעני
איפה היית ביסדי ארץ | הגד אם ידעת בינה
מי שם ממדיה כי תדע או מי נטה עליה קו: | או מי ירה אבן פנתה:
ברן יחד כוכבי בקר | ויריעו כל בני אלהים:
ויסך בדלתים ים | בגיחו מרחם יצא
בשומי ענן לבשו | וערפל חתלתו
ואשבר עליו חקי | ואשים בריח ודלתים
ואמר עד פה תבוא ולא תסיף | ופא ישית בגאון גליך
המימיך צוית בקר | ידעת השחר מקמו
לאחז בכנפות הארץ | וינערו רשעים ממנה
תתהפך כחמר חותם | ויתיצבו כמו לבוש
וימנע מרש

על מה אדניה הטבעו או מי ירה אבן פנתה:

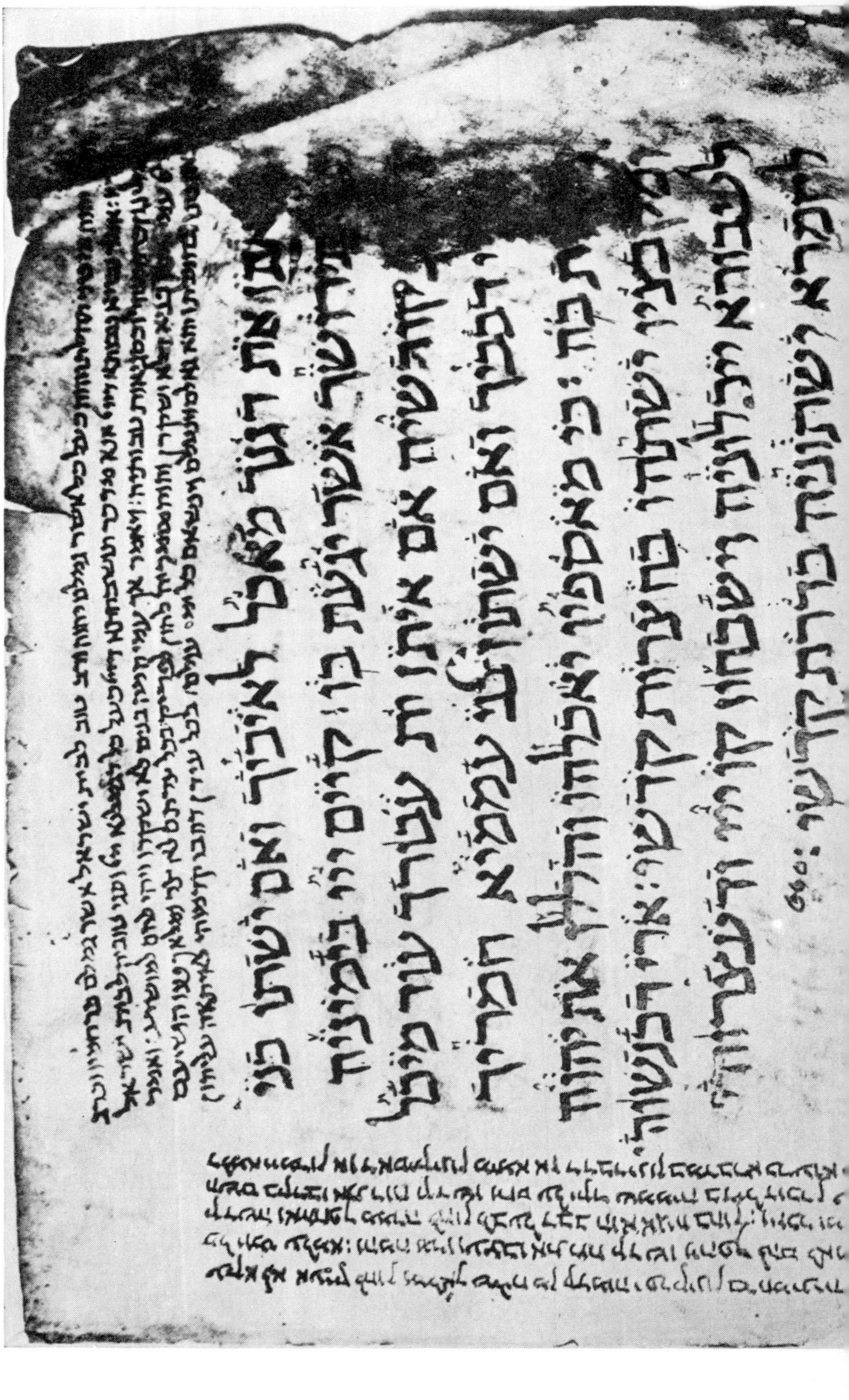

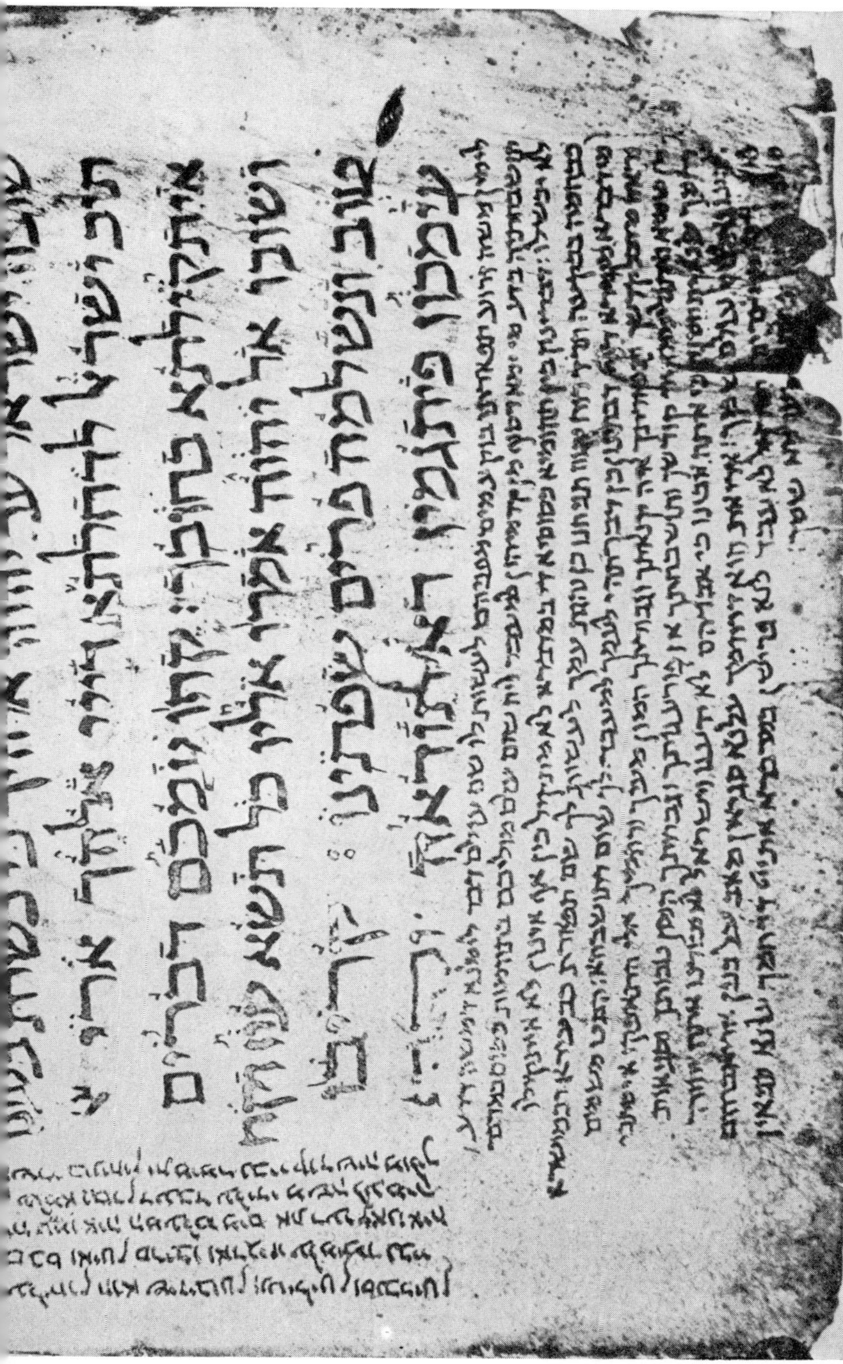

19 Fragment mit palästinischer Punktation

s. S. 25 – Abbildung (Jes 7,11–9,8) nach P. Kahle, Masoreten des Westens II (1930)

Das Fragment (Oxford Ms Heb e 30, fol. 48b), das mit einigen anderen Blättern den Rest einer Prophetenhandschrift bildet, führte Ende des letzten Jahrhunderts zur Wiederentdeckung der palästinischen Punktation (vgl. Kahle, ZAW 21 [1901], S. 273ff.).

Bemerkenswert ist es auch dadurch, daß es den hebräischen Text in *Abkürzungen* bietet. Von jedem Vers ist nur das erste Wort ausgeschrieben, von den übrigen Worten steht jedoch nur *ein* Konsonant (nicht immer der Anfangskonsonant) mit dem zugehörigen Vokal und Akzent. Solche Abkürzungen werden schon im Talmud unter der Bezeichnung סירוגין erwähnt. Sie waren wohl als Gedächtnisstützen für Vorleser in der Synagoge oder Schüler in der Schule gedacht.

Während in diesem Text die Abkürzung konsequent durchgeführt ist, wurden seit alters in biblischen Handschriften für häufig begegnende Worte gelegentlich Abbreviaturen verwendet. Wurden sie beim Abschreiben nicht als solche erkannt, so mußte das natürlich zur Textentstellung führen. Besonders F. Perles hat an zahlreichen Stellen Abbreviaturen im vormasoretischen Bibeltext als Fehlerquelle nachzuweisen versucht (F. Perles, Analekten zur Textkritik [1895]; Neue Folge [1922])[1].

[1] Vgl. jetzt auch G. R. Driver, Abbreviations in the Massoretic Text, Textus I (1960), S. 112ff.; IV (1964), S. 76ff.

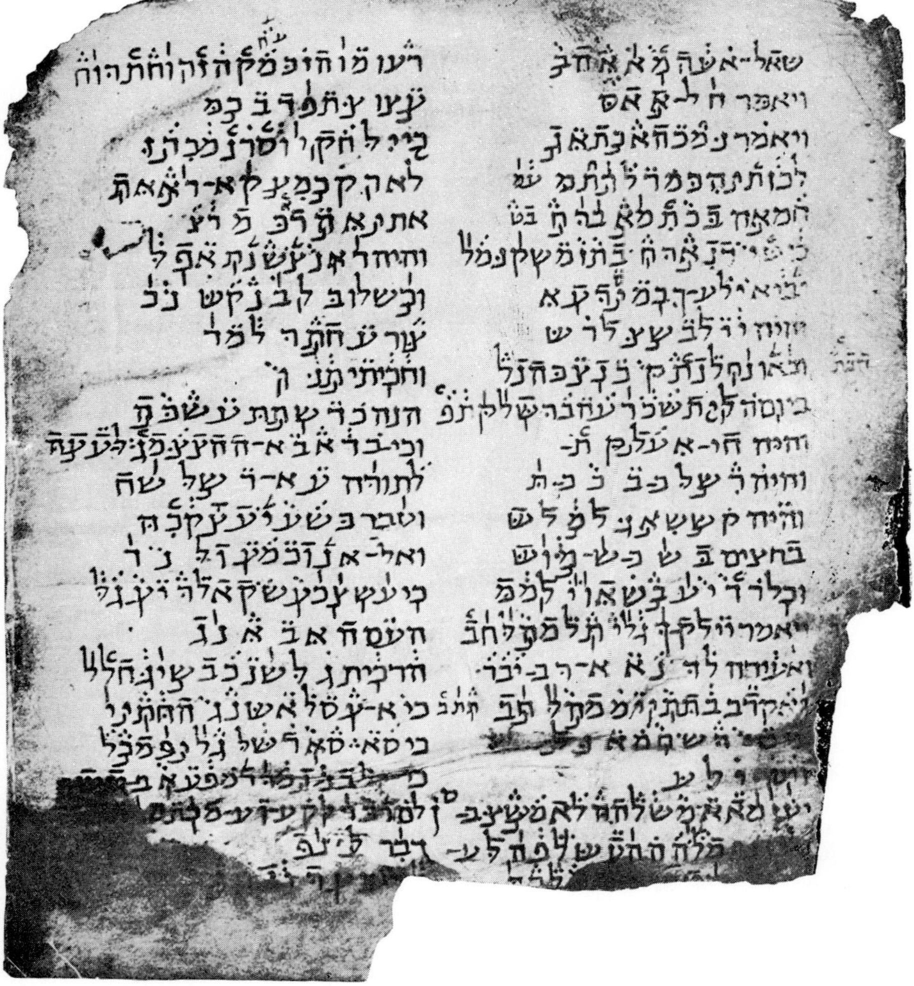

20 Codex Cairensis

s. S. 38f. – Abbildung (Jer 2,16-33) nach einem von P. Kahle freundlichst zur Verfügung gestellten Photo

Aus Kolophon II am Ende der Handschrift:

«Ich, Mosche ben Ascher, habe diesen Kodex (Machsor) der heiligen Schrift geschrieben, entsprechend dem, wie die gütige Hand Gottes über mir waltete (Neh 2,8), sehr deutlich (Dt 27,8), in der Stadt Ma'azja-Tabarijja (Tiberias), der gepriesenen Stadt (Ez 26,17) ...

Er wurde geschrieben am Ende des Jahres 827 der Zerstörung des zweiten Tempels (895 n. Chr.) ...

Und jeder, der von diesem Kodex oder dieser Schrift ein Wort ändert oder einen Buchstaben davon ausradiert oder ein Blatt davon zerreißt – es sei denn, er bemerkt und erkennt, daß ein Wort darin ist, bei dem wir beim Schreiben oder beim Punktieren oder in der Masora oder in der defektive- oder plene-Schreibung geirrt haben: nicht werde ihm Verzeihung oder Vergebung zuteil, und nicht schaue er die Freundlichkeit Jahwes (Ps 27,4), und nicht erlebe er das Glück, das denen bestimmt ist, die ihn fürchten (Jer 29,32). Er sei wie eine Frau, die unrein ist, und wie ein Aussätziger, der abgesperrt ist; seine Glieder sollen in Stücke geschlagen und seine stolze Kraft zerbrochen werden; und sein Fleisch soll schwinden, daß man es nicht mehr sieht, und seine Knochen, die man nicht sah, sollen sichtbar werden (Hi 33,21). Amen.

Wer liest, der höre, und wer hört, der merke auf, und wer sieht, der gebe acht! Heil!»

Vollständiger Text der Kolophone mit Übersetzung bei P. Kahle, The Cairo Geniza ([2]1959), S. 92ff. (dt. S. 100ff.); deutsche Übersetzung auch bei P. Kahle, Masoreten des Westens I (1927), S. 15f.

קדקד הלוא זאת ת
תעשה לך עזבך את
יהוה אלהיך בעת מ
מוליכך בדרך ועתה
מה לך לדרך מצרים
לשתות מי שחור ומה לך
לדרך אשור לשתות
מי נהר תיסרך רעתך
ומשבותיך תוכחך
ודעי וראי כי רע ומר
עזבך את יהוה אלהיך
ולא פחדתי אליך נאם
אדני יהוה צבאות כי
מעולם שברתי עלך
נתקתי מוסרותיך
ותאמרי לא אעבוד
כי על כל גבעה גבהה
ותחת כל עץ רענן
את צעה זנה ואנכי
נטעתיך שורק כלה
זרע אמת ואיך נהפכת
לי סורי הגפן נכריה
כי אם תכבסי בנתר

ותרבי לך בורית נכתם
עונך לפני נאם אדני
יהוה איך תאמרי לא
נטמאתי אחרי הבעלים
לא הלכתי ראי דרכך
בגיא דעי מה עשית
בכרה קלה משרכת
דרכיה פרה למד
מדבר באות נפשו
שאפה רוח תאנתה
מי ישיבנה כל מבקשיה
לא ייעפו בחדשה
ימצאונה מנעי רגלך
מיחף וגורנך מצמאה
ותאמרי נואש לוא כי
אהבתי זרים ואחריהם
אלך כבשת גנב כי
ימצא כן הובישו בית
ישראל המה מלכיהם
שריהם וכהניהם
ונביאיהם אמרים לעץ
אבי אתה ולאבן את
ילדתנו כי פנו אלי ערף

ולא פנים ובעת רעתם
יאמרו קומה והושיענו
ואיה אלהיך אשר
עשית לך יקומו אם
יושיעוך בעת רעתך
כי מספר עריך היו
אלהיך יהודה
למה תריבו אלי
כלכם פשעתם בי נאם
יהוה לשוא הכיתי
את בניכם מוסר לא
לקחו אכלה חרבכם
נביאיכם כאריה משחית
הדור אתם ראו דבר
יהוה המדבר הייתי
לישראל אם ארץ
מאפליה מדוע אמרו
עמי רדנו לוא נבוא
עוד אליך התשכח
בתולה עדיה כלה
קשריה ועמי שכחוני
ימים אין מספר מה
תיטבי דרכך לבקש

21 Kodex von Aleppo

Vgl. S. 39 – Abbildung (Dt 31,28–32,14) mit freundlicher Erlaubnis des Hebrew University Bible Project

Der Kodex von Aleppo (A), wahrscheinlich seit dem Ende des 14. Jahrhunderts in Aleppo befindlich, seit einigen Jahren in Israel aufbewahrt, ist nach einer Weihenotiz von Schelomo ben Buja'a, dem Schreiber der Tafel 23 wiedergegebenen Handschrift vom Jahre 930 n. Chr., geschrieben und von Aaron ben Ascher mit Punktation und Masora versehen worden. Neuere Untersuchungen haben ihn als besonders wertvollen Zeugen der Ben-Ascher-Tradition erwiesen. Eine Nachricht, die sich bis in das 15. Jahrhundert zurückverfolgen läßt, identifiziert ihn – wahrscheinlich mit Recht – mit dem «Musterkodex» des Maimonides, von dem dieser schrieb: «... Und das Buch, auf das wir uns stützen in diesen Dingen (scil. korrekte Schreibung der offenen und geschlossenen Paraschen der Thora und Gestalt der Lieder) ist das Buch, das bekannt ist in Altkairo (מצרים), welches alle 24 Bücher enthält, welches vor vielen Jahren in Jerusalem war, damit man aus ihm die Bücher korrigiere, und auf dies pflegen sich alle zu stützen, weil es korrigiert hat (לפי שהגיהו) und darin alle Kleinigkeiten festgesetzt hat (ודקדק בו) Ben Ascher viele Jahre, und er hat es korrigiert viele Male, wie man es überliefert hat, und auf es habe ich mich gestützt in dem Thorabuche, das ich nach seiner Anordnung geschrieben habe» (Übersetzung nach P. Kahle, Masoreten des Westens I (1927), S. 11f.; zur Identität vgl. jetzt die ausführliche Studie von Goshen-Gottstein, Textus I (1960), S. 17ff.; derselbe, The Aleppo Codex and Ben Buyā'ā the Scribe, Tarbiz 33 (1963/64), S. 149–156)[1].

Die abgebildete Seite weicht von der gewöhnlichen Textanordnung des Kodex (drei Kolumnen pro Seite) mit Rücksicht auf die masoretischen Vorschriften für das «Moselied», die auch von Maimonides erwähnt werden, ab: die sechs Zeilen vor dem Lied sollten jeweils mit einem bestimmten Wort beginnen; für die dadurch nötig werdende Zeilenfüllung werden buchstabenähnliche Zeichen verwendet. Das Lied selber sollte nach Maimonides in 67 Zeilen geschrieben werden, was bei A zutrifft (andere forderten 70 Zeilen). Ebenso bestanden Vorschriften für die fünf Zeilen nach dem Lied.

[1] A. Dotan, Was the Aleppo Codex actually vocalized by Aharon ben Asher?, Tarbiz XXXIV (1964/65), S. 136–155 (vgl. IZBG XXXIII (1966/67), S. 1) hält die von Goshen-Gottstein vorgebrachten Gründe für die Identifizierung für nicht stichhaltig. Die Vokalisierung der Handschrift könne, entgegen dem Kolophon, nicht Aaron ben Ascher zugeschrieben werden.

ואעידה בם את השמים ואת הארץ כי ידעתי
אחרי מותי כי השחת תשחתון וסרתם מן
הדרך אשר צויתי אתכם וקראת אתכם הרעה
באחרית הימים כי תעשו את הרע בעיני יהוה
להכעיסו במעשה ידיכם׃ וידבר משה באזני כל
קהל ישראל את דברי השירה הזאת עד תמם׃

האזינו השמים ואדברה ותשמע הארץ אמרי פי׃
יערף כמטר לקחי תזל כטל אמרתי
כשעירם עלי דשא וכרביבים עלי עשב׃
כי שם יהוה אקרא הבו גדל לאלהינו׃
הצור תמים פעלו כי כל דרכיו משפט
אל אמונה ואין עול צדיק וישר הוא׃
שחת לו לא בניו מומם דור עקש ופתלתל׃
הליהוה תגמלו זאת עם נבל ולא חכם
הלוא הוא אביך קנך הוא עשך ויכננך׃
זכר ימות עולם בינו שנות דור ודור שאל אביך ויגדך זקניך ויאמרו לך׃
בהנחל עליון גוים בהפרידו בני אדם
יצב גבלת עמים למספר בני ישראל׃
כי חלק יהוה עמו יעקב חבל נחלתו׃
ימצאהו בארץ מדבר ובתהו ילל ישמן
יסבבנהו יבוננהו יצרנהו כאישון עינו׃
כנשר יעיר קנו על גוזליו ירחף יפרש כנפיו יקחהו ישאהו על אברתו׃
יהוה בדד ינחנו ואין עמו אל נכר׃
ירכבהו על במותי ארץ ויאכל תנובת שדי
וינקהו דבש מסלע ושמן מחלמיש צור׃
חמאת בקר וחלב צאן עם חלב כרים ואילים
בני בשן ועתודים עם חלב כליות חטה

22 Codex Or. 4445 des Britischen Museums
s. S. 45, Anm. 2 – Verkleinerte Abbildung (Nu 26,12-27) mit freundlicher Genehmigung des Britischen Museums

Punktierte und akzentuierte Pentateuch-Handschrift, von der Anfang (Gn 1–39,19) und Ende (von Dt 1,34 ab) sowie Nu 7,46-73 und Nu 9,12–10,18 fehlen bzw. später ergänzt wurden. Die Handschrift ist in klaren, schönen Buchstaben geschrieben. Jede Seite enthält drei Kolumnen. An den Seitenrändern Masora parva, am oberen und unteren Rand Masora magna. Ginsburg (Introduction to the Hebrew Bible [1897], S. 469ff.) sah diese Handschrift als älteste an und datierte den Konsonantentext und die Punktation um 820–850 n. Chr. Nach ihm wäre die Masora etwa ein Jahrhundert später durch einen Nakdan (s. S. 15), der auch den Text revidierte, zugefügt worden. Da die Masora den Masoreten Ben Ascher ohne die bei Erwähnung von Verstorbenen gebräuchliche Segensformel zitiert, ist anzunehmen, daß sie noch zu Lebzeiten Ben Aschers geschrieben wurde. Kahle jedoch setzt die Entstehung der ganzen Handschrift in die Lebenszeit Ben Aschers. «Ben Ascher war offenbar die große Autorität für den Abschreiber, und daß er wirklich einen Ben-Ascher-Text abschrieb, wird bestätigt durch das Buch Mischaels ben ʿUzziel» (Kahle, VT I [1951], S. 167; vgl. auch Masoreten des Westens I [1927], S. 17f.; zu Mischael ben ʿUzziel vgl. oben S. 27 und BHK S. VIff.).

משפחת הנמואלי
לימין משפחת
הימיני ליכין משפחת
היכיני לזרח משפחת
הזרחי לשאול משפחת
השאולי אלה
משפחת השמעני
שנים ועשרים אלף
ומאתים בני
גד למשפחתם
לצפון משפחת
הצפוני לחגי
משפחת החגי
לשוני משפחת
השוני לאזני
משפחת האזני
לערי משפחת
הערי לארודי
משפחת הארודי
לאראלי משפחת
האראלי אלה

משפחת בני גד
לפקדיהם ארבעים
אלף וחמש מאות
בני יהודה
ער ואונן וימת ער
ואונן בארץ כנען
ויהיו בני יהודה
למשפחתם לשלה
משפחת השלני
לפרץ משפחת
הפרצי לזרח
משפחת הזרחי
ויהיו בני פרץ
לחצרן משפחת
החצרני לחמול
משפחת החמולי
אלה משפחת
יהודה לפקדיהם
ששה ושבעים
אלף וחמש מאות
פ

בני יששכר למשפחתם
תולע משפחת
התולעי לפוה
משפחת הפוני
לישוב משפחת
הישבי לשמרן
משפחת השמרני
אלה משפחת
יששכר לפקדיהם
ארבעה וששים
אלף ושלש מאות

בני זבולן למשפחתם
לסרד משפחת
הסרדי לאלון
משפחת האלני
ליחלאל משפחת
היחלאלי אלה
משפחת הזבולני
לפקדיהם ששים
אלף וחמש מאות

23 Thora-Handschrift vom Jahre 930 n. Chr.

Kod. 17 der 2. Firkowitsch'schen Sammlung (vgl. S. 33f.) – Abbildung (Dt 9,15-23) nach P. Kahle, Masoreten des Westens I (1927)

Am Ende des Kodex, der 241 Blatt mit je 3 Kolumnen umfaßt, geben Schreiber und Masoret des Kodex, zwei Brüder, Rechenschaft über ihre Tätigkeit.

Aus dem Kolophon des Schreibers: «Ich Schelomo ha-Levi, der Sohn des Buja'a[1], der Schüler des Sa'id, des Sohnes des Fargai mit dem Beinamen Balquq, habe geschrieben dies Buch der Tora Moses nach dem, wie die gute Hand meines Gottes auf mir ist, für unsern Herrn Barhon und für unsern Herrn Salich, die Söhne unsers Herrn Maimun ...»

Der Masoret schreibt: «Ich Ephraim, Sohn des Rabbi Buja'a, habe punktiert und mit Masora versehen und vollendet diese Tora und sie überprüft nach dem, wie die gute Hand meines Gottes über mir ist, und wenn in ihr ein Versehen ist, so soll es mir Gott nicht als Sünde anrechnen. Ich habe sie beendet am Freitag, den 8. des Monats Kislev des Jahres 1241 nach der (seleukidischen) Kontraktenära für unsern Herrn Abraham und unsern Herrn Salich, die Söhne unsers Herrn Maimun. Für sie sei diese Tora, und für uns und für ganz Israel ein gutes Zeichen, ein Zeichen des Segens für die Erlösung und für die Hilfe, für das Kommen des Messias und den Bau von Jerusalem und für die Sammlung der Gefangenschaft Israels, gleichwie es uns versichert hat unser Schöpfer, der Erbauer Jerusalems, Jahwe wird die Zerstreuten Israels sammeln, und ein Panier aufrichten für die Völker und sammeln die Zerstreuten Israels und die Zerschlagenen Judas wird er sammeln von den vier Ecken der Erde (Jes 11, 12).»[2]

[1] Schelomo ben Buja'a hat auch den Ben-Ascher-Kodex in Aleppo geschrieben (vgl. S. 160).

[2] Text nach P. Kahle, Masoreten des Westens I (1927), S. 58f. Der hebräische Wortlaut (bei H. Strack, Dikduke ha-Te'amim) war mir nicht zugänglich.

ההר וההר
בער באש ושני
לחת הברית על
שתי ידי׃ וארא
והנה חטאתם
ליהוה אלהיכם
עשיתם לכם
עגל מסכה
סרתם מהר מן
הדרך אשר צוה
יהוה אתכם
ואתפש בשני
הלחת ואשלכם
מעל שתי ידי
ואשברם לעיניכם
ואתנפל לפני
יהוה כראשנה
ארבעים יום
וארבעים לילה

לחם לא אכלתי
ומים לא שתיתי
על כל חטאתכם
אשר חטאתם
לעשות הרע
בעיני יהוה
להכעיסו׃ כי
יגרתי מפני האף
והחמה אשר
קצף יהוה עליכם
להשמיד אתכם
וישמע יהוה
אלי גם בפעם
ההוא׃ ובאהרן
התאנף יהוה
מאד להשמידו
ואתפלל גם בעד
אהרן בעת ההוא
ואת חטאתכם
אשר עשיתם

את העגל
לקחתי ואשרף
אתו באש ואכת
אתו טחון היטב
עד אשר דק
לעפר ואשלך
את עפרו אל
הנחל הירד מן
ההר׃ ובתבערה
ובמסה ובקברת
התאוה מקצפים
הייתם את יהוה
ובשלח יהוה
אתכם מקדש
ברנע לאמר
עלו ורשו את
הארץ אשר
נתתי לכם ותמרו
את פי יהוה
אלהיכם ולא

24 Codex Leningradensis

s. S. 39f. – Abbildung (Gn 28,18–29,22) nach einem von P. Kahle freundlichst zur Verfügung gestellten Photo

Über das Alter der Handschrift berichtet folgendes Kolophon[1]:

«Dieser Kodex, die ganze heilige Schrift, wurde geschrieben und mit Punktation und Masora vollendet und sorgfältig korrigiert in der Großstadt Ägyptens (Kairo). Und er wurde vollendet a) im Monat Siwan des Jahres 4770 der Schöpfung der Welt.

b) Das ist das Jahr 1444 der Verbannung des Königs Jojachin.

c) Das ist das Jahr (1)319 der Herrschaft der Griechen, das heißt der Zählung der (seleukidischen) Kontraktenära, und des Aufhörens der Prophetie.

d) Das ist das Jahr 940 nach der Zerstörung des zweiten Tempels.

e) Das ist das Jahr 399 der Herrschaft des kleinen Hornes (vgl. Dan 8,9; gemeint ist der Islam). Ihn hat erworben Meborach ben Nathanael, bekannt als Ben Osdad, der Priester ...»

Die Datierungen führen in folgende Jahre: a) 1010 n. Chr.; c) 1008; d) 1009; e) 1008. Die Datierung b) fällt aus dem Rahmen und beruht wohl auf falschen Voraussetzungen. Da der Schreiber in einem mohammedanischen Lande lebte, darf man der Datierung e) = 1008 n. Chr. am meisten trauen.

Auf Ben Ascher nimmt folgende Beischrift Bezug:

«Samuel ben Jakob hat geschrieben und punktiert und mit Masora versehen diesen Kodex der heiligen Schrift aus den korrigierten, erläuterten Büchern, die der Lehrer Ahron ben Mosche ben Ascher – er ruhe im Garten Eden! – gemacht hat. Und er ist korrigiert, richtig erläutert.» Die Abhängigkeit von Ben-Ascher-Handschriften, die gelegentlich bezweifelt wurde, wird durch neuere Untersuchungen bestätigt (vgl. BHK S. VIff.).

[1] Text der Kolophone abgedruckt und teilweise übersetzt bei A. Harkavy und H. L. Strack, Catalog der hebräischen Bibelhandschriften der Kaiserlichen Öffentlichen Bibliothek in St. Petersburg (1875), S. 265ff.

על ראשה: ויקרא את
שם המקום ההוא בית
אל ואולם לוז שם העיר
לראשנה: וידר יעקב
נדר לאמר אם יהיה
אלהים עמדי ושמרני
בדרך הזה אשר אנכי
הולך ונתן לי לחם לאכל
ובגד ללבש: ושבתי בשלום
אל בית אבי והיה יהוה לי
לאלהים: והאבן הזאת
אשר שמתי מצבה יהיה
בית אלהים וכל אשר תתן
לי עשר אעשרנו לך:
וישא יעקב רגליו וילך
ארצה בני קדם: וירא והנה
באר בשדה והנה שם
שלשה עדרי צאן רבצים
עליה כי מן הבאר ההוא
ישקו העדרים והאבן
גדלה על פי הבאר:
ונאספו שמה כל העדרים
וגללו את האבן מעל פי
הבאר והשקו את הצאן
והשיבו את האבן על פי
הבאר למקמה: ויאמר
להם יעקב אחי מאין אתם

ויאמרו מחרן אנחנו:
ויאמר להם הידעתם את
לבן בן נחור ויאמרו ידענו:
ויאמר להם השלום לו
ויאמרו שלום והנה רחל
בתו באה עם הצאן: ויאמר
הן עוד היום גדול
לא עת האסף המקנה
השקו הצאן ולכו רעו:
ויאמרו לא נוכל עד אשר
יאספו כל העדרים וגללו
את האבן מעל פי הבאר
והשקינו הצאן: עודנו
מדבר עמם ורחל באה
עם הצאן אשר לאביה
כי רעה הוא: ויהי כאשר
ראה יעקב את רחל בת
לבן אחי אמו ואת צאן
לבן אחי אמו ויגש יעקב
ויגל את האבן מעל פי
הבאר וישק את צאן לבן
אחי אמו: וישק יעקב
לרחל וישא את קלו ויבך:
ויגד יעקב לרחל כי אחי
אביה הוא וכי בן רבקה
הוא ותרץ ותגד לאביה:
ויהי כשמע לבן את שמע

יעקב בן אחתו וירץ
לקראתו ויחבק לו וינשק
לו ויביאהו אל ביתו ויספר
ללבן את כל הדברים האלה:
ויאמר לו לבן אך עצמי
ובשרי אתה וישב עמו
חדש ימים: ויאמר לבן
ליעקב הכי אחי אתה
ועבדתני חנם הגידה לי
מה משכרתך: וללבן שתי
בנות שם הגדלה לאה
ושם הקטנה רחל: ועיני
לאה רכות ורחל היתה
יפת תאר ויפת מראה:
ויאהב יעקב את רחל
ויאמר אעבדך שבע
שנים ברחל בתך הקטנה:
ויאמר לבן טוב תתי אתה
לך מתתי אתה לאיש
אחר שבה עמדי: ויעבד
יעקב ברחל שבע שנים
ויהיו בעיניו כימים אחדים
באהבתו אתה: ויאמר
יעקב אל לבן הבה את
אשתי כי מלאו ימי ואבואה
אליה: ויאסף לבן את כל
אנשי המקום ויעש משתה:

25 Handschrift mit besonderer Punktation

Oxford, Bodleian Library

s. S. 27f. – Abbildung (Ps 112,2–114,3) nach P. Kahle, Masoreten des Westens II (1930)

Das abgebildete Blatt, das mit 5 anderen den Überrest einer Psalmenhandschrift bildet, läßt einige Eigentümlichkeiten erkennen, die für eine bestimmte Handschriftengruppe charakteristisch sind. Diese Handschriftengruppe, die sich deutlich von den Ben-Ascher-Handschriften unterscheidet, wurde früher von Kahle, a. a. O., S. 57*ff. mit Ben Naftali in Zusammenhang gebracht. Neuere Forschung hat jedoch gezeigt, daß sie mit diesem nichts zu tun hat, sondern eine Gruppe mit besonderer Punktation darstellt (vgl. o. S. 27f.).

In dem abgebildeten Text seien folgende Besonderheiten gegenüber dem Ben-Ascher-Text hervorgehoben:

1. Soll das א als Konsonant gesprochen werden, so erhält es einen Punkt im Buchstaben: בארץ Ps 112,2; אור 112,4; איש 112,5; יראה 112,8; תאות 112,10; את 113,1; אם 113,9. – Soll es nicht gesprochen werden, wird ein Strich darüber gesetzt: לא 112,6.7.8.

2. Der Mappikpunkt im Schluß-ה, der die Aussprache als Konsonant andeutet, steht *unter* dem ה: הללויה 113,1.9.

3. Soll auslautendes ו als Konsonant gesprochen werden, erhält es Schwa-Punkte, die in das ו gesetzt werden: בצריו 112,8.

4. ח und ע haben am Wortende Schwa: בטוח 112,7; רשע 112,10.

5. Patach furtivum fehlt, wo wir es erwarten würden: בטוח 112,7.

6. Die Schwa-Punkte des Schwa compositum stehen bei ה und ח nicht neben, sondern *über* dem betreffenden Vokalzeichen: יחרק 112,10.

7. Das Relativpronomen אשר wird nicht vokalisiert: 112,8; ebenso werden häufig vorkommende Eigennamen nicht oder nur teilweise vokalisiert: ישראל 114,2.

Die abgebildete Handschrift wurde übrigens von einer zweiten Hand überarbeitet, die im wesentlichen die Akzente des Textus receptus zugesetzt hat (Kahle, a. a. O., S. 52*).

גבור בארץ יהיה זרעו | דור ישרים יברך :
הון ועשר בביתו | וצדקתו עמדת לעד :
זרח בחשך אור לישרים | חנון ורחום וצדיק :
טוב איש חונן ומלוה | יכלכל דבריו במשפט :
כי לעולם לא ימוט | לזכר עולם יהיה צדיק :
משמועה רעה לא יירא | נכון לבו בטוח ביהוה :
סמוך לבו לא יירא | עד אשר יראה בצריו :
פזר נתן לאביונים צדקתו עמדת לעד | קרנו תרום בכבוד :
רשע יראה וכעס שניו יחרק ונמס | תאות רשעים תאבד :
הללויה

קיג

הללו עבדי יהוה | הללו את שם יהוה :
יהי שם יהוה מברך | מעתה ועד עולם :
ממזרח שמש עד מבואו | מהלל שם יהוה :
רם על כל גוים יהוה | על השמים כבודו :
מי כיהוה אלהינו | המגביהי לשבת :
המשפילי לראות | בשמים ובארץ :
מקימי מעפר דל | מאשפת ירים אביון :
להושיבי עם נדיבים | עם נדיבי עמו :
מושיבי עקרת הבית | אם הבנים שמחה הללויה :

קיד

בצאת ישראל ממצרים | בית יעקב מעם לעז :
היתה יהודה לקדשו | ישראל ממשלותיו :
הים ראה וינס | הירדן יסב לאחור :

26 Zweite Rabbinerbibel des Jakob ben Chajim

s. S. 42f. – Abbildung (Gn 21,33b–22,4a) mit freundlicher Erlaubnis der Bodleian Library Oxford nach dem dortigen Exemplar.

«Rabbinerbibeln» (מקראות גדולות) nennt man im 16. Jahrhundert aufgekommene Drucke des Alten Testaments, in denen der hebräische Text, das Targum, die Masora und rabbinische Kommentare zusammengestellt sind. Die Abbildung läßt die Anordnung erkennen: in der Mitte der hebräische Text (mit Masora) und das Targum, darum herum die Kommentare (hier des Raschi und Ibn Esra).

Die erste Rabbinerbibel – noch ohne Masora – wurde 1516/17 in der Druckerei Bomberg in Venedig von Felix Pratensis, der dem Augustiner-Eremiten-Orden angehörte, herausgegeben. Er war als Sohn eines Rabbiners von Jugend an mit hebräischen Studien vertraut. Nach seinem Übertritt zum Christentum (etwa 1506) wurde er mit den wissenschaftlichen Methoden der klassischen Philologie bekannt. Diese wandte er auf den hebräischen Text der Bibel an – wie, um die gleiche Zeit, die Herausgeber der Complutensischen Polyglotte (S. 212f.). Auf Grund von Handschriftenstudien versuchte er einen korrekten Text herzustellen – «rem equidem perdifficilem nec ob id ab aliis hactenus tentatam». In seiner Widmung an den Papst erklärt er mit Stolz, er habe dem hebräischen Text seinen wahren und ursprünglichen Glanz wiedergegeben – im Gegensatz zu den vielen fehlerhaften Handschriften, die zuvor in Umlauf waren (in Wirklichkeit handelt es sich wohl um Handschriften einer anderen Masoretenschule, vgl. S. 27f.). Er hat als erster in einer gedruckten Bibel Ketib und Qere verzeichnet, puncta extraordinaria aufgenommen und die nach der Masora besonders zu schreibenden Buchstaben (literae majusculae, suspensae, inversae etc.) berücksichtigt, ebenso variae lectiones aus den benützten Handschriften notiert.

Da seine kritische Ausgabe in großem Umfang die Grundlage für die hier abgebildete 2. Rabbinerbibel des in wissenschaftlicher Hinsicht unbedeutenderen Jakob ben Chajim bildete und diese wiederum für viele spätere Ausgaben maßgebend wurde, hatte die Arbeit des Felix Pratensis einen weitreichenden Einfluß[1]. Vgl. auch o. S. 42f.

Weitere Rabbinerbibeln erschienen in Venedig (1546/48; 1568; 1617/19), Basel (1618/19, herausgegeben von Joh. Buxtorf d. Ä.), Amsterdam (1724/25) und Warschau (1860/66, mit 32 Kommentaren[2]).

[1] P. Kahle, WdO I (1947), S. 32ff.; ders., Essays presented to Leo Baeck on the occasion of his eightieth birthday (1954), S. 50ff. (Opera Minora [1956], S. 128ff.).

[2] Encyclopaedia Judaica 4 (1929), Sp. 547f.

[illegible]

אבן עזרא

[illegible]

[illegible]

ויקרא שם בשם יהוה אל עולם: ויגר אברהם בארץ פלשתים ימים רבים: פ ויהי אחר הדברים האלה והאלהים נסה את אברהם ויאמר אליו אברהם ויאמר הנני: ויאמר קח נא את בנך את יחידך אשר אהבת את יצחק ולך לך אל ארץ המריה והעלהו שם לעלה על אחד ההרים אשר אמר אליך: וישכם אברהם בבקר ויחבש את חמרו ויקח את שני נעריו אתו ואת יצחק בנו ויבקע עצי עלה ויקם וילך אל המקום אשר אמר לו האלהים: ביום השלישי וישא אברהם את עיניו וירא את המקום מרחק: ויאמר אברהם אל נעריו שבו לכם פה עם החמור ואני והנער נלכה עד כה ונשתחוה ונשובה אליכם: ויקח אברהם את עצי העלה וישם על יצחק בנו ויקח בידו את האש ואת המאכלת וילכו שניהם יחדו: ויאמר יצחק אל אברהם אביו ויאמר אבי ויאמר הנני בני ויאמר הנה האש והעצים ואיה השה לעלה: ויאמר אברהם אלהים יראה לו השה לעלה בני וילכו שניהם יחדו: ויבאו אל המקום אשר אמר לו האלהים ויבן שם אברהם את המזבח ויערך את העצים

וצלי תמן בשמא דיי אלהא דעלמא: ואתותב אברהם בארע פלשתאי יומין סגיאין: והוה בתר פתגמיא האלין ויי נסי ית אברהם ואמר ליה אברהם ואמר הא אנא: ואמר דבר כען ית ברך ית יחידך די רחימתא ית יצחק ואיזל לך לארעא פולחנא ואסקיה קדמי תמן לעלתא על חד מן טוריא די אימר לך: ואקדים אברהם בצפרא וזריז ית חמריה ודבר ית תרין עולימוהי עמיה וית יצחק בריה וצלח אעי לעלתא וקם ואזל לאתרא די אמר ליה יי: ביומא תליתאה וזקף אברהם ית עינוהי וחזא ית אתרא מרחיק: ואמר אברהם לעולימוהי אוריכו לכון הכא עם חמרא ואנא ועולימא נתמטי עד כא ונסגוד ונתוב לותכון: ונסיב אברהם ית אעי דעלתא ושוי על יצחק בריה ונסיב בידיה ית אשתא וית סכינא ואזלו תרויהון כחדא: ואמר יצחק לאברהם אבוהי ואמר אבא ואמר האנא ברי ואמר הא אשתא ואעיא ואן אמרא לעלתא: ואמר אברהם קדם יי גלי ליה אמרא לעלתא ברי ואזלו תרויהון כחדא: ואתו לאתרא די אמר ליה יי ובנא תמן אברהם ית מדבחא וסדר ית אעיא

[illegible]

[illegible]

27 Samaritanische Triglotte

s. S. 47ff. – Abbildung (Dt 31,15-19) nach P. Kahle, Die Handschriften aus der Höhle (1951)

Die Abbildung zeigt ein von P. Kahle erworbenes Blatt einer in Nablus (Sichem) befindlichen wertvollen Triglotte, der sog. Thora Finchasiye, die im Jahre 601 der mohammedanischen Zeitrechnung, d. h. im Jahre 1204/05 n. Chr., geschrieben wurde. In den drei Kolumnen ist – von rechts nach links – der hebräische, aramäische und arabische Text nebeneinander gestellt, alles in samaritanischen Buchstaben geschrieben. Diese Schrift ist aus der althebräischen entwickelt. Kahle urteilt anläßlich eines Vergleiches mit den von de Vaux gefundenen Lev-Fragmenten in althebräischer Schrift (vgl. Tafel 14): «Natürlich haben sich die Formen der Buchstaben ein wenig weiterentwickelt, und gewisse Grundsätze in der Methode des Schreibens von Bibelhandschriften haben sich mit der Zeit herausgebildet. Aber sonst kann man immer wieder nur staunen, wie konstant sich die althebräische Schrift durch die 1000 bis 1500 Jahre gehalten hat» (Kahle, a. a. O., S. 19f.).

Beachte in der Handschrift noch folgendes: Die einzelnen Worte sind durch Punkte voneinander getrennt. Der erste und die beiden letzten Buchstaben jeder Zeile in der hebräischen und aramäischen Kolumne sind genau untereinander geschrieben. Auch schreibt man gern gleiche Buchstaben in aufeinander folgenden Zeilen direkt untereinander (vgl. z. B. Z. 7 und 8, 11 und 12). Im allgemeinen enthalten die samaritanischen Pentateuch-Handschriften keine Vokalisation.

28 Papyrus Rylands Greek 458

s. S. 73 f. – Abbildung nach einem von der J. Rylands Library Manchester freundlichst zur Verfügung gestellten Photo

Inhalt: a) Dt 23,24(26)–24,3; b) Dt 25,1-3; c) Dt 26,12; d) Dt 26,17-19; e) Dt 28,31-33; f) Dt 27,15 (?); g) Dt 28,2 (?); h) ?

Die Fragmente wurden aus Mumienkartonage, die Dr. Rendel Harris 1917 für die J. Rylands Library erwarb, herausgelöst. Sie stammen wahrscheinlich aus dem Fajum, wo, nach unserer Kenntnis, zwei jüdische Synagogen bestanden. Zeit: Mitte 2. Jahrhundert v. Chr. Die Rückseite der Deuteronomiums-Rolle, der die Fragmente entstammen, wurde später für eine Rechnung oder Notiz verwendet.

Von besonderem Interesse ist das – ganz seltene – System der Zwischenräume: «Wie aus der Photographie von Fragment b hervorgeht, läßt der Schreiber regelmäßig einen Zwischenraum nicht nur am Ende eines Verses oder Satzes, sondern am Ende eines κῶλον oder einer Wortgruppe. Am Ende eines Verses (in der Abbildung Fragment a, Z. 14 nach αυτου) ist ein größerer Zwischenraum gelassen und ein Punkt oben zugesetzt; sonst scheint es Grundsatz des Schreibers zu sein, einen ziemlich großen Zwischenraum am Ende eines Satzes oder eines Sätzchens (vgl. Fragment b) und einen kleineren am Ende einer Wortgruppe zu lassen» (C. H. Roberts, Two biblical Papyri in the John Rylands Library Manchester [1936], S. 25). Hängt die Einteilung des Textes mit der öffentlichen Vorlesung zusammen oder beruht sie auf aramäischem Einfluß? – Sonst kennt der Papyrus, wie alle griechischen Handschriften, keine Worttrennung.

Aufschlußreich ist, daß der Papyrus in einigen Lesarten mit jüngeren lukianischen Handschriften übereinstimmt. «Hinc patet iuniores codices quam antiqua elementa saepe contineant et quam profunda habeat fundamenta Luciani recensio» (A. Vaccari, Bibl 17 [1936], S. 504).

29 Papyrus Fouad 266

s. S. 73 – Société Royale de Papyrologie, Kairo; erstmals veröffentlicht von W. G. Waddell, Journ. of Theol. Studies 45 (1944), S. 158ff. – Abbildung (Dt 31,28–32,6) nach P. Kahle, Handschriften aus der Höhle (1951)

Dieser Papyrus entstammt wahrscheinlich dem 1., vielleicht sogar dem 2. Jahrhundert v. Chr. und ist damit nach Pap. Ryl. Gk. 458 der älteste Zeuge der griechischen Übersetzung des Alten Testaments. Er ist offenbar von einem Juden geschrieben. Besonders interessant ist er durch die Behandlung des Gottesnamens Jahwe. Über die Schreibung dieses Namens in griechischen Handschriften berichtet Hieronymus im Prologus Galeatus (Migne 28, S. 594f.): «Nomen Domini tetragrammaton in quibusdam Graecis voluminibus usque hodie antiquis expressum litteris invenimur.» Und in Epistula 25 ad Marcellam (Corpus Scriptorum Ecclesiasticorum Latinorum 54 [1910], S. 219): «(Dei nomen est) tetragrammum, quod ἀνεκφώνητον, id est ineffabile, putaverunt et his litteris scribitur: iod, he, vau, he. Quod quidam non intellegentes propter elementorum similitudinem, cum in Graecis libris reppererint, ΠΙΠΙ legere consueverunt.»

Hieronymus kennt also den Brauch, in griechischen Handschriften Jahwe in hebräischen Buchstaben zu schreiben. Der abgebildete Papyrus ist ein Beleg dafür aus vorchristlicher Zeit: in Kolumne II, Zeile 7 und 15 wird mitten im griechischen Text Jahwe in Quadratschrift geschrieben. Und zwar hat der Schreiber des griechischen Textes eine Lücke gelassen, in die von anderer Hand die hebräischen Buchstaben so klein eingetragen wurden, daß sie die Lücke nicht füllen.

Vgl. auch die Schreibung des Gottesnamens im Habakuk-Kommentar (Tafel 13) und die dazu S. 144 gemachten Ausführungen.

Veröffentlichung: F. Dunand, Papyrus Grecs Bibliques (Papyrus F. Inv. 266), Volumina de la Genèse et du Deutéronome, L'Institut Français d'Archéologie Orientale, Recherches d'Archéologie, de Philologie et d'Histoire 27 (1966).

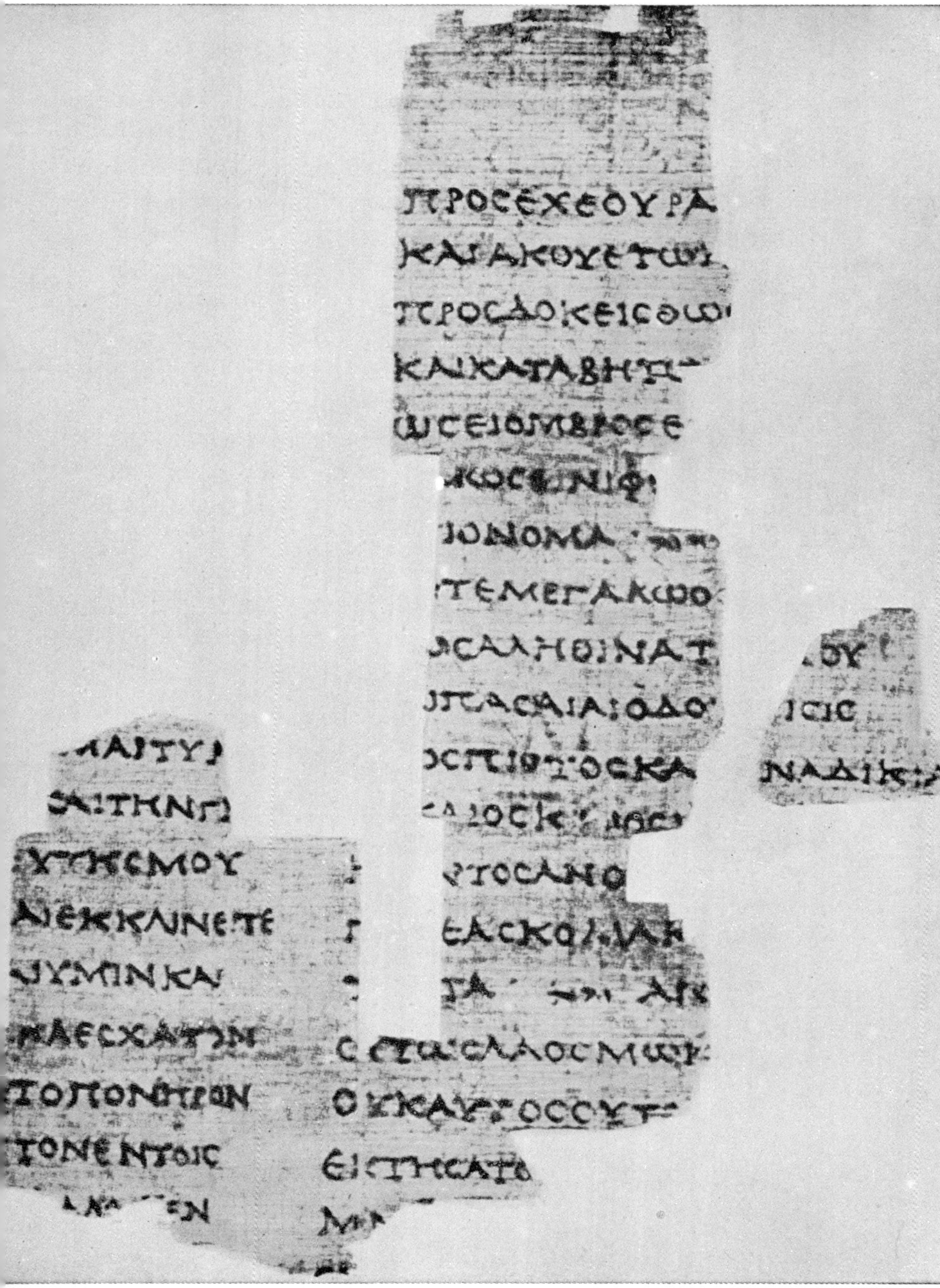

ΠΡΟϹΕΧΕΟΥΡΑ
ΚΑΙΑΚΟΥΕΤΩ
ΠΡΟϹΔΟΚΕΙϹΘΩ
ΚΑΙΚΑΤΑΒΗΤ
ΩϹΕΙΟΜΒΡΟϹΕ
ΚΟϹΕΝΙΦ
ΟΝΟΜΑ
ΤΕΜΕΓΑΚΩϹ
ϹΑΛΗΘΙΝΑΤ ΟΥ
ΠΑϹΑΙΑΙΟΔΟ ΙϹΙϹ
ϹΠΙϹΤΟϹΚΑ ΝΑΔΙΚΙΑ
ΙΟϹΚ ΙΟϹ
ΤΟϹΑΝΟ
ΕΑϹΚΟΛΙΑ
ΤΑ ΑΙΚ
ϹΤΩϹΑΛΟϹΜΩΥ
ΟΙΚΑΥΤΟϹΟΥΤ
ΕΙϹΤΗϹΑΤΟ
Μ

ΜΑΙΤΥ
ΑΙΤΗΝΓ
ΥΤΗϹΜΟΥ
ΑΙΕΚΚΛΙΝΕΤΕ
ΥΜΙΝΚΑ
ΑΕϹΧΑΤΩΝ
ΤΟΠΟΝΗΡΩΝ
ΤΟΝΕΝΤΟΙϹ
ΑΝ ΕΝ

30 Griechische Zwölfpropheten-Rolle

s. S. 57. 73 – Abbildung (Hab 1,14–2,5 und 2,13-15) nach RB 60, 1953

Die von uns mehrfach erwähnte Rolle wurde im August 1952 von Taamire-Beduinen in einer zunächst nicht näher bezeichneten Höhle in der Wüste Juda gefunden und 1952 und 1953 vom Palästinischen Archäologischen Museum in Jerusalem erworben. Später gelang es israelischen Ausgräbern, die Höhle im Naḥal Ḥever zu identifizieren und neun weitere kleine Fragmente zu finden[1]. Die erhaltenen und von D. Barthélemy publizierten Teile der Rolle (Ausgabe s. S. 6, Anm. 2) gehören zu den Büchern Jon, Mich, Nah, Hab, Zeph und Sach. Barthélemy datierte in einem ersten Bericht in RB 60 (1953), S. 18ff. die Rolle gegen Ende des 1. Jahrhunderts n. Chr., während C. H. Roberts sie dem Jahrhundert zwischen 50 v. Chr. und 50 n. Chr. zuweisen möchte, womit W. Schubart im wesentlichen übereinstimmt (vgl. P. Kahle, Cairo Geniza [²1959], S. 226; dt. S. 240)[2]. In seiner Textausgabe bezeichnet jetzt Barthélemy als wahrscheinlichstes Datum die Mitte des 1. Jahrhunderts n. Chr. Die Rolle gehört also zu den von Juden für Juden geschriebenen griechischen Bibeltexten. Aus zahlreichem archäologischem Material (u. a. Münzen), das zusammen mit den Fragmenten von Beduinen und den israelischen Ausgräbern in Naḥal Ḥever gefunden wurde, ergibt sich, daß die Rolle während des Bar-Kochba-Aufstandes (132–135 n. Chr.) deponiert wurde, doch war sie damals schon viel gebraucht.

Die Diskussion, die sich an diesen überraschenden Fund angeschlossen hat und wohl noch weitergehen wird, zeigt die große Bedeutung dieser Rolle (vgl. S. 66f.).

[1] B. Lifschitz, Yediot bahaqirat Eretz-Israel weatiqoteha, (1962), S. 183–190 = Greek Documents from the Cave of Horror, IEJ 12 (1962), S. 201–207.

[2] P. Katz, Studia Patristica I (1957), S. 343ff. hat sich der ersten Datierung und Beurteilung der Rolle durch Barthélemy angeschlossen: «As B. has well seen, it cannot be understood otherwise than as the work of Jewish scholars working after, perhaps very soon after, 70 A. D.» (S. 349). Aber kann man sich einfach über die paläographischen Argumente hinwegsetzen?

ΙΣΕΒΑΛ

ΑΗΓΟΥΜΕΝΟΝ

ΛΕΣΠΑΣΕΝ ΚΑΙΕΥΡΕΝ

ΖΙΒΑΛΗΣΤΡΩΑΥΤΟΥ ΚΑΙΣΥΝΗΓΑ

ΣΑΓΗΝΗΑΥΤΟΥ ΔΙΑΤΟΥΤΟΕΥ

ΚΑΙΧΑΡΕΙΤΑΙ ΔΙΑΤΟΥΤΟΘΥΣΕΙ

ΤΡΩΑΥΤΟΥ ΚΑΙΘΥΜΙΑΣΕΙΤΗΣΑ

ΕΝΑΥΤΟΙΣΕΛΙΠΑΝΘΗΑΡΤΟΣ

ΤΟΣ ΒΡΩΜΑΑΥΤΟΥΣΤΕΡΕΟΝ ΕΙΔΙΑΤΟΥ

ΕΒΙΑΛΑΧΑΙΡΑΝΑΥΤΟΥ ΚΑΙΔΙΑΠΑΝ

ΝΗΡΥΦΕΙΣΕΤΑΙ

ΛΟΥΣΤΗΣ

ΑΣ ΚΑΙΑΠΟΣΚ

ΜΕΝΜΟΙ ΚΑΙΤΙ

ΚΑΙΑΠΕΚΡΙΘΗ

ΙΟΡΑΣΙΝ ΚΑΙΕΚΦΑ

ΗΝΑΝΑΓΙΝΩΣΚΩΝ

ΑΙΡΟΝ ΚΑΙΕΝΦΑΝΗΣΕ

ΑΞΕΥΣΕΤΑΙ ΕΑΝΥΣΤΕΡΑΣ

ΤΟΝΟΤΙΕΡΧΟΜΕΝΟΣ

ΟΤΙΟΥΚΕΥΘΕΙ ... ΑΥΤΟΥ

ΑΙΟΣΕΝ ... ΑΥΤΟΥΖΗΣΕ

ΟΣΑΝΗΡΑΛΑΖΩΝ ΚΑΙΟΥ

ΑΝ ... ΟΣΟΔΗ ... ΨΥΧΗ

ΟΥΚΕΝΠΙΠΛΑΜ

ΝΠΑΝΤΑΤΑΕΘΝΗ ΚΑΙ

Λ

ΤΗ

ΚΕΠΟΝ

ΘΗΣΕΤΑΙ

ΤΙΩΣ

ΘΑΛΑΣ

31 Chester-Beatty-Papyrus 967

s. S. 74 – Abbildung (Ez 16,57–17,1) nach der S. 74 genannten Ausgabe von F. G. Kenyon

In eingehender Untersuchung des Chester-Beatty-Scheide-Papyrus 967 (34 Blätter = 68 Seiten eines Ezechiel-Kodex aus der ersten Hälfte des 3. Jahrhunderts) kommt J. Ziegler zu folgendem Ergebnis, das wegen seiner Bedeutung für die Probleme von 𝔊 hier wiedergegeben sei:

«1. Pap. 967 stützt die bisher von B als *einziger Handschrift* vertretenen ältesten, vorhexaplarischen, ursprünglichen Lesarten ... Weiterhin sind diese von 967 B vertretenen Lesarten gewöhnlich vom altlateinischen und öfter vom koptischen Text bezeugt. Die von 967 B La (𝔏) Co (𝔎) vertretene Überlieferung bietet also die älteste erreichbare Textform des griechischen Ezechiel.

2. An einzelnen Stellen hat 967 *allein* die ursprüngliche Lesart bewahrt...

3. Die größte Bedeutung hat der Pap. 967 deshalb, weil er deutlich zeigt, daß bereits in vorhexaplarischer Zeit (vielleicht schon im 1. Jahrhundert n. Chr.) die Ez-LXX nach dem hebräischen Text korrigiert wurde. Die Übereinstimmungen mit 𝔐 berühren sich zwar manchmal mit hexaplarischen nach 𝔐 korrigierten Lesarten und ebenso mit Wiedergaben der drei jüngeren griechischen Übersetzer Aquila, Symmachus und Theodotion, sind aber nicht von ihnen abhängig. Diese Bearbeitung war keine durchgehende, sondern nur gelegentliche Verbesserung[1].

4. Der Wortschatz des Pap. 967 zeigt, daß schon frühzeitig der Ez-Text eine Überarbeitung erfuhr, die in alle Handschriften Eingang fand und so kaum bemerkbar wurde. Bei der Wiedergabe der hebräischen Vorlage war der Übersetzer viel konsequenter, als es bisher schien ... Auch die Wiedergabe des Gottesnamens mit κύριος scheint einheitlich gewesen zu sein. Damit ist die Grundlage der Zuteilung an mehrere (drei) Übersetzer wankend geworden.

5. Das gelegentliche Zusammengehen des Pap. 967 mit Lesarten der alexandrinischen Handschriften (A und abhängige Minuskel), lukianischen Rezension (*L*) und Catenen-Gruppe (*C*) zeigt, daß diese Zeugen manchmal aus alten vorhexaplarischen Quellen geschöpft haben und deshalb nicht geringschätzend behandelt werden dürfen.» (ZAW 61 [1945/48], S. 93f.).

[1] Vgl. dazu S. 58. Anm. 2. Kahle, der die Angleichungen auf vorchristliche Zeit zurückführt, hält es für sicher, «daß ein von Juden überarbeiteter Ezekiel-Text die Vorlage gewesen ist für die Änderungen des kostbaren Ezekiel-Papyrus im Sinne der Angleichung an das hebräische Original und an die jüdischen Parallelübersetzungen, die Ziegler beobachtet hat» (ThLZ 79 [1954], Sp. 89).

ΟΙΤΟΝΥΝΟΝΕΙΔ...
ΡΩΝϹΥΡΙΑϹΚΑΙΠΑΝ...
...ΩΝΚΥΚΛΩΑΥΤΗϹΘΥΓΑΤΕ
ΡΩΝΑΛΛΟΦΥΛΩΝΤΩΝΠΕΡΙΕ
ΧΟΥϹΩΝϹΕΚΥΚΛΩΤΑϹΑϹΕΒΕΙ
ΑϹϹΟΥΚΑΙΤΑϹΑ...ΟΜΙΑϹϹΟΥϹΥ
ΚΕΚΟΜΙϹΑΙΑΥΤΑϹΛΕΓΕΙΚϹ·
ΚΑΙΠΟΙΗϹΩΕΝϹΟΙΚΑΘΩϹΕΠΟΙΗ
ϹΑϹΩϹΗΤΙΜΩϹΑϹΤΑΥΤΑΤΟΥ
ΠΑΡΑΒΗΝΑΙΤΗΝΔΙΑΘΗΚΗΝΜΟΥ·
ΚΑΙΜΝΗϹΘΗϹΟΜΑΙΕΓΩΤΗϹΔΙ
ΑΘΗΚΗϹΜΟΥΤΗϹΜΕΤΑϹΟΥΕΝ
ΗΜΕΡΑΝΗΠΙΟΤΗΤΟϹϹΟΥΚΑΙΑ
ΝΑϹΤΗϹΩϹΟΙΔΙΑΘΗΚΗΝΑΙΩΝΙ
ΟΝΚΑΙΜΝΗϹΘΗϹΗΤΗΝΟΔΟΝϹΟΥ
ΚΑΙΕΞΑΤΙΜΩΘΗϹΗΕΝΤΩΑΝΑ
ΛΑΒΕΙΝΜΕΤΑϹΑΔΕΛΦΑϹϹΟΥΤΑϹ
ΠΡΕϹΒΥΤΕΡΑϹϹΟΥϹΥΝΤΑΙϹΝΕ
ΩΤΕΡΑΙϹϹΟΥΚΑΙΔΩϹΩΑΥΤΑϹ
ϹΟΙΕΙϹΟΙΚΟΔΟΜΗΝΚΑΙΟΥΚΕΚ
ΔΙΑΘΗΚΗϹϹΟΥΚΑΙΑΝΑϹΤΗϹΩ
ΕΓΩΤΗΝΔΙΑΘΗΚΗΝΜΟΥΜΕ
ΤΑϹΟΥΚΑΙΕΠΙΓΝΩϹΗΟΤΙΕΓΩ
ΚϹΟΘϹΟΠΩϹΜΝΗϹΘΗϹΚΑΙΑΙ
ϹΧΥΝΘΗϹΚΑΙΜΗΗϹΟΙΕΤΙΑΝΟΙ
ΞΑΙΤΟϹΤΟΜΑϹΟΥΑΠΟΠΡΟϹΩ
ΠΟΥΤΗϹΑΤΙΜΙΑϹϹΟΥΕΝΤΩΕ
ΞΕΙΛΑϹΚΕϹΘΑΙΜΕϹΟΙΚΑΤΑΠΑ
ΤΑΟϹΑΕΠΟΙΗϹΑϹΛΕΓΕΙΚϹ·ΚΑΙ
ΕΓΕΝΕΤΟΛΟΓΟϹΚΥΠΡΟϹΜΕΛΕ
...

32 Berliner Genesis

s. S. 74 – Abbildung (Gn 34,11-25) nach H. A. Sanders und C. Schmidt, The Minor Prophets in the Freer Collection and the Berlin Fragment of Genesis (1927)

Der Papyruskodex wurde 1906 von Prof. C. Schmidt in Achmim in Oberägypten erworben und der Preußischen Staatsbibliothek Berlin übergeben. Der geschickten Hand des bekannten Papyrusexperten Dr. Hugo Ibscher gelang es, den Kodex, der sich infolge des langen Aufenthaltes in der Erde in einem schlimmen Zustand befand, zu entfalten und für das Studium zu präparieren. Die Veröffentlichung verzögerte sich infolge besonderer Umstände und erfolgte erst 1927 zusammen mit dem verwandten Papyruskodex der Kleinen Propheten in der Freer Collection.

Der Form nach haben wir es mit einem *Kodex* zu tun: 16 Doppelblätter, von denen das erste verloren ist, wurden aufeinandergelegt und gefaltet, so daß eine einzige Lage von 32 Blatt entstand. Die Schrift ist eine frühe Kursive, die beträchtliche stilistische Unterschiede zeigt, aber von *einer* Hand stammt. Da der Text auf einer begrenzten Anzahl von Blättern unterzubringen war, schrieb der Schreiber besonders gegen Ende sehr eng (vgl. Tafel). Auf Grund des allgemeinen Eindrucks und der Form bestimmter Buchstaben läßt sich die Schrift «mit Sicherheit gegen das Ende des 3. Jahrhunderts n. Chr. datieren» (Sanders, a. a. O., S. 238).

Im Text hat Sanders eine Reihe von Angleichungen an den hebräischen Text aus der Zeit vor Origenes beobachtet, «Origenes begann nicht diese Form der Textverfälschung, obwohl er sie zweifellos vermehrte» (a. a. O., S. 265).

33 Codex Sinaiticus

s. S. 75f. – Abbildung (Makk 9,12f.; 9,20-22; Jer 9,2f.; 9,9f.; Tobit 6,5-7; 6, 11f.) nach Milne und Skeat, Scribes and Correctors of the Codex Sinaiticus (1938)

Die Abbildung zeigt Handschriftenproben der drei Schreiber, die nach der oben genannten Untersuchung den Kodex geschrieben haben. Wie S. 75f. bemerkt, haben auch mehrfach Korrektoren an der Handschrift gearbeitet. Besonders interessant ist in diesem Zusammenhang eine Notiz am Ende von Esra und Esther aus dem 6./7. Jahrhundert. Danach ist der Kodex mit einer ganz alten Handschrift verglichen worden, die ihrerseits von dem Märtyrer Pamphilus korrigiert wurde und zwar nach einem von Origenes selbst korrigierten Exemplar der Hexapla.

Über die Entdeckung dieser wertvollen Handschrift, die als letzte von den großen griechischen Kodizes gefunden wurde, sei hier in den Hauptzügen berichtet. Bei seiner ersten Bibliotheksreise in den Orient kam Konstantin von Tischendorf 1844 auch in das Katharinenkloster auf dem Sinai. Dort sah er, als er sich in dem Bibliotheksraum aufhielt, in einem Papierkorb, von den unwissenden Mönchen zur Verbrennung bestimmt, 129 Blätter einer sehr alten Handschrift. 43 Blätter – später Codex Friderico-Augustanus genannt – wurden ihm überlassen, den Rest wollten die auf den Wert der Handschrift aufmerksam gewordenen Mönche behalten. 1853 kehrte Tischendorf erneut in dem Kloster ein, um die zurückgelassenen Blätter zu erwerben oder abzuschreiben. Vergebens – sie waren bei den Mönchen selber in Vergessenheit geraten und unauffindbar. 1859 forschte Tischendorf wieder nach, diesmal als Abgesandter des russischen Zaren, des Schirmherrn der orthodoxen Christenheit. Auch jetzt schien alle Mühe Tischendorfs vergeblich, bis ihm am Vorabend seiner Abreise der Hausverwalter des Klosters, dem er von seinen Arbeiten erzählt hatte, in seiner Zelle einen Kodex zeigte: es waren nicht nur die gesuchten 86 Blätter, die 1844 zurückblieben, sondern noch 112 andere Blätter des Alten Testaments; dazu das ganze Neue Testament und zwei altkirchliche Schriften, die seit Jahrhunderten verschollen waren – der Brief des Barnabas und der Hirte des Hermas. Nach langwierigen Verhandlungen kam der Kodex in die kaiserliche Bibliothek zu Petersburg und wurde 1933 von der russischen Regierung zu dem Preis von 100000 Pfund an das Britische Museum verkauft.

ΣΑΛΠΙΓΞΙΝΚΑΙΕΣΑΛ
ΠΙΣΑΝΟΙΠΑΡΑΙΟΥ
ΔΑΚΑΙΑΥΤΟΙΤΑΙΣΣΑΛ
ΠΙΓΞΙΝΚΑΙΕΣΑΛΕΥ
ΘΗΗΓΗΑΠΟΤΗΣΦΩ
ΝΗΣΤΩΝΠΑΡΕΜΒΟ
ΛΩΝΚΑΙΕΓΕΝΕΤΟ
ΟΠΟΛΕΜΟΣΣΥΝΗΜ
ΜΕΝΟΣΑΠΟΠΡΩΙ
ΘΕΝΜΕΧΡΙΕΣΠΕΡΑΣ

ΠΟΛΛΑΣΚΑΙΕΙΠΟΝ
ΠΩΣΕΠΕΣΕΝΔΥΝΑ
ΤΟΣΣΩΖΩΝΤΟΝΙΗΛ
ΚΑΙΤΑΠΕΡΙΣΣΑΤΩΝ
ΛΟΓΩΝΙΟΥΔΑΚΑΙ
ΤΩΝΠΟΛΕΜΩΝΚΑΙ
ΤΩΝΑΝΔΡΑΓΑΘΙΩΝ
ΩΝΕΠΟΙΗΣΕΝΚΑΙ
ΤΗΣΜΕΓΑΛΩΣΥΝΗΣ
ΑΥΤΟΥΟΥΚΑΤΕΓΡΑ

ΣΟΝ·ΨΕΥΔΟΣΚΑΙΟΥ
ΠΙΣΤΙΣΕΝΙΣΧΥΣΕΝ
ΕΠΙΤΗΣΓΗΣΟΤΙΕΚ
ΚΑΚΩΝΕΙΣΚΑΚΑΕ
ΞΗΛΘΟΣΑΝ·ΚΑΙΕ
ΜΕΟΥΚΕΓΝΩΣΑΝ·
ΕΚΑΣΤΟΣΑΠΟΤΟΥ
ΠΛΗΣΙΟΝΑΥΤΟΥ
ΦΥΛΑΞΕΣΘΑΙ·ΚΑΙ
ΕΠΑΔΕΛΦΟΙΣΑΥΤΩ

ΤΑΣΤΡΙΚΟΥΣΤΗΣΕ
ΡΗΜΟΥΘΡΗΝΟΝΟ
ΤΙΕΞΕΛΙΠΟΝΠΑΡΑ
ΤΟΜΗΕΙΝΑΙΑΝΟΥΣ·
ΟΥΚΗΚΟΥΣΑΝΦΩ
ΝΗΝΥΠΑΡΞΕΩΣ
ΑΠΟΠΕΤΕΙΝΩΝΤΟΥ
ΟΥΡΑΝΟΥΚΑΙΕΩΣ
ΚΤΗΝΩΝΕΞΕΣΤΗ
ΣΑΝ·ΩΧΟΝΤΟ·ΚΝ

ΚΑΙΤΟΗΠΑΡΚΑΙΩ
ΠΤΗΣΕΝΤΟΥΙΧΘΥ
ΟΣΚΑΙΕΦΑΓΕΝΚΑΙ
ΑΦΗΚΕΝΕΞΑΥΤΟΥ
ΗΛΙΣΜΕΝΟΝΚΑΙΕ
ΠΟΡΕΥΘΗΣΑΝΑΜ
ΦΟΤΕΡΟΙΚΟΙΝΩΣ
ΕΩΣΗΓΓΙΣΑΝΕΙΣ
ΜΗΔΙΑΝ
ΚΑΙΤΟΤΕΗΡΩΤΗΣΕ
ΤΟΠΑΙΔΑΡΙΟΝΤΟΝ

ΜΑΣΑΥΛΙΣΘΗΝΑΙ
ΚΑΙΟΑΝΘΡΩΠΟΣ
ΣΥΓΓΕΝΗΣΣΟΥΕ
ΣΤΙΝΚΑΙΕΣΤΙΝΑΥ
ΤΩΘΥΓΑΤΗΡΟΝΟ
ΜΑΣΑΡΡΑΚΑΙΥΙΟΣ
ΑΡΣΗΝΟΥΔΕΘΥΓΑΤΗΡ
ΥΠΑΡΧΕΙΑΥΤΩΠΛΗΝ
ΣΑΡΡΑΣΜΟΝΗΣΚΑΙ
ΣΥΕΓΓΙΣΤΑΑΥΤΗΣ
ΕΙΠΑΡΑΠΑΝΤΑΣ

34 Mailänder Hexapla-Fragmente

Abbildung und Umschrift (Ps 28,6f. = ψ 27,6f.) nach der S. 59 genannten Ausgabe; hebräische Kolumne nach 𝔐 zugefügt

𝔐	Umschrift	Aquila	Symmachus	Septuaginta	Quinta
יְהוָה	יהוה	יהוה	יהוה	יהוה κ̅ς̅	יהוה
כִּי	χι	ὅτι	ὁ	ὅτι	ὅτι
שָׁמַע	σμας	ἤκουσε	ἐπακούσας	εἰσήκουσε	εἰσήκουσε
קוֹל	κωλ	φωνῆς	τῆς φωνῆς	τῆς φωνῆς	τῆς φωνῆς
תַּחֲנוּנָי	θανουναϊ	δεήσεώς μου.	τῆς ἱκεσίας μου	τῆς δεήσεώς μου.	τῆς δεήσεώς μου.
יְהוָה	יהוה	יהוה	יהוה	יהוה κ̅ς̅	יהוה
עֻזִּי	ὀζει	κράτος μου	ἰσχύς μου	βοηθός μου	βοηθός μου
וּמָגִנִּי	οὐμαγεννη	(καὶ) θυρεός μου·	καὶ ὑπερασπιστής μου·	καὶ ὑπερασπιστής μου·	καὶ ὑπερασπιστής μου·
בוֹ	βω·	ἐν αὐτῶι	αὐτῶι	ἐν αὐτῶι	ἐν αὐτῶι
בָטַח	βατε	ἐπεποίθησεν	ἐπεποίθησεν	ἤλπισεν	ἤλπισεν
לִבִּי	λεββὶ	καρδία μου,	ἡ καρδία μου,	ἡ καρδία μου,	καρδία μου,
וְנֶעֱזָרְתִּי	ου· νάζερθι	(καὶ) ἐβοηθήθην,	καὶ ἐβοηθήθην,	καὶ ἐβοηθήθην,	(καὶ) ἐβοηθήθην,
וַיַּעֲלֹז	ουαϊαλεζ	καὶ ἠγαυριάσατο	(καὶ) ἱλαρύνθ(η)	καὶ ἀνέθαλεν	καὶ ἐκραταιώθ(η)
לִבִּי	λεββὶ	καρδία μου·	ἡ καρδία μου·	ἡ σάρξ μου·	ἡ καρδία μου·
וּמִשִּׁירִי	οὐμεσσιρι	(καὶ) ἀπὸ αἴσματό(ς) μου	καὶ ἐν ᾠδαῖς μου	καὶ ἐκ θελήματό(ς) μου	(καὶ) ἀπὸ τοῦ ᾄσματός μου
אֲהוֹדֶנּוּ	αωδεννου	ἐξομολογήσωμ(αι) αὐτ(ῷ.)	ὑμνήσω αὐτόν.	ἐξομολογήσομαι αὐτ(ῷ.)	ἐξομολογήσομ(αι) αὐτ(ῷ.)
יְהוָה	יהוה	יהוה	יהוה	יהוה κ̅ς̅	יהוה
	ὀζει	κράτος μου	ἰσχύς μου	βοηθός μου	βοηθός μου
	οὐμαγεννι	καὶ θυρεός μου	καὶ ὑπερασπιστής μου·	καὶ ὑπερασπιστής μου·	καὶ ὑπερασπιστής μου·
	βω	ἐν αὐτῶι	αὐτῶι	ἐν αὐτῶι	ἐν αὐτῷ

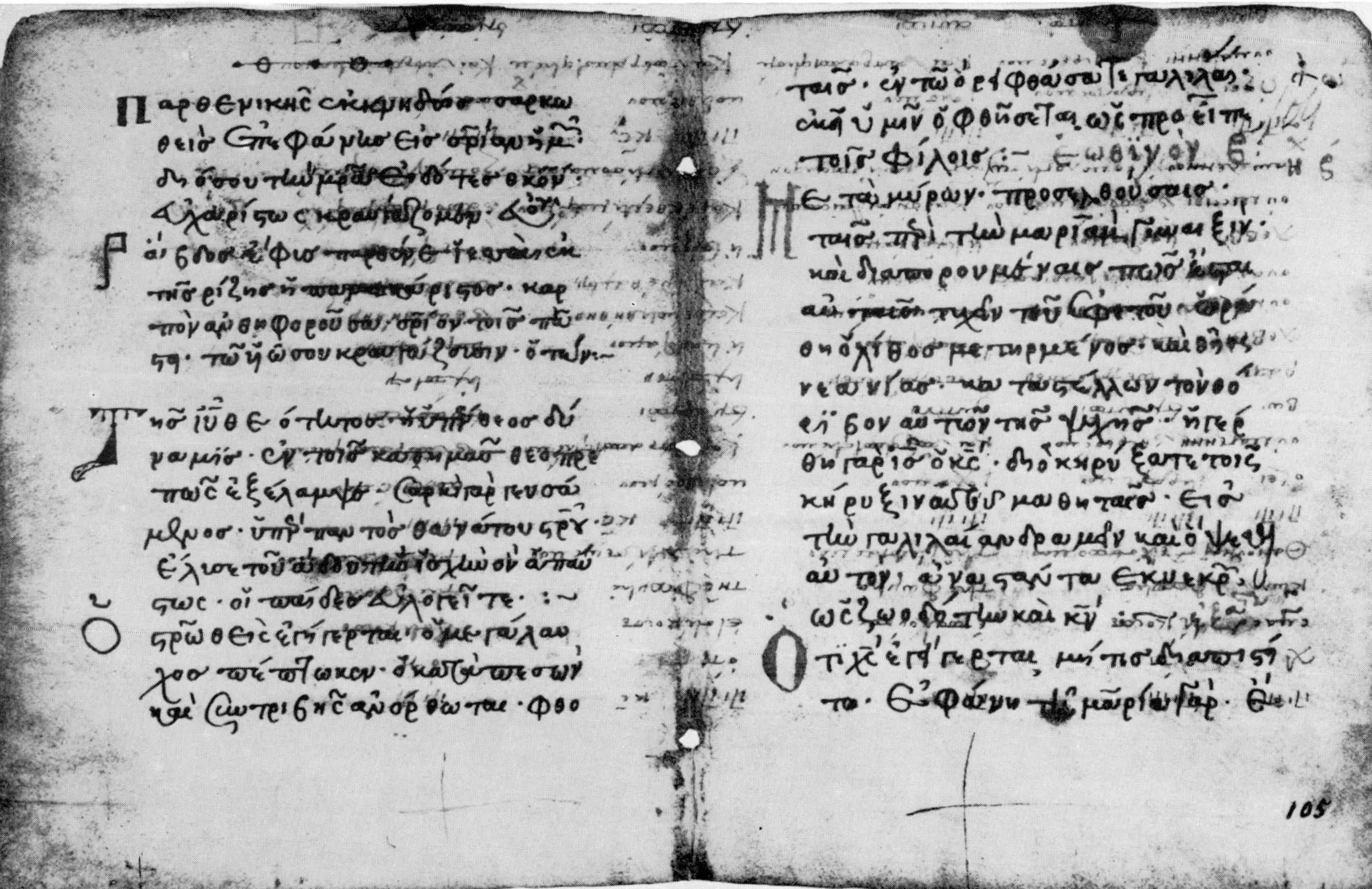
105

35 Codex Colberto-Sarravianus

s. S. 76 – Abbildung nach G.M. Perrella, Introduzione Generale alla Sacra Biblia (1948)

Die Abbildung mit dem Text von Jos 10,12-19 zeigt die Schönheit der Handschrift, die auf jedem Blatt zwei Kolumnen enthält. Sie entstammt wahrscheinlich dem 5., nach manchen sogar schon dem 4. Jahrhundert n. Chr. Sie nimmt eine besondere Stellung unter den Majuskeln dadurch ein, daß sie den hexaplarischen Text mit vielen der hexaplarischen Zeichen überliefert. Obelisiert sind auf dem wiedergegebenen Blatt folgende Worte (linke Kol., Z. 1–5): ηνικα συνετριψεν αυτους εν γαβαων και συνετρειβησαν απο προσωπου ι̅η̅λ (ισραηλ). Diese Worte fand also Origenes in 𝔊, aber sie stehen nicht im hebräischen Text.

Mit Asteriskos versehen, d. h. von Origenes in 𝔊 nicht vorgefunden und aus einer anderen griechischen Übersetzung eingesetzt, sind mehrere Stellen der Abbildung. Erstreckt sich der Text über mehrere Zeilen, so wird vor jeder Zeile das aristarchische Zeichen wiederholt. Vgl. z. B. Vers 15, der in 𝔊 ganz fehlt und hier asterisiert erscheint (linke Kol. unten und rechte Kol. oben): και επεστρεψεν ι̅ς̅ (ιησους) και πας ι̅η̅λ μετ αυτου εις την παρεμβολην εις γαλγαλαν.

ΗΛ· ΗΝΙΚΑϹΥΝΕΤΡΙ
ΨΕΝΑΥΤΟΥϹΕΝΓΑΒΑ
ΩΝ· ΚΑΙϹΥΝΕΤΡΙΒΗ
ϹΑΝΑΠΟΠΡΟϹΩΠΟΥ
ΙΗΛ· ΚΑΙΕΙΠΕΝΙϹΟΗΛΙ
ΟϹΚΑΤΑΓΑΒΑΩΝϹΤΗ
ΤΩΚΑΙΗϹΕΛΗΝΗΚΑ
ΤΑΦΑΡΑΓΓΑΑΙΛΩΝ
ΚΑΙΕϹΤΗΟΗΛΙΟϹΚΑΙΗ
ϹΕΛΗΝΗΕΝϹΤΑϹΕΙΕ
ΩϹΗΜΥΝΑΤΟΟΘϹΤΟΥ
ϹΕΧΘΡΟΥϹΑΥΤΩΝ· ΟΥ
ΧΙΤΟΥΤΟΓΕΓΡΑΜΜΕ
ΝΟΝΕΠΙΒΙΒΛΙΟΥΤΟΥ
ΕΥΘΟΥϹ· ΚΑΙΕϹΤΗΟ
ΗΛΙΟϹΚΑΤΑΜΕϹΟΝΤΟΥ
ΟΥΡΑΝΟΥΟΥΠΡΟΕ
ΠΟΡΕΥΕΤΟΕΙϹΔΥϹΜΑ
ΕΙϹΤΕΛΟϹΗΜΕΡΑϹΜΙ
ΑϹ· ΚΑΙΟΥΚΕΓΕΝΕΤΟ
ΗΜΕΡΑΤΟΙΑΥΤΗΟΥΔΕ
ΤΟΠΡΟΤΕΡΟΝΟΥΔΕ
ΤΟΕϹΧΑΤΟΝΩϹΤΕΕ
ΠΑΚΟΥϹΑΙΘΝ· ΦΩ
ΝΗϹ· ΑΝΟΥ ΟΤΙΚϹϹΥ
ΝΕΠΟΛΕΜΗϹΕΝΤΩ
ΙΗΛ· ΚΑΙΕΠΕϹΤΡΕΨΕ
ΙϹΚΑΙΠΑϹΙΗΛΜΕΤΑΥ

ΤΟΥΕΙϹΤΗΝΠΑΡΕΜΒΟ
ΛΗΝΕΙϹΓΑΛΓΑΛΑ·
ΚΑΙΕΦΥΓΟΝΟΙΕΒΑϹΙ
ΛΕΙϹΟΥΤΟΙΚΑΙΚΑΤΕ
ΚΡΥΒΗϹΑΝΕΙϹΤΟϹΠΗ
ΛΑΙΟΝΤΟΕΙϹΜΑΚΗΔΑ
ΚΑΙΑΠΗΓΓΕΛΗΤΩΙΥ
ΛΕΓΟΝΤΕϹΕΥΡΗΝΤΑΙ
ΟΙΕΒΑϹΙΛΕΙϹΚΕΚΡΥΜ
ΜΕΝΟΙΕΝΤΩϹΠΗ
ΛΑΙΩΤΩΕΝΜΑΚΗΔΑ
ΚΑΙΕΙΠΕΝΙϹΚΥΛΙϹΑΤΕ
ΛΙΘΟΥϹ· ΜΕΓΑΛΟΥϹ·
ΕΠΙΤΟϹΤΟΜΑΤΟΥϹΠΗ
ΛΑΙΟΥΚΑΙΚΑΤΑϹΤΗ
ϹΑΤΕΕΠΑΥΤΟΥϹΑΝΔΡΑ
ΤΟΥΦΥΛΑϹϹΕΙΝΕΠΑΥ
ΤΟΥϹ· ΥΜΕΙϹΔΕΜΗΕ
ϹΤΗΚΑΤΕΚΑΤΑΔΙΩ
ΚΟΝΤΕϹΟΠΙϹΩΤΩ
ΕΧΘΡΩΝΥΜΩΝΚΑΙ
ΚΑΤΑΛΑΒΕΤΕΤΗΝΟΥ
ΡΑΓΙΑΝΑΥΤΩΝ· ΚΑΙΜΗ
ΑΦΗΤΕΑΥΤΟΥϹ· ΕΙϹΕΛ
ΘΕΙΝΕΙϹΤΑϹΠΟΛΕΙϹ
ΑΥΤΩΝΠΑΡΑΔΕΔΩ
ΚΕΝΓΑΡΑΥΤΟΥϹΚϹΟ
ΘϹΗΜΩΝΕΙϹΤΑϹ

36 Codex Marchalianus (Vat. gr. 2125)
s. S. 76 – Abbildung nach Specimina Codicum Graecorum Vaticanorum collegerunt P. Franchi de' Cavalieri et I. Lietzmann (²1929)

Die Abbildung enthält Jer 42,11-19 (𝔐 35,11-19) und läßt deutlich die Besonderheit dieser Handschrift erkennen: ein Korrektor hat am Rande die hexaplarischen Lesarten, die 𝔊 an 𝔐 angleichen, mit den hexaplarischen Zeichen eingetragen. Man sieht, daß Origenes beim griechischen Jer, der dem hebräischen gegenüber viel kürzer ist, besonders oft ergänzen mußte. Im Codex Marchalianus ist teilweise noch die Quelle dieser Ergänzungen angegeben: so stammen die Worte εως της ημερας ταυτης οτι ηκουσαν της εντολης του πατρος αυτω̄ aus Aquila (A ⟨α'⟩) und Theodotion (Θ ⟨θ'⟩), während der in 𝔊 fehlende Satz in Vers 17 aus Theodotions Übersetzung aufgenommen ist.

In seiner Ezechielausgabe hat J. Ziegler eine doppelte Schicht hexaplarischer Einflüsse im Codex Marchalianus festgestellt: «die erste stammt bereits aus der Vorlage von Q, deren hexaplarischen Teile der Schreiber ohne nähere Kennzeichnung in seinen Text übernahm, die zweite von einem Redaktor, der die vorliegenden hexaplarischen Teile als solche durch Asteriskus bezeichnete und die fehlenden aus einer anderen Quelle, aus der auch 88-Syh (BH = $\mathfrak{S}^h$ ⟨Syh⟩) schöpften, am Rand von Q nachtrug» (Septuaginta, Ezechiel [1952], S. 34f.). In Jes und Dodekapropheton ist jedoch Q in seinem ursprünglichen Bestand der alexandrinischen Gruppe zuzuzählen.

Beachte in der Abbildung noch den Ausfall in den Versen 16-18, veranlaßt durch Homoioteleuton (der ausgefallene Text wird am unteren Rand nachgeholt), die Korrekturen im Text (Z. 14, 19, 24) und die zahlreichen Abkürzungen häufiger begegnender Wörter. Sämtliche Lesarten des Codex Marchalianus sind im Apparat der Septuaginta-Ausgabe von Swete aufgenommen; vgl. diese.

ΣΟΜΕΘΑ ΕΙΣ ΙΕΡΟΥΣΑΛΗΜ ΑΠΟ ΠΡΟΣΩ
ΠΟΥ ΤΩΝ ΧΑΛΔΑΙΩΝ. ΚΑΙ ΑΠΟ ΠΡΟΣΩ
ΠΟΥ ΤΗΣ ΔΥΝΑΜΕΩΣ ΤΩΝ ΑΣΣΥΡΙΩΝ.
ΚΑΙ ΟΙΚΗΣΩΜΕΝ ΕΚΕΙ: ΚΑΙ ΕΓΕΝΕΤΟ
ΛΟΓΟΣ Κ̅Υ̅ ΠΡΟΣ ΜΕ ΛΕΓΩΝ ΟΥΤΩΣ ΛΕΓΕΙ
Κ̅Σ̅ ΠΟΡΕΥΟΥ ΚΑΙ ΕΙΠΟΝ Α̅Ν̅Ω̅ ΙΟΥΔΑ.
ΚΑΙ ΤΟΙΣ ΚΑΤΟΙΚΟΥΣΙΝ Ι̅Λ̅Η̅Μ̅ ΟΥ ΜΗ
ΛΑΒΗΤΕ ΠΑΙΔΕΙΑΝ. ΑΚΟΥΕΙΝ ΤΟΥΣ ΛΟ
ΓΟΥΣ ΜΟΥ. ΕΣΤΗΣΑΝ ΡΗΜΑ ΥΙΟΙ ΙΩΝΑ
ΔΑΒ ΥΙΟΥ ΡΗΧΑΒ. Ο ΕΝΕΤΕΙΛΑΤΟ ΤΟΙΣ ΤΕ
ΚΝΟΙΣ ΑΥΤΟΥ ΠΡΟΣ ΤΟ ΜΗ ΠΙΕΙΝ ΟΙΝΟ̅.
ΚΑΙ ΟΥΚ ΕΠΙΟΝ. ΚΑΙ ΕΓΩ ΕΛΑΛΗΣΑ ΠΡΟΣ
ΥΜΑΣ ΟΡΘΡΟΥ. ΚΑΙ ΕΛΑΛΗΣΑ ΚΑΙ ΟΥΚ ΗΚΟΥ
ΣΑΤΕ. ΚΑΙ ΑΠΕΣΤΕΙΛΑ ΠΡΟΣ ΥΜΑΣ ΤΟΥΣ
ΔΟΥΛΟΥΣ ΜΟΥ ΤΟΥΣ ΠΡΟΦΗΤΑΣ ΛΕΓΩ.
ΑΠΟΣΤΡΑΦΗΤΕ ΕΚΑΣΤΟΣ ΑΠΟ ΤΗΣ ΟΔΟΥ
ΑΥΤΟΥ ΤΗΣ ΠΟΝΗΡΑΣ. ΚΑΙ ΒΕΛΤΙΟΝΑ
ΠΟΙΗΣΑΤΕ ΤΑ ΕΠΙΤΗΔΕΥΜΑΤΑ ΥΜΩΝ.
ΚΑΙ ΟΥ ΠΟΡΕΥΣΕΣΘΕ ΟΠΙΣΩ ΘΕΩΝ ΕΤΕΡΩ
ΤΟΥ ΔΟΥΛΕΥΕΙΝ ΑΥΤΟΙΣ. ΚΑΙ ΟΙΚΗΣΕΤΕ
ΕΠΙ ΤΗΣ ΓΗΣ ΗΣ ΕΔΩΚΑ ΥΜΙΝ. ΚΑΙ ΤΟΙΣ
ΠΑΤΡΑΣΙΝ ΥΜΩΝ. ΚΑΙ ΟΥΚ ΕΚΛΙΝΑΤΕ
ΤΑ ΩΤΑ ΥΜΩΝ. ΚΑΙ ΟΥΚ ΗΚΟΥΣΑΤΕ·

ΚΑΙ ΕΣΤΗΣΑΝ ΟΙ ΥΙΟΙ ΙΩΝΑΔΑΒ ΥΙΟΥ ΡΗΧΑΒ.
ΤΗΝ ΕΝΤΟΛΗΝ ΤΟΥ Π̅Ρ̅Σ̅ ΑΥΤΩΝ ΠΟΙΕΙ.
ΚΑΘΟΤΙ ΕΝΕΤΕΙΛΑΤΟ ΑΥΤΟΙΣ Ο Π̅Η̅Ρ̅ ΑΥ
ΤΩΝ ΟΥ ΜΗ ΕΚΛΙΠΗ ΑΝΗΡ ΤΩΝ ΥΙΩ
ΙΩΝΑΔΑΒ ΥΙΟΥ ΡΗΧΑΒ ΠΑΡΕΣΤΗΚΩΣ
ΚΑΤΑ ΠΡΟΣΩΠΟΝ ΜΟΥ ΠΑΣΑΣ ΤΑΣ ΗΜΕΡΑΣ.

Ο ΔΕ ΛΑΟΣ ΟΥΤΟΣ ΟΥΚ ΗΚΟΥΣΑΝ ΜΟΥ ΔΙΑ ΤΟΥΤΟ ΟΥΤΩΣ ΕΙΠΕ
Κ̅Σ̅ ΙΔΟΥ ΕΓΩ ΦΕΡΩ ΕΠΙ ΙΟΥΔΑΝ ΚΑΙ ΕΠΙ ΤΟΥΣ ΚΑΤΟΙ
ΚΟΥΝΤΑΣ Ι̅Λ̅Η̅Μ̅ ΠΑΝΤΑ ΤΑ ΚΑΚΑ Α ΕΛΑΛΗΣΑ ΕΠ ΑΥΤΟΥΣ
ΔΙΑ ΤΟΥΤΟ ΟΥΤΩΣ ΕΙΠΕΝ Κ̅Σ̅ ΕΠΕΙ ΗΚΟΥΣΑΝ ΥΙΟΙ ΙΩ
ΝΑΔΑΒ ΥΙΟΥ ΡΗΧΑΒ ΤΗΝ ΕΝΤΟΛΗΝ ΤΟΥ ΠΑΤΡΟΣ ΑΥΤΩΝ

37 Handschrift der Syrohexaplaris aus dem Jahre 697 n. Chr.

s. S. 60 – Abbildung (Ex 27,10-15) nach E. Tisserant, Specimina Codicum Orientalium (1914)

Die Handschrift Brit. Mus. Add. 12134 gehört wie die S. 196f. reproduzierte zu den Hunderten von Handschriften, die 1839 und in den folgenden Jahren aus dem Kloster S. Maria Deipara in der nitrischen Wüste (Unterägypten) in das Britische Museum kamen. In der nitrischen Wüste bestand seit den Anfängen des christlichen Mönchtums eine Mönchskolonie, die z. B. am Ende des 4. Jahrhunderts mehrere tausend Mönche umfaßte und in der zeitweise ein sehr reges geistiges Leben herrschte. Besonders das syrische Kloster S. Maria Deipara besaß eine schöne Bibliothek, die durch die Bemühungen des Abtes Moses von Nisibis im 10. Jahrhundert beträchtlich vermehrt wurde. Später verfielen die Klöster dem Niedergang, und die Bücher lagen unbenützt und höchst vernachlässigt, aber von den wenigen ungebildeten Mönchen eifersüchtig behütet, bis es 1839 dem Engländer Tattam und später anderen gelang, Hunderte von Handschriften zu erwerben und nach England zu bringen. Ein bedeutsamer Aufschwung der syrischen Studien war die unmittelbare Folge.

Die Handschrift enthält das Buch Exodus und wurde nach dem Kolophon im Jahre 1008 der seleukidischen Ära, d. i. im Jahre 697 n. Chr., von einem gewissen Lazarus geschrieben; sie steht also der Übersetzung des Bischofs Paul von Tella (616/17) zeitlich recht nahe. Wie die Abbildung zeigt, sind die hexaplarischen Zeichen im Text überliefert (Obelos Zeile 7, 13, 14f., 20; Asteriskos Zeile 12). Am Rand werden die Übersetzungen des Aquila, Symmachus und Theodotion notiert. Die größere Randbemerkung Zeile 2ff. stellt eine Sacherklärung zu ψαλιδος (syrisch *psalidis*) dar. και ψαλιδος am oberen Rand ist in Minium geschrieben.

86

καιψαλιδος

ܘܦܣ̈ܠܝܕܘܗ ܕܠܗܘܢ ܕܡܢܗ̇ ܗܘܘ. ⁘ ܐ. ܬ. ܕܦ̈ܬܓܡܐ ⁘
ܡܢܗ̇ ܠܡܢܪܬܐ ܗܘܘ ܕܠܗܬ ܓܡܝܪܬܐ.
ܘܐܝ̈ܠܝܢ ܕܡܢܗ̇ ܐܝ̈ܟܢܐ ܐܝܟ ܐܘܪܚܐ.
ܡܟܬ̈ܒܬܐ ܕܠܗܝܢ ܟܡܐ̈ܢ. ܘܟܦ̈ܘܗ̇
ܕܠܗܘܢ ܟܡܐ̈ܢ ܕܫܘܥܐ.
ܘܡܗ̈ܘܡܗܐ ܕܠܗܘܢ. ܘܦܣ̈ܠܝܕܘܗ
ܕܐܦܝܠܘܢܐ ܀ ܘܟܦ̈ܘܗ̇ ܡܢܗܝܢ
ܒܡܐܡܟܐ. ܘܦܬ̈ܝܟܘ ܕܕܪ̈ܬܐ
ܕܠܡܦܩ ܢܗܪܝ. ܘܐܝ̈ܠܝܢ ܕܢܦܩܝܢ
ܐܝ̈ܟܢܐ. ܟܡܬ̈ܒܬܐ ܕܠܗܝܢ ܟܡܐ̈ܢܐ.
ܘܟܦ̈ܘܗ̇ ܕܠܗܘܢ ܟܡܐ̈. ⁘
ܘܦܬ̈ܝܟܘ ܕܕܪ̈ܬܐ ܡ̈ܢ ܡܟܬܒܐ ܕܠܗܬ
ܡܢ ܢܗܪܝ. ܘܐܝ̈ܠܝܢ ܕܢܦܩܝܢ ܐܝ̈ܟܢܐ.
ܟܡܬ̈ܒܬܐ ܕܠܗܝܢ ܟܡܐ̈ܢܐ.
ܘܟܦ̈ܘܗ̇ ܕܠܗܘܢ ܟܡܐ̈.
ܘܕܢܦܩܝܢ ܡܢܗ̇ ܐܝ̈ܟܢܐ ܫܒܥܐ
ܕܐܝ̈ܠܝܢ ܠܡܢܪܬܐ ܚܕ. ܟܡܬ̈ܒܬܐ
ܕܠܗܝܢ ܬܠܬܐ. ܘܟܦ̈ܘܗ̇ ܕܠܗܘܢ
ܬܠܬ. ܘܡܢܪܬܐ ܗܘ ܬܪܝܢ.
ܕܢܦܩܝܢ ܡܢܗ̇ ܐܝ̈ܟܢܐ ܫܒܥܐ ⁘
ܕܐܝ̈ܠܝܢ. ܟܡܬ̈ܒܬܐ ܕܠܗܝܢ
ܬܠܬܐ. ܘܟܦ̈ܘܗ̇ ܕܠܗܘܢ ܬܠܬ. ⁘

ܘܦܣ̈ܠܝܕܘܗ ܕܠܡܢܪܬܐ
ܐܝܬܝܗܘܢ ܕܡܢܝܐ.
ܐܝܟ ܕܟܬܝܒ ܗܘ
ܕܡܫܬܡܗܐ ܡܚܝܕܐ.
ܡܢܗܘܢ ܕܢܦܩ ܘܠܗܘܢ
ܠܒܪ ܒܐܢܝܐ ⁘

ܐ. ܬ. ܠܡܢܪܬܐ ⁘
ܘ. ܠܡܦܩ ܢܗܪܐ.

ܐ. ܬ. ܘ. ܕܫܒܥܐ
ܚܕܐ. ⁘

ܐ. ܘ. ܬ. ܘܠܬܠܬܐ
ܬܪܝܢ. ⁘

38 Catenen-Handschrift (9. Jahrhundert n. Chr.)

s. S. 63, Anm. 2 – Abbildung (Hi 6,5) nach Specimina Codicum Graecorum Vaticanorum collegerunt P. Franchi de' Cavalieri et I. Lietzmann (²1929)

«Unter einer catene versteht man, im gegensatz zu dem umfassenderen namen florilegium, ein sammelwerk, welches speciell exegetische äußerungen verschiedener autoren als glieder einer großen kette aneinanderreiht, um ein biblisches buch zu erklären: dadurch soll der leser in den stand gesetzt werden, sich in jedem einzelnen falle in kürzester frist mit den ansichten der bedeutendsten exegeten der kirche bekannt zu machen und sich darnach seine eigene meinung zu bilden.»[1] Die Catenen haben ihre Bedeutung für den Patristiker wie für den Textkritiker: für jenen wegen der Fragmente aus sonst verlorenen Werken der patristischen Literatur, für diesen durch das Material, das sie zur Geschichte des biblischen Textes beisteuern. Rahlfs hat eine besondere Catenenrezension der Septuaginta festgestellt (vgl. S. 63).

Nach der äußeren Form unterscheidet man die «Randcatene» und die «Textcatene». «Die eleganteste und vielleicht auch älteste gestalt des kettencommentars ist die der ‹randcatene›: auf einen genau vorher abgegrenzten platz in der mitte der seite malte der schreiber den heiligen text, um sodann auf dem umfangreichen, an fläche den textraum weit übertreffenden rand in enger geführten linien die erklärungen zu schreiben»[2] (vgl. Tafel). «Die zweite hauptform des kettencommentars entstand dadurch, daß man auf einzelne versgruppen des heiligen textes die entsprechenden erklärungen folgen ließ, die catene also auch auf den in jedem buche für den eigentlichen text bestimmten raum schrieb.»[3]

Die Überschriften (lemmata) zu den einzelnen Fragmenten sind in der abgebildeten Handschrift dadurch herausgehoben, daß sie in Minium geschrieben wurden (vgl. z. B. Διδύμου, καὶ μετ᾽ ὀλίγα)[4].

[1] H. Lietzmann, Catenen. Mitteilungen über ihre Geschichte und handschriftliche Überlieferung (1897), S. 1.

[2] Ebenda, S. 9.

[3] Ebenda, S. 11.

[4] Einen «Catenarum Graecarum Catalogus» gaben G. Karo und H. Lietzmann heraus: Nachrichten der Gesellschaft der Wissenschaften zu Göttingen, Phil.-hist. Klasse (1902); vgl. dort, S. 322.

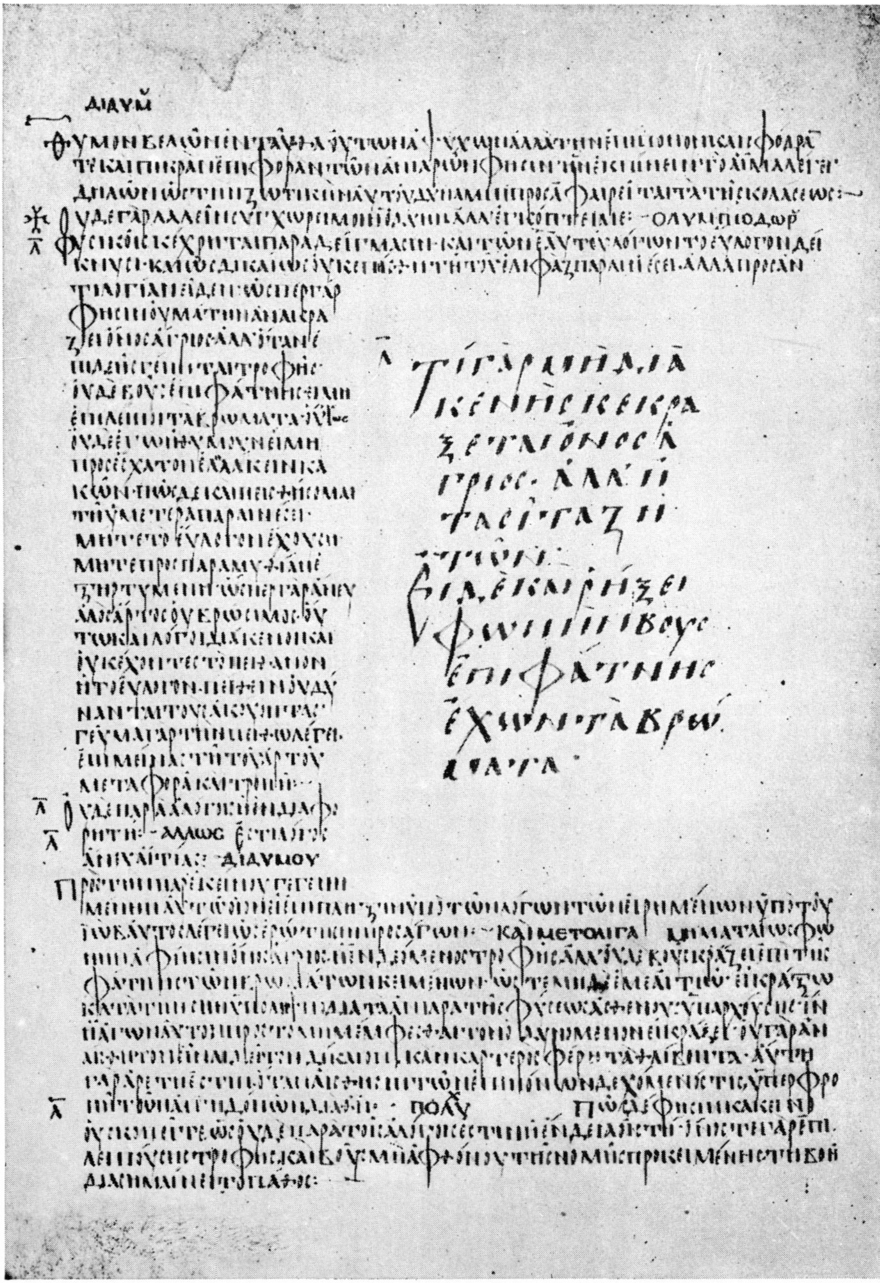
ΑΛΛΩϹ
ΔΙΔΥΜΟΥ

39 Peschitta-Handschrift vom Jahre 464 n. Chr.

s. S. 86ff. – Abbildung (Ex 13,8-17) nach The Palaeographical Society, Facsimiles of Manuscripts and Inscriptions (Oriental Series), edited by W. Wright (1875–83)

Die westsyrische Pergamenthandschrift Brit. Mus. Add. 14425 gehört zu den Handschriften aus der nitrischen Wüste (vgl. S. 192) und enthält die Bücher Gn, Ex, Nu und Dt, in alter Estrangelaschrift geschrieben. Die ersten beiden Bücher wurden in Amid (Diyarbekr) im Jahre 775 der seleukidischen Ära, d. h. im Jahre 464 n. Chr., durch einen gewissen Johannes geschrieben. Die beiden anderen Bücher stammen von einem anderen Schreiber, aber wahrscheinlich aus der gleichen Zeit. Es dürfte sich hier um eine der ältesten biblischen Handschriften überhaupt handeln, die durch eine Beischrift genau datiert ist. Sie ist etwa gleichaltrig mit dem griechischen Codex Alexandrinus.

ܗܘ. ܕܡܛܠ ܗܢܐ ܚܕܪ.
ܠܐ ܐܬܠܘܐ ܕܝܢ ܢܦܫܗ
ܡܢ ܡܪܝܡ. ܘܝܠܘܕܐ
ܠܗ ܐܬܠܐ ܥܠ ܐܢܫܝ
ܘܕܥܒܕܐ ܟܠܗ ܒܢܝ̈ܫܐ:
ܡܛܠ ܕܝܠܘܕܐ ܝܠܝܕܘܗܝ
ܕܒܪܝܐ ܒܦܘܡܗ:
ܡܛܠ ܕܒܪܢܫܐ
ܐܬܦܫܛܬ ܐܦܣܗ
ܡܪܝܐ ܡܢ ܡܪܝܡ.
ܐܦܠ ܦܘܩܕܢܐ ܗܢܐ
ܘܝܠܕܘܬܐ ܗܢܐ
ܠܒܝܬ ܡܢ ܒܝܬ ܠܚܡ:
ܘܝܠܘܕܐ ܕܝܢ ܠܠܗ
ܡܪܝܐ ܠܐܪܥܐ ܕܓܠܝܠܐ:
ܐܝܟܢܐ ܕܐܡܪܐ ܠܗ
ܘܠܐܒܘܗܝ: ܘܐܬܠܒܫ:
ܠܗ. ܐܬܦܪܫ ܒܗܠ
ܒܡܪܝܐ ܕܦܬܚ ܙܢܝܐ
ܠܡܪܝܐ. ܘܒܗܠ ܕܦܬܚ
ܙܢܝܐ ܕܒܢܝܐ
ܕܢܫܘܐ ܠܗ ܕܒܢܝܐ
ܠܡܪܝܐ. ܘܒܗܠ ܒܡܪܝܐ
ܕܦܬܚ ܙܢܝܐ
ܕܒܢܝܐ. ܐܬܦܪܫܘܗܝ
ܒܐܪܥܐ. ܘܗܠܐ
ܐܬܦܪܫܘܗܝ ܒܐܪܥܐ
ܐܬܓܠܝܘܗܝ. ܘܒܗܠ

ܒܡܪܝܐ ܕܟܪ ܐܢܫܐ
ܕܟܠܝܗܝ ܐܬܦܪܫܘ. ܘܝܫܘܥ
ܟܕ ܢܫܐܠܝܗܝ ܟܪ̈ܝܗܝ ܡܢܝ:
ܘܐܡܪ ܠܗ ܡܪܝܐ ܗܘ.
ܗܢܝܢ. ܐܬܐܡܪ ܠܗ.
ܕܡܐܢܐ ܐܬܦܫܛܬ
ܐܦܣܗ ܡܪܝܐ ܡܢ
ܡܪܝܡ ܡܢ ܟܠܗ ܒܡܘܬܗ.
ܘܒܝ ܐܬܦܫܛ ܦܪܟܘ.
ܠܡܫܝܚ ܙܕܩܬܐ. ܡܛܠ
ܡܪܝܐ ܒܟܠ ܒܡܪܝܐ
ܕܐܬܐܡܪܐ ܕܡܪܝܡ
ܡܢ ܒܡܪܝܐ ܕܟܪ ܐܢܫܐ
ܒܕܝܢܐ ܠܒܡܪܝܐ
ܕܟܢܝܐ. ܡܛܠ ܗܢܐ
ܡܦܩܢ ܐܝܟ ܠܡܪܝܐ
ܒܟܠ ܦܬܚ ܙܢܝܐ
ܕܪܝܐ. ܘܒܠ ܒܡܪܝܐ
ܕܟܪ ܐܬܦܪܫ. ܘܝܫܘܥ ܘܐ
ܐܬܠܐ ܥܠ ܐܢܫܝ
ܘܕܒܥܒܕܐ ܟܠܗ ܒܢܝ̈ܫܐ
ܡܛܠ ܕܐܢܫܐ
ܐܬܦܫܛܬ ܐܦܣܠܐ
ܡܪܝܐ ܡܢ ܡܪܝܡ:
ܘܒܝ ܝܫܘ ܦܪܟܘ ܠܡܫܝܚ
ܠܐ ܐܘܒܠ ܐܚܘܕ ܐܠܗܐ
ܒܐܘܪܚܐ ܕܐܦܪܬܐ
ܕܦܠܣܛܝܢܐ: ܡܛܠ

40 Konstanzer altlateinische Prophetenbruchstücke

s. S. 92 – Abbildung (Ez 20,43-47 𝔇) mit freundlicher Genehmigung von P. A. Dold

Die Abbildung zeigt Fragmente einer prächtigen altlateinischen Prophetenhandschrift, die von P. A. Dold im Rücken des Kodex 191 der Fürstlich-Fürstenbergschen Hofbibliothek zu Donaueschingen entdeckt wurden. Die Prophetenhandschrift, die wohl im 5. Jahrhundert in Oberitalien geschrieben worden war, kam in die Dombibliothek zu Konstanz und wurde dort (wahrscheinlich um 1450) zerschnitten und zum Binden verschiedener Pergamenthandschriften verwendet. 26 dieser Handschriften, die in ihren Einbänden Bruchstücke der alten Handschrift enthielten, wurden in Fulda, Darmstadt, Stuttgart, Donaueschingen und im Benediktinerstift St. Paul in Kärnten festgestellt. Die Bedeutung dieser Texte ist angesichts der spärlichen Überlieferung der Vetus Latina sehr groß, besaßen wir doch vorher vorhieronymianische Texte der Propheten aus *Bibel*handschriften nur in den Bruchstücken des Würzburger Palimpsestkodex (vgl. S. 92). Weitere altlateinische Prophetentexte aus St. Gallen (Ez, Dan, Kleine Propheten) veröffentlichte P. A. Dold im Anhang des S. 92 genannten Buches.

Beachte am Rande die Glossen von späterer Hand (6. Jahrhundert), in denen u. a. griechische Lesarten mitgeteilt werden.

41 Codex Lugdunensis

s. S. 92 – Abbildung (Gn 27,46–28,11) nach einem von P. A. Dold freundlichst zur Verfügung gestellten Photo

Der Codex Lugdunensis mit altlateinischem Text gehört zu dem handschriftlichen Material der Vetus Latina, das seit Sabatier bekannt geworden ist. Er hat mannigfache Schicksale erlebt. Ursprünglich dem Kapitel der Chanoines-comtes von Lyon gehörend, kam er später in die Stadtbibliothek von Lyon. Irgendwann wurde er in zwei Teile geteilt, und der zweite Teil (jetzt Ms. 1964) kam von Lyon weg, konnte aber 1895 wieder erworben und nach Lyon zurückgebracht werden. Aus dem ersten Teil (jetzt Ms. 403) stahl Libri 79 Blätter und verkaufte sie 1847 an Lord Ashburnham, dessen Sohn sie 1880 nach Aufdeckung des wahren Sachverhalts großmütig an die Bibliothek zurückgab.

Nach Robert ist die Handschrift von drei verschiedenen Schreibern geschrieben. Sie «wurde zur liturgischen Lesung benützt; daher zeigt sie zahlreiche Randeinträge von verschiedenen Händen aus verschiedener Zeit und in verschiedenen Schriften, die aber wohl alle in Lyon bodenständig sind. Sogar zwei ganze Lesungen sind eingetragen: III Rg 21 für die Traditio symboli und I Pt 2 für die Cathedra Petri; ihr Text ist Vulgata. Ebenso sind die in einzelnen Abschnitten zahlreichen Korrekturen von späteren Händen (teilweise in tironischen Noten) meistens Angleichungen an die Vulgata» (Vetus Latina, Genesis, herausgegeben von P. B. Fischer [1951], S. 6). Diese Angleichung ist bezeichnend für die Geschichte der Vetus Latina, die schließlich ganz von der Vulgata verdrängt wurde.

DIXITAUTEMREBECCA
ADISACDESTINAUIANI
MOMEOPROPTERFI
LIASFILIORUMCHET
SIACCEPERITIACOB
UXOREMAFILIABUS
TERRAEHUIUSUTQUID
MIHIUIUERE·
UOCAUITAUTEMISAC
IACOBADSEETBENE
DIXITEUMETPRAECE
PITEIDICENSNON
ACCIPIESUXOREM
AFILIABUSCHANNA
NEORUMSEDSURGE·
·ETUADEINMESOPO
TAMIAMINDOMU
BATHUELISPATRIS
MATRISTUAEETACCI
PEINDETIBIUXORE
EXFILIAB·LABEFRATRIS
MATRISTUAEETAC
CIPETIBIINDEUXORE
DSAUTEMMEUSBE·
NEDICATTEETAUGEAT
TEETREPLEATTEET

ERISINECCLESIISGEN
TIUMETDETTIBIBE·
NEDICTIONEMPATRIS
MEIABRAHAEETSE·
MINITUOPOSTTE·
HEREDITARETERRA
HABITATIONISTUAE·
QUAMDEDITDSAB
RAHAE
ETDIMISITISACIACOB
ETABIITINMESOPO
TAMIAMADLABAN
FILIUMBATHUELIS
SYRIFRATREMREBEC
CAEMATRISIACOB
ETESAU
UIDITAUTEMESAUQUIA
BENEDIXITISACIACOB
ETQUIAABIITINMESO
POTAMIAMSYRIAE
ACCIPERESIBIINDE·
UXOREMNEOQUOD
BENEDIXERITEUM
ETPRAECEPERITEI
DICENSNONACCIPIES
UXOREMAFILIABUS

CHANNANEORUMEO
QUODAUDIERITIACOB
PATREMSUUMETMA
TREMSUAMETABIE·
RITINMESOPOTAMIA
ETTUNCPOSTQUAM
UIDITESAUQUIAMA
LIGNAESUNTFILIAE·
CHANNANEORUM
ANTEISACPATREM
SUUMABIITADISMA
HELETACCEPITMALAlech
FILIAMISMAELFILII
ABRAHAESOROREM
NABEOTHADMULIE·
RESSUASSIBIUXORE
L ETEXIITIACOBAPUTEO
IURAMENTIUTIRET
INCHARRANETPER
UENITINQUENDAM
LOCUMETMANSITIBI
OCCEDERATENIMS
ACCEPITLAPIDEM
EXLAPIDIBUSLOCIILLIU
ETPOSUITADCAPUT
SUUMETDORMIUIT

42 Vulgata-Palimpsest aus dem 5. Jahrhundert n. Chr.

s. S. 93ff. – Abbildung (Ri 5,15-22) nach einem von P. A. Dold freundlichst zur Verfügung gestellten Photo mit Genehmigung der Herzog August Bibliothek Wolfenbüttel

Unter den einst bedeutenden Bücherschätzen des Klosters Bobbio in Oberitalien befanden sich zwei Isidor-Handschriften aus dem 8. Jahrhundert n. Chr., von denen die eine in die Vatikanische Bibliothek, die andere in die Herzog August Bibliothek zu Wolfenbüttel kam. Diese Handschriften wurden auf abgeschabte Pergamentblätter älterer Kodizes geschrieben, u. a. einer Bibelhandschrift in Unziale aus dem 5. und einer Bibelhandschrift in Halbunziale aus dem 6. Jahrhundert. Die alten Handschriften, die der Übersetzung des Hieronymus folgen, wurden von P. A. Dold mit Hilfe der in der Erzabtei Beuron entwickelten Palimpsest-Photographie entziffert und herausgegeben[1].

Die Abbildung zeigt eine Seite der alten Unzialhandschrift, «wohl eine der herrlichsten Bibel- oder, wohl richtiger gesagt, Bibelteilhandschriften aus ältester Zeit» (Dold). Erhalten sind von ihr der größte Teil des Richterbuches und 13 Verse des Buches Ruth. Vielleicht umfaßte die Handschrift nur diese beiden Bücher. Heimat wohl sicher Italien. Ein Vergleich dieses ältesten bekannten Hieronymus-Textes mit der offiziellen Vulgata (Vg) und dem Codex Amiatinus (A) hatte folgendes Ergebnis: «Von rund 600 verglichenen Stellen geht unsere Handschrift etwa 200mal gegen Vg mit A und etwa 180mal gegen A mit Vg; dagegen weicht sie weitere 220mal sowohl von A als auch von Vg ab und bietet eigene, freilich meist nur wenig verschiedene Lesarten.»[2]

Die Bedeutung dieser Unzialhandschrift und der erwähnten Halbunzialhandschrift (Hi 1,1–15,24) für die Herstellung des ältesten Hieronymus-Textes ist sehr groß. «In unseren beiden Handschriften von so überaus hohem Alter sind uns wertvollste Zwischenglieder zwischen dem verlorenen Urexemplar des Hieronymus und dem Codex Amiatinus, dem bisher ältesten Textzeugen, geschenkt. Wie aus ihrem ganzen Schriftgepräge hervorgeht, handelt es sich bei beiden Handschriften zudem um Exemplare, die wirklich mit einer unvergleichlichen Sorgfalt und Liebe niedergeschrieben wurden und uns daher die besten Garantien für Güte und Zuverlässigkeit geben.»[3]

[1] Zwei Bobbienser Palimpseste mit frühestem Vulgatatext, herausgegeben und bearbeitet von P. A. Dold, Texte und Arbeiten herausgegeben durch die Erzabtei Beuron 1, 19/20 (1931).

[2] Dold, a. a. O., S. IL

[3] Dold, a. a. O., S. LVII

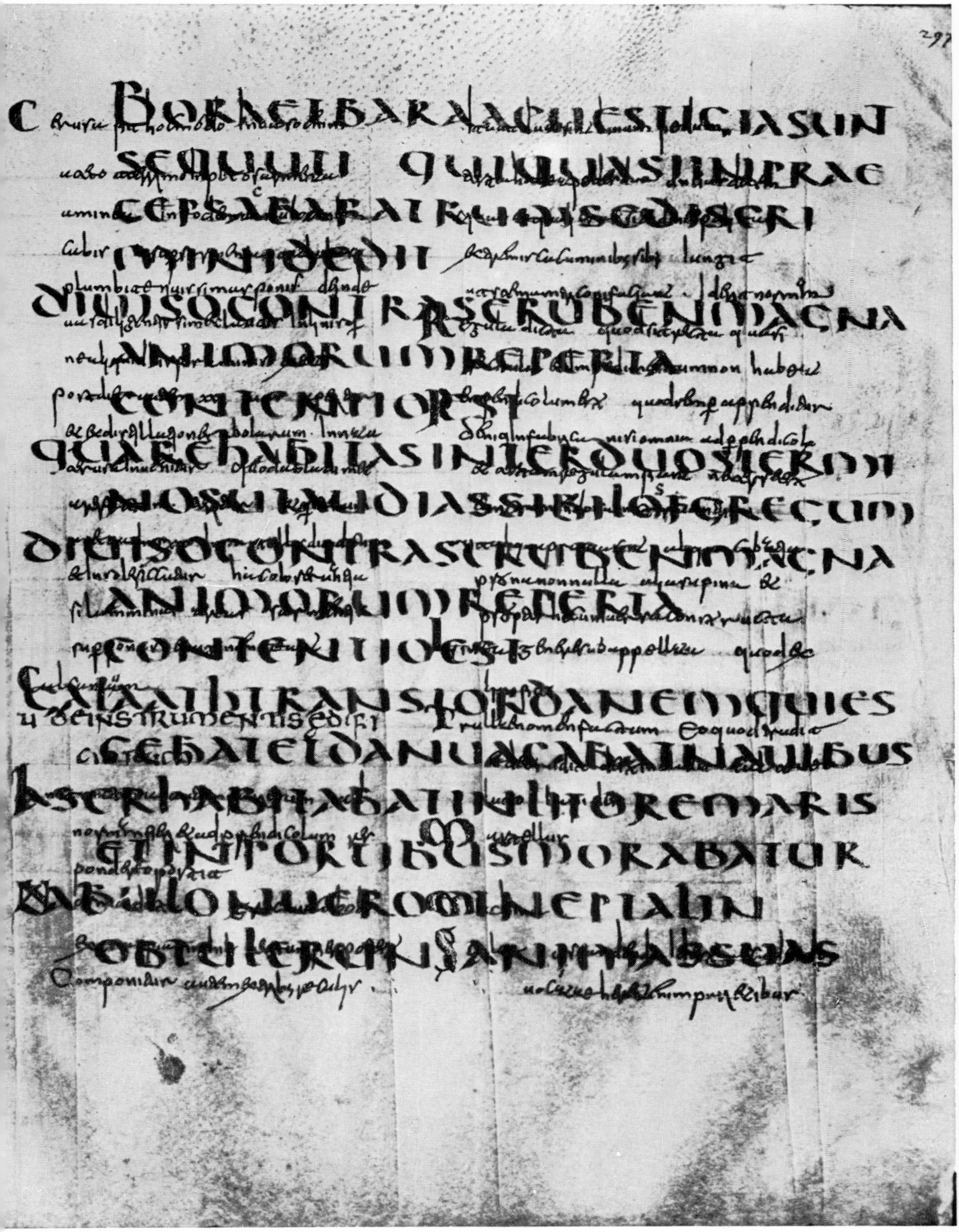
297

BORA ET BARAC VESTIGIA SUNT
SEQUUTI QUI QUASI IN PRAE
CEPS AC BARATHRUM SE DISCRI
MINI DEDIT
DIVISO CONTRA SE RUBEN MAGNA
ANIMORUM REPERTA
CONTENTIO EST
QUARE HABITAS INTER DUOS TERMI
NOS UT AUDIAS SIBILOS GREGUM
DIVISO CONTRA SE RUBEN MAGNA
ANIMORUM REPERTA
CONTENTIO EST
GALAAD TRANS IORDANEM QUIES
u DE INSTRUMENTIS EDIFI
CEBAT ET DAN VACABAT NAVIBUS
ASER HABITABAT IN LITORE MARIS
ET IN PORTIBUS MORABATUR
ZABULON VERO ET NEPTALIM
OBTULERUNT ANIMAS SUAS

43 Codex Amiatinus

Abbildung (Ps 22 [𝔙 21],25–25[24],5) nach einem von der Biblioteca Medicea-Laurenziana freundlichst zur Verfügung gestellten Photo

Dieser bekannte und geschätzte Vulgata-Kodex, der nach der Abtei Monte Amiata benannt ist, in deren Besitz er sich einst befand, stammt aus England. Ceolfrid, Abt der dem Heiligen Stuhl direkt unterstehenden Klöster zu Jarrow und Wearmouth in Northumberland, ließ ihn schreiben, um ihn bei seiner letzten Reise nach Rom dem Papst zu schenken. Ceolfrid starb unterwegs in Langres (716 n. Chr.), aber einige seiner Reisebegleiter brachten den Kodex nach Rom. Er ist der einzige erhaltene von drei Kodizes, die Ceolfrid zwischen 690 und 716 in einem seiner Klöster schreiben ließ und die alle drei die nova translatio, d. h. die Übersetzung des Hieronymus, enthielten[1].

In seiner äußeren Anlage und in seiner künstlerischen Ausstattung folgt der Amiatinus dem Vorbild des Codex grandior des Cassiodor, einer mit Bildern und Tafeln geschmückten Handschrift, die jedoch im AT die hexaplarische Revision des Hieronymus enthielt. Sie war 678 von Benedict Biscop und Ceolfrid auf einer Romreise erworben und nach Jarrow gebracht worden. Entgegen früherer Annahme haben aber die Beigaben zu dem biblischen Text wie dieser selbst nichts mit Cassiodor zu tun.[2]

Zum Text des Amiatinus hat P. B. Fischer festgestellt: «Als Textvorlagen dienten verschiedene Handschriften. Für Ps war es nachweislich ein schlechter irischer Text, für Evv ein gutes neapolitanisches Evangeliar, für die Katholischen Briefe ein lokal gefärbter Text; für die meisten biblischen Bücher standen gute, wohl italienische Handschriften zur Verfügung. Man hat in Jarrow das Material bewußt redigiert. Man war imstande, gute Texte zu erkennen und als Vorlage zu wählen. Wo nur schlechte Texte zur Verfügung standen, versuchte man diese irgendwie zu verbessern, vgl. besonders Tob, auch Ps, Act und gelegentlich sogar Bücher mit gutem Text.

Dieses Korrigieren am biblischen Text steht in Zusammenhang mit dem Kommentieren des hl. Beda, der ja zu der Zeit in Jarrow Mönch war, als dort der Amiatinus und seine Schwester-Handschriften entstanden.»[3]

[1] Einzelne Blätter eines der beiden verschollenen Kodizes wurden seit 1909 entdeckt – sie hatten teilweise als «wrappers for estate papers» gedient – und befinden sich jetzt im Britischen Museum.

[2] Vgl. auch P. B. Fischer, Codex Amiatinus und Cassiodor, BZ NF 6 (1962), S. 57–79.

[3] Ebenda, S. 78f.

qm̄ non dispexit neque contempsit
modestiam pauperis
et non abscondit faciem suam ab eo
et cum clamaret ad eum exaudiuit
apud te laus mea in ecclesia multa
uota mea reddam in conspectu
timentium eum.
comedent mites et saturabuntur
laudabunt dñm quaerentes eum
uiuet cor uestrum in sempiternū
recordabuntur et conuertentur
ad dñm omnes fines terrae
et adorabunt coram eo uniuersae
cogitationes gentium
quia dñi est regnum et domina
bitur gentibus
comederunt et adorauerunt
omnes pingues terrae
ante faciem eius curbabuntur genu
uniuersi qui discendunt in puluerē
et anima eius ipsi uiuet
et semen seruiet ei
narrabuntur dño in generatione
uenient et adorabunt iustitiam eius
populo qui nascitur quas fecit
psalmus dauid uox ecclesiae
post baptismum
22 Dns pascit me nihil mihi deerit
in pascuis herbarum adclinauit me
super aquas refectionis
enutriuit me
animam meam refecit
duxit me super semitas iustitiae
propter nomen suum
sed et si ambulauero in ualle mortis
non timebo malum qm̄ tu mecū es
uirga tua et baculus tuus ipsa
consolabuntur me
pones coram me mensam ex
aduerso hostium meorum
inpinguasti oleo caput meum
calix meus inebrians
sed et benignitas et misericor
dia subsequitur me
omnibus diebus uitae meae
et habitabo in domo dñi
in longitudine dierum
psalmus prima sabbati
confirmatio populi credentis
portae quas dicit peccata uel
inferni uox xp̄i diligentib; se
23 Dñi est terra et plenitudo eius
orbis et habitatores eius
qui ipse super maria fundauit eū
et super flumina stabiliuit illū
quis ascendet in montem dñi
et quis stabit in loco sc̄o eius
innocens manib; et mundo corde
qui non exaltauit frustra
animam suam
et non iurauit dolose
accipiet benedictionem a dño
et misericordiam a dō salutari suo
haec est generatio quaerentiū eū
quaerentium faciem iacob semper
leuate portae capita uestra
et eleuamini ianuae sempiternae
et ingredietur rex gloriae
quis est iste rex gloriae
dñs fortis et potens dñs
fortis in proelio
leuate portae capita uestra
et eregite ianuae sempiternae
et ingredietur rex gloriae
quis est iste rex gloriae
dñs exercituum ipse est rex gloriae
psalmus dauid canticum
24 Ad te dñe animam meam leuabo
ds̄ meus in te confisus sum
ne confundar
ne laetentur inimici mei
sed uniuersi qui sperant in te
non confundantur
confundantur qui iniqua gerunt
frustra
uias tuas dne ostende mihi
semitas tuas doce me
deduc me in ueritate tua

44 Koptischer Papyruskodex

s. S. 98f. – Abbildung (Dt 34,11.12; Jon 1,1-4) nach E. A. Wallis Budge, Coptic Biblical Texts in the Dialect of Upper Egypt (1912)

1911 erwarb das Britische Museum diesen in Oberägypten gefundenen Papyruskodex, der große Teile des Dt, das ganze Buch Jona und den größten Teil der Apg enthält. Er ist in das 4. Jahrhundert n. Chr. zu datieren, ist also von sehr hohem Alter.

Die Abbildung zeigt das Ende des Buches Dt: in großen Buchstaben ist der Titel an das Ende des Buches gesetzt. Dann folgt ein Segenswunsch für Schreiber und Leser in griechischer Sprache und darauf der Anfang des Buches Jona.

ϩⲙ̄ ϭⲁⲗ ⲧⲏⲣ[…]ⲩ ⲕⲁϩ ⲛ̄
ⲛⲟϭ ⲛ̄ϣⲡⲏⲣⲉ ⲁ[…]ⲥⲓ ϫⲉⲧ
ϫⲟⲟⲣ ⲉⲛⲧⲁⲙⲱⲩ̈ⲥⲏⲥ ⲁⲁⲩ ⲙ̄
ⲡⲉⲙⲧⲟ ⲉⲃⲟⲗ ⲙ̄ⲡⲓⲥⲣⲁⲏⲗ
ⲧⲏⲣϥ

ⲇⲉⲩⲧⲉ
ⲣⲟⲛⲟⲙⲓⲟⲛ

ⲉⲓⲣⲏⲛⲏ ⲧⲱ ⲅⲣⲁⲯⲁⲛⲧⲓ
ⲕⲁⲓ ⲧⲱ
ⲁⲛⲁⲅⲓⲛⲱⲥⲕⲟⲛⲧⲓ

ⲓⲱⲛⲁⲥ

ⲁⲡϣⲁϫⲉ ⲙ̄ⲡϫⲟⲉⲓⲥ ⲁϥϣⲱⲡⲉ ϣⲁ
ⲓⲱⲛⲁⲥ ⲡϣⲏⲣⲉ ⲛ̄ⲁⲙⲁⲑⲓ ⲉϥϫⲱ
ⲙ̄ⲙⲟⲥ ϫⲉ ⲧⲱⲟⲩⲛ ⲛ̄ⲅⲃⲱⲕ ⲉϩⲣⲁⲓ̈
ⲉⲧⲛⲓⲛⲉⲩⲏ ⲧⲛⲟϭ ⲙ̄ⲡⲟⲗⲓⲥ ⲛ̄ⲅ
ⲕⲏⲣⲩⲥⲥⲉ ⲉϩⲣⲁⲓ̈ ⲛ̄ϩⲏⲧⲥ ϫⲉ ⲁⲡⲉⲥⲟ
ⲉⲓϣ ⲛ̄ⲧⲉⲥⲕⲁⲕⲓⲁ ⲉⲓ ⲉϩⲣⲁⲓ̈ ⲙ̄ⲡⲁⲙ
ⲧⲟ ⲉⲃⲟⲗ· ⲁⲩⲱ ⲁϥⲧⲱⲟⲩⲛ ⲛ̄ϭⲓ
ⲓⲱⲛⲁⲥ ⲉⲡⲱⲧ ⲉⲑⲁⲣⲥⲉⲓⲥ ⲛ̄ⲛⲁϩ
ⲣⲛ̄ ⲡϩⲟ ⲙ̄ⲡϫⲟⲉⲓⲥ· ⲁⲩⲱ ⲁϥⲃⲱⲕ
ⲉϩⲣⲁⲓ̈ ⲉⲓⲟⲡⲏ· ⲁϥϭⲛ̄ ⲟⲩϫⲟⲉⲓ ⲉϥⲛⲁ
ⲥϭⲏⲣ ⲉⲑⲁⲣⲥⲉⲓⲥ· ⲁϥϯ […] ⲁϥ
ⲧⲁⲗⲉ ⲉⲣⲟϥ ⲉⲥϭⲏⲣ ⲛ̄ⲙ̄ⲙⲁⲩ ⲉⲑⲁⲣⲥⲉⲓⲥ
ⲙ̄ⲛⲁϩⲣⲛ̄ ⲡϩⲟ ⲙ̄ⲡϫⲟⲉⲓⲥ· ⲁⲩⲱ ⲁⲡϫ
ⲟⲉⲓⲥ ⲁϥⲛⲉϫ ⲟⲩⲛⲟϭ ⲛ̄ⲧⲏⲩ
ⲉϩⲣⲁⲓ̈ ⲉⲑⲁⲗⲁⲥⲥⲁ· ⲁⲩⲛⲟϭ ⲛ̄

45 Äthiopische Handschrift (Paris, Bibliothèque Nationale, Eth. 11, Fol. 70a)

s. S. 99f. – Abbildung nach O. Löfgren, Die äthiopische Übersetzung des Propheten Daniel (1927). – Text: Sus 1-5

Die Handschrift, der die Abbildung entnommen ist, enthält die Bücher Hiob und Daniel. Löfgren charakterisiert sie folgendermaßen: «In paläographischer Hinsicht bietet unsere Handschrift vieles von Interesse. Sowohl allgemeine Züge als zahlreiche Einzelheiten sprechen für hohes Alter. Die große, etwa 6 mm hohe, eckige Schrift, welche nur wenig von den lapidaren Formen der Inschriften abweicht, der einfache, auf die Punktreihe und das Henkelkreuz oder ähnliche Randzeichen beschränkte Dekor und die Zweikolumnigkeit ordnen S (d. h. diese Handschrift) in die verhältnismäßig kleine Gruppe *archaischer* äthiopischer Handschriften ein, welche um die Mitte des 15. Jahrhunderts durch einen neuen Typ mit schöneren Schriftzügen und reicherer Ausschmückung allmählich verdrängt wird» (a. a. O., S. XXII). Geschrieben wahrscheinlich zwischen 1300 und 1400. «Da diese Handschrift durchweg sorgfältig geschrieben und von wesentlichen Korrekturen und Interpolationen frei ist, besitzen wir in ihr einen wertvollen Zeugen für den um 1300 geläufigen, wahrscheinlich noch nicht revidierten Bibeltext» (a. a. O., S. XXV).

Während also diese Handschrift die ursprüngliche äthiopische Übersetzung erhalten hat, lassen sich in jüngeren Handschriften Spuren verschiedener Revisionstätigkeit beobachten: teils bezeugen sie *syrisch-arabische* Revisionsarbeit, deren Beginn wohl in das 14. Jahrhundert fällt, teils bieten sie einen nach dem *Hebräischen* revidierten Text aus dem 15./16. Jahrhundert. Bedeutsam für die textkritische Arbeit an der Septuaginta sind natürlich nur Handschriften, die den ursprünglichen, altäthiopischen Text dieser Tochterübersetzung der Septuaginta bewahrt haben.

ተ
፩ ዘዳንኤል፡ ነ
ቢይ።
ወሀሎ፡ አሐዱ፡
ብእሲ፡ ዘይነ
ብር፡ ባቢሎን፡
ወስሙ፡ ኢዮአ
ቄም፡ ወአውሰ
በ፡ ብእሲተ፡ እ
ንተ፡ ስማ፡ ሶስና፡
ወለተ፡ ኬልቂ
ዩ፡ ሠናይት፡
ጥቀ፡ ወትፈርሆ
እግዚአብሔ
ር። ወአዝማዲ
ሃኒ፡ ጻድቃን፡
ወመሀርዋ፡ ለ
ወለቶሙ፡ አሪ
ቶ፡ ሙሴ፡ ወኢዮ
ዋቄም፡ ብዑል፡
ጥቀ፡ ወቦ፡ ዐጸ
ደ፡ አጓጣልጉሬ፡
ቤቱ።
ወይመጽኡ፡ ኀ
ቤሁ፡ አይሁድ፡
እስመ፡ ውእቱ፡
ይከብር፡ እምኵ
ሎሙ።
ወአስተርአዩ፡
ክልኤቱ፡ ረባና
ት፡ መድልዋንበ
ውእቱ፡ ዓመት፡
እለ፡ በእንቲአሆ
ሙ፡ ንግረ፡ እግ
ዚአ፡ ብሔር።
ከመ፡ እምባቢ
ሎን፡ ወፅአት፡
ኃጢአት፡ እም
ረባናት፡ መደል
ዋን፡ እለ፡ ይብሉ፡
ዐቅብሙ፡ ለ

46 Arabische Handschrift
Britisches Museum arab. 1475 (Add. 26116)

s. S. 101 – Abbildung nach: The Palaeographical Society, Facsimiles of Manuscripts and Inscriptions (Oriental Series) ed. W. Wright (1875–1883) – Text: Hi 22,12–23,2

Die Mannigfaltigkeit der arabischen Hiobversionen, von deren ältester wir ein Blatt abbilden, kann als typisch gelten für die arabischen Bibelübersetzungen überhaupt. «Unter den wenigstens vier verschiedenen Übersetzungen von Job gehört eine zu den ältesten Dokumenten der christlich-arabischen Literatur. Die Handschrift, die größere Bruchstücke daraus bewahrt, Brit. Mus. arab. 1475, geschrieben in der 1. Hälfte des 9. Jahrh., entstammt wahrscheinlich dem Sabaskloster. Die Übersetzung selbst beruht auf syro-hexaplarischer Grundlage.

Von einer anderen Job-Übersetzung ist der Urheber bekannt, nämlich *Pethion* (Fatyun ibn Aiyub), der wahrscheinlich um die Mitte des 9. Jahrh. in Bagdad als Übersetzer (auch von Sir und den Propheten) tätig war. Pethions Job-Text, in 15 Kap. eingeteilt, soll laut Zeugnisses der Londoner Handschrift nach dem Hebräischen hergestellt sein, während in Wirklichkeit die Vorlage syrisch war. Andere Übersetzungen von Job gehen wieder auf Pesch(itta) und auch auf das Koptische zurück.» (G. Graf, Geschichte der christlichen arabischen Literatur, 1. Band: Die Übersetzungen, Studi e Testi 118 [1944], S. 126).

13

العلي ما حته و الدين يتكلون بالعزه في لهم وايضا قلت
من اين تكون في الهوى وكيف ان الضباب تحول بينك
وبين القضا وان السحاب تحل بين اعمالك لانك لا ترى
ويلم اطراف الارض من بعيد وسالكي العميقه
من خطه الذي يمشي فيه الصالحين ولم ادري
بانك تتحرك الا وهي من الذي يحمل الامهاد على
الجبال كذلك يشكك المتحيرين الذين يقولوا
ما الذي يصنع بنا الرب وان يتخلى علينا الله حتى
كل الذين ملوا يموتهم من الخبز وهو امر الامنه
فيهم بعيده من الرب والصالحين يسطرون
اليهم ويضحكوا ومن كان غير مدنب لبسهم
نهم نار سريع يهلك بواميهم ويرتكبهم ياكل
النار فاطرح من فمك ما لا ينبغي واتخذ قول
الرب على قلبك لانك رجعت وجمعت بريد ك
الرب بنا عد من صحبك الاوجاع وتحرسك
على صخره قويه وتخوطك اوديه الحيه وتعسد
ضائقك الكل وتخلصك من العدوا وتصير
نعيا سله قضه مسلوكه والقوم سريدي الرب
مستمكن ونظر الى السما فوقك صافيه واذا
طلبت اليه يسمعك ويعطيك ويدر له الانذار
ويرد عليك طعام الصلاح ولتكون الصوالدي
للعمر في طرقك بانك اصعب بنفسك بمريديه
ويطرح عند الغوه ويطا من حسد بمريديه
وهو يسلمك وهو يسلم الذكي ويرد عليك مواتك

۞ اجاب ابوب و قال ۞

انا اعلم بان تو تعي بمريدي نم صادث نعمله

47 Complutensische Polyglotte

Abbildung (Gn 21,28–22,3) mit freundlicher Erlaubnis der Bodleian Library in Oxford nach dem dortigen Exemplar

Die *Polyglotten*, in denen in parallelen Kolumnen Urtext und Übersetzungen der Bibel zur bequemen Vergleichung gedruckt wurden, bildeten ein wertvolles Hilfsmittel für die textkritische Arbeit. Die älteste, nach ihrem Erscheinungsort Complutum (Alcala de Henares) «Complutensische» genannt, wurde 1514–17 von Francisco Ximenez, Erzbischof von Toledo und Gründer der Universität Alcala, herausgegeben (durch Verzögerung der päpstlichen Autorisation erst 1522 veröffentlicht). Für die Arbeit am Alten Testament wurden jüdische Konvertiten, die damals allein die nötige Vorbildung besaßen, herangezogen, unter ihnen der berühmte Alfonso de Zamora, seit 1512 Professor für orientalische Sprachen in Alcala.

Der *hebräische* Text der Complutensis zeigt einige interessante Abweichungen von dem üblichen. Von den Akzenten des tiberischen Systems begegnet nur der Atnach, der hier jedoch nicht nur für die Hauptzäsur verwendet wird, so daß er auch zweimal in einem Vers vorkommen kann (vgl. z. B. Gn 22, 3); er wird übrigens nicht zur Tonsilbe, sondern hinter das Wort gesetzt. Maqqef fehlt völlig. Chateflaute finden sich nur selten, meist steht der betreffende Vokal ohne Schwa, vgl. in der Tafel אֶלֹהִים, אֲשֶׁר, עַצֵי u. a. In diesen Besonderheiten liegt keine Willkür der Editoren, wie man vermuten könnte. Vielmehr berufen sie sich dafür auf den Brauch in alten Handschriften. Da die erwähnten Besonderheiten für die einfache babylonische Punktation (vgl. S. 25) typisch sind, ist anzunehmen, daß den Herausgebern der Polyglotte neben Ben-Ascher-Handschriften hebräische Bibelhandschriften mit babylonischer Punktation zur Verfügung standen. Sie sind wohl gemeint mit den «vetustissima exemplaria», auf die sich die Herausgeber beziehen, und sie haben die Form beeinflußt, in der der hebräische Text in der Polyglotte gedruckt worden ist[1]. Diese Handschriften sind heute verschollen; sie wurden wahrscheinlich in Unkenntnis ihres Wertes vernichtet. – Zum griechischen Text der Complutensis vgl. S. 78.

Von den späteren Textausgaben dieser Art ist die «Londoner Polyglotte», 1654–57 von Brian Walton herausgegeben, die reichhaltigste.

[1] P. Kahle, The Hebrew Text of the Complutensian Polyglot, Homenaje a Millas-Vallicrosa, Barcelona (1954), I. S. 749f.

Trāsla. Gre. lxx. cū interp. latina.

et statuit abraā septē agnas ouiū
καὶ ἔστησεν ἀβραὰμ ἑπτὰ ἀμνάδας προβάτων
solas. et dixit abimelech abraam. quid
μόνας. καὶ εἶπεν ἀβιμέλεχ τῷ ἀβραάμ. τί εἰ-
sunt septē agne ouiū harū: quas
σιν αἱ ἑπτὰ ἀμνάδες τῶν προβάτων τούτων, ἃς
statuisti solas. et dixit quia septē agnas
ἔστησας μόνας. καὶ εἶπεν ὅτι τὰς ἑπτὰ ἀμνά-
accipies a me: vt sint mihi in testimoniū:
δας λήψῃ παρ' ἐμοῦ, ἵνα ὦσί μοι εἰς μαρτύριον,
quia ego fodi puteū hunc. ppter hoc vo-
ὅτι ἐγὼ ὤρυξα τὸ φρέαρ τοῦτο. διὰ τοῦτο ἐπω-
cauit nomē loci illius: puteū iu-
νόμασε τὸ ὄνομα τοῦ τόπου ἐκείνου, φρέαρ ὁρ-
ramenti. quia illic iurauerūt ambo: et posuerūt
κισμοῦ. ὅτι ἐκεῖ ὤμοσαν ἀμφότεροι, καὶ ἔθηκαν
fedus sup puteū iuramēti. surrexit aūt abi
διαθήκην ἐπὶ τὸ φρέαρ τοῦ ὁρκισμοῦ. ἀνέστη δὲ ἀβι-
melech et ochozad pronubus eius et phi
μέλεχ καὶ ὀχοζὰθ ὁ νυμφαγωγὸς αὐτοῦ καὶ ὁ φι-
chol princeps exercitus eius: et re
χὼλ ὁ ἀρχιστράτηγος τῆς δυνάμεως αὐτοῦ, καὶ ἀ-
uersi sunt in terrā philistijm. et plan-
πέστρεψαν εἰς τὴν γῆν τῶν φυλιστιείμ. καὶ ἐφύ-
tauit abraam agrū sup puteū iu
τευσεν ἀβραὰμ ἄρουραν ἐπὶ τῷ φρέατι τοῦ ὁρ-
ramēti. et inuocauit ibi nomē dñi: deus
κισμοῦ. καὶ ἐπεκαλέσατο ἐκεῖ τὸ ὄνομα κυρίου, θεὸς
eternꝰ. habitauit aūt abraā in terra phi-
αἰώνιος. παρῴκησε δὲ ἀβραὰμ ἐν τῇ γῇ τῶν φυ-
listijm dies multos.
λιστιείμ ἡμέρας πολλάς. Ca. 22.

A Et factū ē post verba hec: deus
καὶ ἐγένετο μετὰ τὰ ῥήματα ταῦτα, ὁ θεὸς
tentauit abraā. et dixit ei: abraam
Judith 8.c. Heb.11 d. ἐπείρασε τὸν ἀβραάμ. καὶ εἶπεν αὐτῷ, ἀβραὰμ
abraā. et dixit. ecce ego. et dixit: accipe fi-
ἀβραάμ. καὶ εἶπεν, ἰδοὺ ἐγώ. καὶ εἶπεν, λάβε τὸν υἱ-
liū tuū dilectū: quē dilexisti isaac: et
όν σου τὸν ἀγαπητόν, ὃν ἠγάπησας τὸν ἰσαάκ, καὶ
vade in terrā excelsā. et offer eū
πορεύθητι εἰς τὴν γῆν τὴν ὑψηλήν. καὶ ἀνένεγκε αὐ-
ibi in holocaustū sup vnū montiū: quos
τὸν ἐκεῖ εἰς ὁλοκάρπωσιν ἐφ' ἓν τῶν ὀρέων, ὧν ἄν
tibi dixero. surgēs aūt abraā mane strauit
σοι εἴπω. ἀναστὰς δὲ ἀβραὰμ τὸ πρωῒ ἐπέσαξεν
asinā suā. assumpsit aūt secū duos pue-
τὴν ὄνον αὐτοῦ. παρέλαβε δὲ μεθ' ἑαυτοῦ δύο παῖ-
ros: et isaac filiū suū. et scindēs ligna in
δας, καὶ ἰσαὰκ τὸν υἱὸν αὐτοῦ. καὶ σχίσας ξύλα εἰς
holocaustū: surgens abijt. et venerūt in
ὁλοκάρπωσιν, ἀναστὰς ἐπορεύθη. καὶ ἦλθον εἰς
locū quē dixit ei deus: die
τὸν τόπον ὃν εἶπεν αὐτῷ ὁ θεός, τῇ ἡμέρᾳ

Trāsla. B. Hiero.

Et statuit abraam septem agnas gregis seorsū. Cui dixit abimelech. Quid sibi volunt septem agne iste: quas stare fecisti seorsum? At ille. Septem inquit agnas accipies de manu mea: vt sint mihi in testimoniū: quoniam ego fodi puteū istū. Idcirco vocatus ē locus ille bersabee: quia ibi vterqz iurauit. Et inierunt fedus pro puteo iuramēti. Surrexit aūt abimelech & phicol princeps exercitus eius: reuersiqz sūt in terrā palestiorū. Abraā vero plātauit nemus in bersabee: & inuocauit ibi nomen dñi dei eterni: & fuit colonus terre palestiorū diebus multis. Ca. 22.

Que postquā gesta sunt: tentauit deus abraam: & dixit ad eū. Abraam abraam. At ille rñdit. adsū. ait illi. Tolle filiū tuū vnigenitum quem diligis isaac: & vade in terrā visionis: atqz ibi offeres eū in holocaustum sup vnū montiū: quem monstrauero tibi. Igitur abraā de nocte consurgens strauit asinū suum ducens secum duos iuuenes & isaac filiū suum. Cumqz concidisset ligna in holocaustum: abiit ad locum quem preceperat ei deus. Die autem

Text. Heb. Gen. Ca. xxi. | **Priitiua heb.**

ויצב אברהם את שבע כבשת
הצאן לבדהן: ויאמר אבימלך אל — נצב
אברהם מה הנה שבע כבשת
האלה אשר הצבת לבדנה: — יצב
ויאמר כי את שבע כבשת תקח
מידי בעבור תהיה לי לעדה כי — עבר היה
חפרתי את הבאר הזאת: על כן
קרא למקום ההוא באר שבע כי — קום
שם נשבעו שניהם: ויכרתו — שבע
ברית בבאר שבע ויקם אבימלך — קום
ופיכל שר צבאו וישבו אל ארץ — שור שוב
פלשתים: ויטע אשל בבאר — נטע
שבע ויקרא שם בשם יהוה אל — קרא
עולם: ויגר אברהם בארץ — עלם גור
פלשתים ימים רבים: — יום רבה
ויהי אחר הדברים האלה — Cap. xxii.
והאלהים נסה את אברהם — היה
ויאמר אליו אברהם ויאמר הנני: — אמר
ויאמר קח נא את בנך את יחידך — לקח יחד
אשר אהבת את יצחק ולך לך אל — ילך
ארץ המריה והעלהו שם לעלה — עלה
על אחד ההרים אשר אמר — הרר
אליך: וישכם אברהם בבקר — שכם
ויחבש את חמרו ויקח את שני — חבש שנה
נעריו אתו ואת יצחק בנו ויבקע — בקע
עצי עלה ויקם וילך אל המקום — קום הוך
אשר אמר לו האלהים: ביום

Transla. Chal.

ואקים אברהם ית שבע חורפאן דעאן בלחודיהון: ואמר אבימלך לאברהם מה
אינין שבע חורפאן האלין דאקימתא בלחודיהון: ואמר ארי ית שבע חורפאן תיסב
מן ידי בדיל דתהא לי לסהיד ארי חפרית ית בירא הדין: על כן קרא לאתרא
ההוא באר שבע ארי תמן קיימו תרויהון: וגזרו קיים בבאר שבע וקם אבימלך
ופיכל רב חיליה ותבו לארע פלשתאי: ונצב נצבא בבירא דשבע וצלי תמן בשמא
Ca. xxij. דיי אלה עלמא: ואתותב אברהם בארע פלשתאי יומין סגיאין:
והוה בתר פתגמיא האלין ויי נסי ית אברהם ואמר ליה אברהם ואמר הא אנא:
ואמר דבר כען ית ברך ית יחידך דרחימתא ית יצחק ואיזיל לך לארעא פולחנא
ואסקיה קדמי תמן לעלתא על חד מן טוריא דאימר לך: ואקדים אברהם בצפרא
וזריז ית חמריה ודבר ית תרין עולימוהי עמיה וית יצחק בריה וצלח אעי דעלתא
וקם ואזל לאתרא דאמר ליה יי: ביומא

Interp. chal. | **Priitiua chal.**

Et statuit abrahā septē agnas ouium seorsum. Dixitqz abimelech ad abraham. Que sunt iste septem agne quas statuisti seorsum. Et ait. Quoniam septem agnas accipies de manu mea: vt sit mihi in testimonium quoniā fodi puteum istum. Propterea vocauit locum illū bersabee: quia ibi iurauerūt ambo: et inierunt pactū in bersabee. Surrexitqz abimelech et phicol princeps exercitus eius: et reuersi sunt in terram philistinorū. Et plantauit plantationem in bersabee: et orauit ibi in nomine domini dei eterni. Et peregrinatus est abraham in terra philistinorum diebus multis. Cap. 22.

Et factū est post verba hec: et deus tentauit abraham: et dixit ei. Abraham. Et ait: ecce ego. Et dixit. Tolle nunc filium tuū vnicum tuū quem diligis isaac: et vade in terram diuini cultus: et offer illum coram me ibi in holocaustum super vnū montium quē dixero tibi. Et surrexit abraham mane et strauit asinum suum: et tulit duos pueros suos secum: et isaac filium suum: et concidit ligna in holocaustum: et surrexit et abijt in locum quē dixerat ei deus. Die autem

קום חד
אל נסב
היה
קום קום
דבב תוב צלא
יתב
אל נסה
אזל
נסק עלה קדם
אתא
קום

48 Althebräische Alphabettafel
Abbildung nach D. Diringer, The Story of the Aleph Beth (1958) und Writing (1962) mit freundlicher Erlaubnis des Verfassers, s. S. 4.

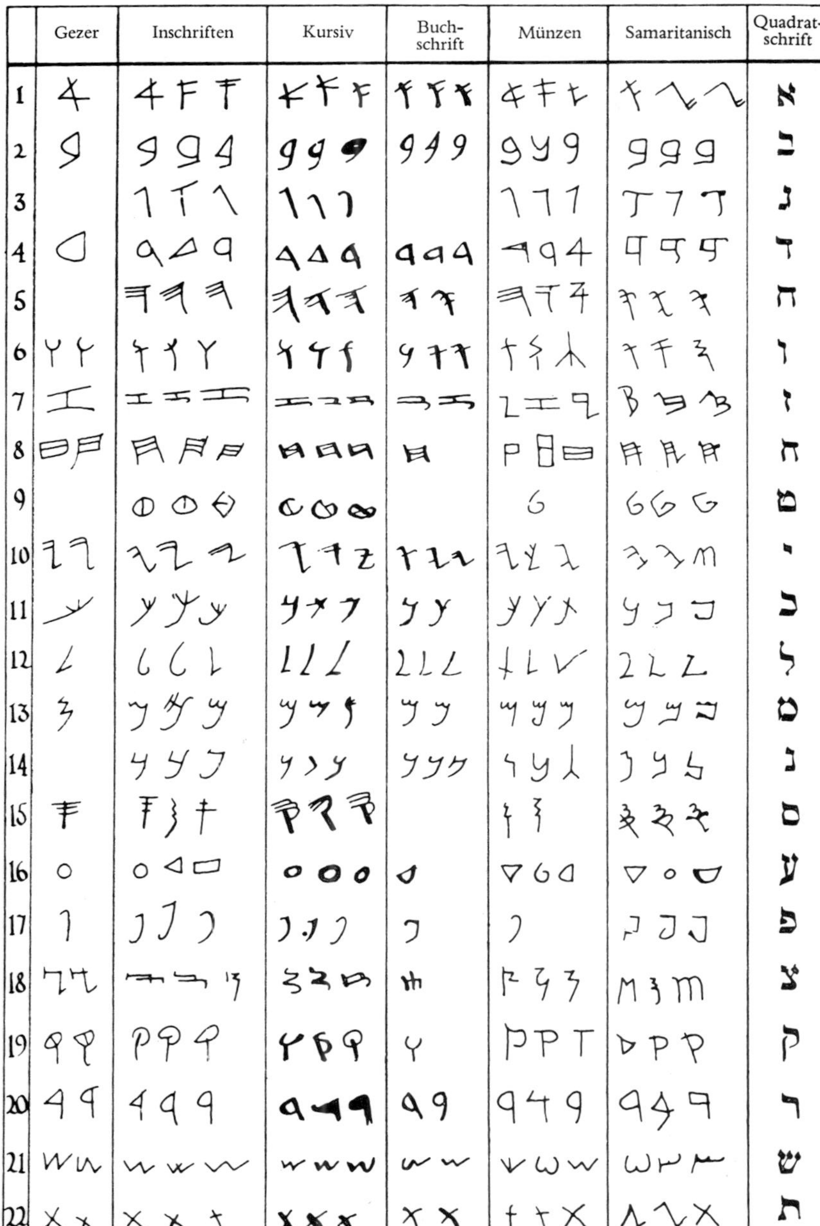
Gezer
Inschriften
Kursiv
Buch-schrift
Münzen
Samaritanisch
Quadrat-schrift
1 א
2 ב
3 ג
4 ד
5 ה
6 ו
7 ז
8 ח
9 ט
10 י
11 כ
12 ל
13 מ
14 נ
15 ס
16 ע
17 פ
18 צ
19 ק
20 ר
21 ש
22 ת

A. Sylvester

LITERATUR IN AUSWAHL

Vergleiche auch die in Text und Anmerkungen genannte Literatur, die aus Raummangel hier im allgemeinen nicht nochmals aufgeführt ist.

Zum Ganzen: Einleitung in das AT von C. Steuernagel (1912), von J. Goettsberger (1928), von O. Eißfeldt ([3]1964), von A. Weiser ([6]1966), von Sellin-Fohrer ([11]1969); Introduction to the OT von R. H. Pfeiffer ([2]1948), von A. Bentzen ([5]1959); M. Noth, Die Welt des AT ([4]1962). – A. Geiger, Urschrift und Übersetzungen der Bibel in ihrer Abhängigkeit von der inneren Entwicklung des Judenthums (1857; Neudruck 1928). – S. R. Driver, Notes on the Hebrew Text of the Books of Samuel with an Introduction on Hebrew Palaeography and the ancient Versions ([2]1913). – Fr. Kenyon, Our Bible and the ancient Manuscripts, rev. by A. W. Adams ([5]1958). – D. W. Thomas, The textual criticism of the OT (in: The OT and modern study, ed. H. H. Rowley. [1958], S. 238ff.). – B. J. Roberts, The OT Text and Versions (1951; mit 29 Seiten Bibliographie). – M. Goshen-Gottstein, Text and language in Bible and Qumran (1960). – The Cambridge History of the Bible (= CHB). Vol. I ed. by P. R. Ackroyd and C. F. Evans (1970); Vol. II ed. by G. W. H. Lampe (1969). – Fortlaufende Bibliographie nach Sachgebieten geordnet in: Internationale Zeitschriftenschau für Bibelwissenschaft und Grenzgebiete (1952ff.).

Zu I: G. R. Driver, Semitic Writing, Schweich Lectures 1944 (1948 rev. 1954). – D. Diringer, The Alphabet ([4]1953). – Ders., The Story of the Aleph Beth (1958). – A. Bea, Die Entstehung des Alphabets; eine kritische Übersicht, Studi e Testi 126 (1946), S. 1ff. – L. Blau, Studien zum althebräischen Buchwesen (1902). – W. Schubart, Das Buch bei den Griechen und Römern ([2]1921). – Ders., Einführung in die Papyruskunde (1918). – C. Wendel, Die griechisch-römische Buchbeschreibung verglichen mit der des Vorderen Orients (1949). – H. Jensen: Die Schrift in Vergangenheit und Gegenwart ([2]1958). – I. J. Gelb, Von der Keilschrift zum Alphabet (1958).

Zu II: Chr. D. Ginsburg, Introduction to the Massoretico-Critical Edition of the Hebrew Bible (1897). – P. Kahle, Der masoretische Text des AT nach der Überlieferung der babylonischen Juden (1902). – Ders., Masoreten des Ostens (1913). – Ders., Untersuchungen zur Geschichte des Pentateuchtextes, Theol. Stud. u. Krit. 88 (1915), S. 399ff. = Opera Minora (1956), S. 3ff. – Ders., §§ 6–9 in Bauer-Leander, Historische Grammatik der hebr. Sprache (1922). – Ders., Die Punktation der Masoreten, Martifestschrift (1925), S. 167ff. = Opera Minora (1956), S. 48ff. – Ders., Masoreten des Westens I (1927), II (1930). – Ders., Die Handschriften aus der Höhle (1951). – Ders., The Hebrew Ben Asher Bible Manuscripts, Vet. Test. I (1951), S. 161ff. – Ders., The Cairo Geniza (²1959), deutsch: Die Kairoer Genisa. Untersuchungen zur Geschichte des hebräischen Bibeltextes und seiner Übersetzungen. Deutsche Ausgabe bearbeitet und durch den Druck geführt von R. Meyer (1962). – Ders., Der hebräische Bibeltext seit Franz Delitzsch (1961). – V. Aptowitzer, Das Schriftwort in der rabbinischen Literatur (Sitz.-Ber. Ak. Wiss. Wien, Phil. hist. Kl. 153, 6 (1906); 160, 7 (1908); Jahresbericht der Isr.-Theol. Lehranstalt Wien 18 (1911); 22 (1915). – E. Ehrentreu, Untersuchungen über die Masora, Beitr. zur semit. Philologie und Linguistik 6 (1925). – L. Lipschütz, Ben Ascher – Ben Naftali. Der Bibeltext der tiberischen Masoreten, Bonner Orient. Studien 25 (1937). – G. Gerleman, Synoptic Studies in the OT, Lund Univ. Årskrift NF I, 44 (1948). – J. L. Teicher, The Ben Asher Bible Manuscripts. Journ. of Jewish Studies 2 (1950), S. 17ff. – Textus. Annual of the Hebrew University Bible Project I–VII (1960–69). – Zu den Handschriften aus der Höhle vgl. für die ältere Literatur den Literaturbericht von W. Baumgartner, Theol. Rundschau 17 (1948/49); 19 (1951), ferner die fortlaufende Berichterstattung von O. Eißfeldt, P. Kahle u. a. in Theol. Lit. Zeit. (1949ff.). – The Bibl. Archaeologist (1948ff.). – BASOR (1948ff.). – Revue de Qumran (1958ff.). – Chr. Burchard, Bibliographie zu den Handschriften vom Toten Meer, BZAW 76 (1957); II BZAW 89 (1965); Ergänzung von H. Stegemann, ZDPV 83 (1967), S. 95–101 (Stand 1966). – W. S. Lasor, Bibliography of the Dead Sea Scrolls (1958). – M. Burrows, The Dead Sea Scrolls (1956); deutsch: Die Schriftrollen vom Toten Meer (³1960). – Ders., More Light on the Dead Sea Scrolls (1958); deutsch: Mehr Klarheit über die Schriftrollen (1958). – J. T. Milik, Dix ans de découvertes dans le désert de Juda (1957); rev. engl., Ten Years of Discovery in the Wilderness of Judaea (1959). – H. Bardtke, Die Handschriftenfunde am Toten Meer I (²1953). – F. M. Cross jun., The Ancient Library of Qumran and modern Biblical Studies (²1961 = ALQ), deutsch: die antike Bibliothek von Qumran und die moderne biblische Wissenschaft (1967 = ABQ). – M. Martin, The scribal character of the Dead Sea Scrolls I. II (1958). – W. H. Brownlee, The meaning of the Qumran Scrolls for the Bible (1964).

Zu III: W. Gesenius, De Pentateuchi Samaritani origine, indole et auctoritate commentatio philologica-critica (1815). – A. Geiger, Urschrift und Übersetzungen der Bibel (1857; Neudruck 1928). – P. Kahle, Aus der Geschichte der ältesten hebr. Bibelhandschrift, Baudissinfestschrift (1918), S. 247ff.

Zu V: H. B. Swete, An Introduction to the OT in Greek (²1914). – O. Pretzl, Septuagintaprobleme im Buche der Richter, Biblica 7 (1926). – A. Sperber, Probleme e. Edition der Septuaginta, Kahlefestschrift (1935), S. 39ff. – Rehm, Textkritische Untersuchungen zu den Parallelstellen der Sam.-Königsbücher und der Chronik, Atl. Abh. (1937). – A. Allgeier, Die Chester-Beatty-Papyri zum

Pentateuch, Stud. z. Gesch. u. Kultur d. Altertums XXI, 2 (1938). – O. Stegmüller, Berliner Septuagintafragmente, Berliner Klassikertexte 8 (1939). – J. L. Seeligmann, Problemen en Perspectieven in het moderne Septuaginta-Onderzoek, Jaarbericht van het vooraziatisch-egyptisch Gezelschap Ex Oriente Lux II, 6–8 (1939–42), S. 359ff., 763ff. (Umfassende Übersicht über Probleme und Literatur). – Ders., The Septuagint Version of Isaiah (1948). – G. Gerleman, Studies in the Septuagint. 1. The Book of Job (1946); 2. Chronicles (1946); 3. Proverbs (1956). – G. Mercati, Il problema della colonna II dell'Esaplo, Biblica 28 (1947). – S. Jellicoe, The Septuagint and Modern Study (1968). – P. Katz, Philo's Bible. The aberrant Text of Bible Quotations in some Philonic Writings and its place in the Textual History of the Greek Bible (1950). – Ders., Septuagintal studies in the midcentury. Dodd-Festschrift (1956), S. 176ff. – I. Soisalon-Soininen, Die Textformen der Septuaginta-Übersetzung des Richterbuches, Annales Acad. Scient. Fennicae 72 (1951). – Ders., Der Charakter der asterisierten Zusätze in der Septuaginta (1959). – J. W. Wevers, Septuaginta-Forschungen, Theol. Rundschau NF 22 (1954), S. 85ff. S. 171ff.; NF 33 (1968), S. 18ff. – J. Ziegler, Die Septuaginta, Würzburger Universitätsreden 33 (1962).

Zu VI: S. Wohl, Das Palästinische Pentateuch-Targum. Untersuchungen zu den Geniza-Fragmenten und ihrem Verhältnis zu den übrigen Targumen und der Peschitta, Diss. Bonn (1935). – C. Peters, Vom palästinensischen Targum und seiner Geschichte, Pal. Hefte d. Dt. Vereins vom Hl. Lande 24–27 (1940), S. 9ff. – J. F. Stenning, The Targum of Isaiah ([2]1953). – L. Goldberg, Das samaritanische Pentateuch-Targum. Eine Untersuchung seiner handschriftlichen Quellen, Bonner Orient. Studien 11 (1945).

Zu VII: L. Haefeli, Die Peschitta des AT mit Rücksicht auf ihre textkritische Bearbeitung und Herausgabe (1927). – A. Baumstark, Peschitta und palästinisches Targum, Bibl. Zeitschr. (1931), S. 257ff. – Ders., Neue orientalische Probleme biblischer Textgeschichte, ZDMG (1935), S. 89ff. – C. Peters, Peschitta und Targumim des Pentateuchs, Le Muséon (1935), S. 1ff. – Ders., Peschitta Psalter und Psalmentargum, ebd. (1939), S. 275ff. – H. Schneider, Wenig beachtete Rezensionen der Peschitta, ZAW NF 21 (1949/50), S. 168ff. – Cl. van Puyvelde in Dictionnaire de la Bible, Suppl. 6 (1960), Sp. 834ff.

Zu VIII: A. Allgeier, Die altlateinischen Psalterien (1928). – B. Botte, Dict. de la Bible, Suppl. 4 (1949), S. 777–82: 5 (1957), S. 334–39. – H. Schneider, Die altlateinischen biblischen Cantica, Texte und Arbeiten, hg. durch die Erzabtei Beuron. 29/30 (1938). – J. Schildenberger, Die altlateinischen Texte des Proverbienbuches, Texte und Arbeiten 32/33 (1941). – Vgl. auch die Veröffentlichungen des Vetus-Latina Unternehmens: Aus der Geschichte der lateinischen Bibel (1957ff.).

Zu IX: F. Stummer, Die neue römische Ausgabe der Vulgata zur Genesis, ZAW NF 4 (1927), S. 141ff. – Ders., Spuren jüdischer und christlicher Einflüsse auf die Übersetzung der Großen Propheten durch Hieronymus, Journ. of the Am. Orient. Soc. 8 (1928), S. 35ff. – Ders., Hauptprobleme der Erforschung der alttest. Vulgata, BZAW 66 (1936), S. 233ff. – Ders., Griechisch-römische Bildung und christl. Theologie in der Vulgata des Hieronymus, ZAW NF 17 (1940/41), S. 251ff. – Ders., Beiträge zur Exegese der Vulgata, ZAW NF 21 (1949/50), S. 152ff. – H. Lietzmann, Die neue römische Vulgata, Theol. Lit. Zeit. 65 (1940), Sp. 225ff. – J. Ziegler, Antike und moderne lateinische Psalmenübersetzungen (1960).

Zu X: E. A. W. Budge, Coptic Biblical Texts in the Dialect of Upper Egypt (1912). – A. Vaschalde, Ce qui a été publié des versions coptes de la Bible textes sahidiques, Revue bibl. (1919–1922), auch separat; Le Muséon (1930–33); W. C. Till, Coptic Biblical Texts Published after Vaschalde's Lists, BJRL 42 (1959), S. 220–40. – F. H. Hallock, The Coptic OT, Am. Journ. of. Sem. Lang. (1933), S. 325ff. – B. Botte in Dict. de la Bible, Suppl. 6 (1960), Sp. 818ff.

Zu XI: E. Littmann, Gesch. der äthiop. Litteratur, Litt. des Ostens VII, 2 (1907), S. 223ff. – J. Harden, An Introduction to Ethiopic Christian Literature (1926). – J. Guidi, Storia della letteratura etiopica (1932). – H. C. Gleave, The Ethiopic version of the Song of Songs (1951). – B. Botte in Dict. de la Bible, Suppl. 6 (1960), Sp. 825ff.

Zu XII: F. N. Finck, Gesch. der armenischen Litteratur, Litt. des Ostens VII, 2 (1907), S. 75ff. – L. Leloir in Dict. de la Bible, Suppl. 6 (1960), Sp. 810ff.

Zu XIII: P. Kahle, Die arabischen Bibelübersetzungen (1904). – G. Graf, Gesch. der christl. arabischen Lit. I, Studi e Testi 118 (1944), S. 85ff. – B. Botte in Dict. de la Bible, Suppl. 6 (1960), Sp. 807ff. – R. Ecker, Die arabische Job-Übersetzung des Gaon Saadja Ben Josef al-Fajjumi (1962).

Zu XIV: H. Cantorowicz, Einführung in die Textkritik (1921). – P. Maas, Textkritik, Einleitung in die Altertumswissenschaft I, 2 (1927). – H. S. Nyberg, Das textkritische Problem des AT am Hoseabuche demonstriert, ZAW NF 11 (1934), S. 241ff. – Ders., Studien zum Hoseabuche, Uppsala Univ. Årsskrift (1935). – J. Begrich, Zur Frage der alttestamentlichen Textkritik, Orient. Lit. Zeit. XLII (1939), Sp. 473ff. – D. W. Thomas, The Recovery of the Ancient Hebrew Language (1939). – J. Coppens, La critique du texte hébreu de l'AT, Biblica 25 (1944), S. 9ff. 2ᵉ éd. separat (1955). – Ders., Eph. Theol. Lov. 36 (1960), S. 466ff. – G. R. Driver, L'interprétation du texte masorétique à la lumière de la lexicographie hébraique, An. Lov., sér. 2, 18 (1950).

Verzeichnis der Abkürzungen

ABQ	Cross, Die antike Bibliothek von Qumran
ALQ	Cross, The Ancient Library of Qumran
Am. Or. Ser.	American Oriental Series
An. Lov.	Analecta Lovaniensia Biblica et Orientalia
BA	The Biblical Archaeologist
BASOR	The Bulletin of the American Schools of Oriental Research
BH	Biblia Hebraica (BHK u. BHS)
BHK	Biblia Hebraica, ed. R. Kittel – P. Kahle
BHS	Biblia Hebraica Stuttgartensia, ed. K. Elliger – W. Rudolph
Bibl	Biblica
BJRL	The Bulletin of the John Rylands Library
BWAT	Beiträge zur Wissenschaft vom Alten Testament
BZAW	Beihefte zur Zeitschrift für die alttestamentliche Wissenschaft
CHB	The Cambridge History of the Bible
Eph. Theol. Lov.	Ephemerides Theologicae Lovanienses
JAOS	The Journal of the American Oriental Society
JBL	Journal of Biblical Literature and Exegesis
JJS	The Journal of Jewish Studies
JQR	The Jewish Quarterly Review
JSSt	Journal of Semitic Studies
JTS	The Journal of Theological Studies
NAG	Nachrichten der Akademie der Wissenschaften in Göttingen
RB	Revue Biblique
SAM	Sitzungsberichte der Bayerischen Akademie der Wissenschaften. München
ThBl	Theologische Blätter
ThLZ	Theologische Literaturzeitung
ThR	Theologische Rundschau
ThWzNT	Theologisches Wörterbuch zum Neuen Testament
ThZ	Theologische Zeitschrift
VT	Vetus Testamentum
VTS	Supplements to Vetus Testamentum

WdO	Die Welt des Orients
ZAW	Zeitschrift für die alttestamentliche Wissenschaft
ZDMG	Zeitschrift der Deutschen Morgenländischen Gesellschaft
ZNW	Zeitschrift für die neutestamentliche Wissenschaft und die Kunde der älteren Kirche

Liste der behandelten Sigla

BHS verzichtet gelegentlich auf den Einzelnachweis von Handschriften und gibt lediglich die Gruppe an, aus der einer oder mehrere Zeugen eine bestimmte Lesart bieten. In der folgenden Liste werden die betreffenden Sammel-Sigla in Klammern aufgeführt.

BHK	BHS	
A	α′	Aquila 56
E′	ε′	Quinta des Origenes 57
Θ	θ′	Theodotion 56f.
	ο εβρ	s. u. (BHK: $\mathfrak{h}^{O}$)
	οι γ′ οι λ′	Die drei jüngeren griechischen Übersetzer 57
⅏	⅏	Samaritanischer Pentateuch nach A. von Gall 47ff., 170/Abb. 27
	⅏$^{Ms(s)}$	Handschrift(en) des samaritanischen Pentateuchs nach dem kritischen Apparat A. von Galls
⅏^{T}	⅏^{T}	Samaritanisches Targum 85f.
Σ	σ′	Symmachus 56
𝔄	𝔄	Arabische Übersetzung 101, 208/Abb. 46
𝔄̈	𝔄̈	Äthiopische Übersetzung 99f., 206/Abb. 45
	Ambr	Ambrosius 93
Arm	Arm	Armenische Übersetzung 100
𝔅	𝔅	Zweite Rabbinerbibel des Jakob ben Chajim 42f., 168/Abb. 26
	Bo	Bohairische Übersetzung 99
C	C	Codex prophetarum Cairensis 38f., 156/Abb. 20
	ℭ	In der Kairoer Geniza gefundenes Fragment eines hebräischen Kodex 37f.
	ℭ$^{2.3\ etc.}$	Zwei (drei etc.) Fragmente aus der Kairoer Geniza 37f.
E′		s. o. (griech. Alphabet)
Ea 1–27 Eb 1–30 Ec 1–24	(ℭ)	Fragmente mit einfacher babylonischer Punktation 25
	Ed(d)	s. Ms(s)

Ginsb(urg Mass)	G	Chr. D. Ginsburg, The Massorah compiled from Manuscripts 45
$\mathfrak{G}$	$\mathfrak{G}$	Septuaginta 51 ff.
$\mathfrak{G}^{\aleph}$	$\mathfrak{G}^{S}$	Codex Sinaiticus 75f., 182/Abb. 33
$\mathfrak{G}^{\aleph\ \text{c.a, c.b, c.c}}$	$\mathfrak{G}^{S\ 1.2.3}$	Korrektoren des Codex Sinaiticus 76, 182
$\mathfrak{G}^{A}$	$\mathfrak{G}^{A}$	Codex Alexandrinus 76
$\mathfrak{G}^{B}$	$\mathfrak{G}^{B}$	Codex Vaticanus 75
$\mathfrak{G}^{\text{Beatty}}$		Chester Beatty Papyri 74, 178/Abb. 31
$\mathfrak{G}^{\Gamma}$	($\mathfrak{G}^{\text{Ms}}$)	Codex rescriptus Cryptoferratensis 77
$\mathfrak{G}^{C}$	$\mathfrak{G}^{C}$	Codex Ephraemi Syri rescriptus 76
	$\mathfrak{G}^{\mathit{C}}$	Textus Graecus in genere Catenarum traditus 63 A. 2, 192/Abb. 38
$\mathfrak{G}^{\text{C(om)pl}}$		Septuaginta der Complutensischen Polyglotte 78, 210/Abb. 47
$\mathfrak{G}^{\text{Cyr}}$	Cyr	Septuaginta nach Cyrill von Alexandrien 63 A. 3
$\mathfrak{G}^{D}$	($\mathfrak{G}^{\text{Ms}}$)	Codex Cottonianus Geneseos 76
$\mathfrak{G}^{E}$	($\mathfrak{G}^{\text{Ms}}$)	Codex Bodleianus Geneseos 77
$\mathfrak{G}^{F}$	$\mathfrak{G}^{F}$	Codex Ambrosianus 76
$\mathfrak{G}^{G}$	($\mathfrak{G}^{\text{Ms}}$)	Codex Colberto-Sarravianus 60, 76, 186/Abb. 35
$\mathfrak{G}^{\Theta}$	($\mathfrak{G}^{\text{Ms}}$)	Codex Freer 76
$\mathfrak{G}^{h}$	$\mathfrak{G}^{\mathit{O}}$	Hexaplarische Rezension der Septuaginta 59
$\mathfrak{G}^{\text{Mss(Holmes-Parsons)}}$	$\mathfrak{G}^{\text{Ms(s)}}$	Handschriften nach der Ausgabe von Holmes-Parsons 79
$\mathfrak{G}^{\text{62.147(Parsons)}}$	($\mathfrak{G}^{\text{min}}$)	Minuskel Nr. 62, 147 bei Holmes-Parsons 75, 79
	$\mathfrak{G}^{\text{22.26 etc.}}$	Minuskel-Handschriften in A. Rahlfs, Verzeichnis der griechischen Handschriften des Alten Testaments 73
$\mathfrak{G}^{\text{XI}}$	($\mathfrak{G}^{\text{maj}}$)	Majuskel Nr. XI bei Holmes-Parsons 75, 79
$\mathfrak{G}^{K}$	($\mathfrak{G}^{\text{Ms}}$)	Codex Lipsiensis 76
$\mathfrak{G}^{L}$		Ausgabe von Lagarde 62
$\mathfrak{G}^{\text{Luc}}$	$\mathfrak{G}^{\mathit{L}}$	Lukianische Rezension 61 f.
	$\mathfrak{G}^{\mathit{l.\ I.\ II}}$	Lukianische Untergruppe I und II
$\mathfrak{G}^{M}$	($\mathfrak{G}^{\text{Ms}}$)	Codex Coislinianus 60, 76
$\mathfrak{G}^{N}$	($\mathfrak{G}^{\text{Ms}}$)	Codex Basiliano-Vaticanus 77
$\mathfrak{G}^{\text{Pap Lond}}$	$\mathfrak{G}^{U}$	Papyrus 37 des Britischen Museums 75, 77
$\mathfrak{G}^{Q}$	$\mathfrak{G}^{Q}$	Codex Marchalianus 60, 76, 188/Abb. 36
	$\mathfrak{G}^{R}$	Codex Veronensis 77
$\mathfrak{G}^{V}$	$\mathfrak{G}^{V}$	Codex Venetus 77
$\mathfrak{G}^{\text{Vn}}$		Aldina 78
$\mathfrak{G}^{W}$	($\mathfrak{G}^{\text{Ms}}$)	Codex Atheniensis 77
	Ga	Psalterium Gallicanum 94
$\mathfrak{h}^{O}$	ο εβρ′	Hebräischer Text nach Origenes 58
Hie(r)	Hier	Hieronymus 93
Hill	Hill	Codex Hillel 41
K	K	Ketib 19
K^{Occ}	K^{Occ}	Ketib der Masoreten des Westens 14

	$\mathfrak{S}^{W}$	Peschitta nach der Londoner Polyglotte von B.Walton 88
Sah	Sa	Sahidische Übersetzung 98f.
Seb	Seb	Sebir 19
Sev		Codex Severi 41
Sor		Soraei (Masoreten von Sura) 14
$\mathfrak{T}$	$\mathfrak{T}$	Targum 80ff.
$\mathfrak{T}^{B}$		Targum der 2. Rabbinerbibel 42f., 85
$\mathfrak{T}^{J}$	$\mathfrak{T}^{J}$	Targum Pseudo-Jonathan 83f.
$\mathfrak{T}^{JII}$	$\mathfrak{T}^{JII}$	Targum Jeruschalmi II 83
$\mathfrak{T}^{L}$	$\mathfrak{T}^{f}$	Targumausgabe von Lagarde (Codex Reuchlinianus) 85
$\mathfrak{T}^{M}$		Merx, Chrestomathia targumica 85
$\mathfrak{T}^{O}$	($\mathfrak{T}$)	Targum Onkelos 84f.
$\mathfrak{T}^{P}$	$\mathfrak{T}^{P}$	Palästinisches Targum 82f.
$\mathfrak{T}^{Pr}$		Targumausgabe (Jos, Jdc) von Prätorius 85
$\mathfrak{T}^{W}$		Targum der Londoner Polyglotte 85
Tiq Soph	Tiq Soph	Tiqqune Sopherim 20
$\mathfrak{V}$	$\mathfrak{V}$	Vulgata 93ff.
$\mathfrak{V}^{A}$		Codex Amiatinus der Vulgata 202/Abb. 43
Var^{B}		Variante nach der Ausgabe von Baer 44
$Var^{E\,1.2.3}$		Variante der drei Erfurter Codizes 40f.
$V(ar)^{F}$		Variante nach der 1. Firkowitsch'schen Sammlung 33f.
$V(ar)^{G}$		Variante nach der Ausgabe von Ginsburg 45
$V(ar)^{J}$		Variante jemenitischer Handschriften, hg. von Hoerning 46
$V(ar)^{Ka}$		Variante babylonischer Handschriften, gesammelt von Kahle 25
$V(ar)^{Ken}$	V^{96}	Variante nach der Ausgabe von Kennicott 43
$V(ar)^{M}$		Variante nach der Ausgabe von Michaelis 43
$V(ar)^{O}$		Variante nach dem Scholastiker Odo 46f.
$V(ar)^{P}$	V^{P}	Variante nach dem Petersburger Prophetenkodex 40
$V(ar)^{pal}$		Variante nach den von Kahle herausgegebenen Fragmenten mit palästinischer Punktation 25f.
Var^{S}		Variante nach Strack, Grammatik des Biblisch-Aramäischen 47
$V(ar)^{W}$		Variante nach Wickes 47
c ast	c ast	mit Asteriskos versehen 59
c ob	c ob	mit Obelos versehen 58
conj		Konjektur (mutmaßlich richtige Lesart) 116
dittogr	dttg	Dittographie 105
gl(oss)	gl	Glosse 108
haplogr	hpgr	Haplographie 105
Hex, hex		Hexapla, hexaplarisch 58f.
homark		Homoioarkton 106
homoeotel	homtel	Homoioteleuton 105

Sach- und Namen-Verzeichnis

vergleiche auch Liste der behandelten Sigla und Inhaltsverzeichnis

Verzeichnis der Tafeln